百年青春

四川大学青年运动史

赵　露　徐　鹏　黄菲娅　吴　菁／著

四川大学出版社
SICHUAN UNIVERSITY PRESS

图书在版编目（CIP）数据

百年青春：四川大学青年运动史 / 赵露等著．—
成都：四川大学出版社，2023.11
ISBN 978-7-5690-6255-7

Ⅰ．①百… Ⅱ．①赵… Ⅲ．①四川大学—中国青年运
动—历史 Ⅳ．① D432.9

中国国家版本馆 CIP 数据核字（2023）第 143741 号

书　　名：百年青春：四川大学青年运动史
　　　　　Bainian Qingchun:Sichuan Daxue Qingnian Yundongshi
著　　者：赵　露　徐　鹏　黄菲娅　吴　菁

选题策划：宋彦博　李畅炜
责任编辑：李畅炜
责任校对：宋彦博
装帧设计：墨创文化
责任印制：王　炜

出版发行：四川大学出版社有限责任公司
　　　　　地址：成都市一环路南一段 24 号（610065）
　　　　　电话：（028）85408311（发行部）、85400276（总编室）
　　　　　电子邮箱：scupress@vip.163.com
　　　　　网址：https://press.scu.edu.cn
印前制作：成都完美科技有限责任公司
印刷装订：四川盛图彩色印刷有限公司

成品尺寸：170mm×240mm
印　　张：16.25
字　　数：334 千字

版　　次：2023 年 11 月 第 1 版
印　　次：2023 年 11 月 第 1 次印刷
定　　价：75.00 元

扫码获取数字资源

四川大学出版社
微信公众号

目　录

第一篇

浴血奋战、百折不挠：新民主主义革命时期的川大青年

第二篇

自力更生、发愤图强：社会主义革命和建设时期的川大青年

第一篇

浴血奋战、百折不挠：
新民主主义革命时期的川大青年

从 1919 年的五四运动开始，到 1949 年中华人民共和国成立，是中国的新民主主义革命时期。五四运动唤醒了中国的广大民众尤其是中国青年，也推动了中国共产党和中国社会主义青年团的诞生。在党的领导下，中国的青年运动不断发展。在这一时期，党面临的主要任务是反对帝国主义、封建主义、官僚资本主义，争取民族独立、人民解放，为实现中华民族伟大复兴创造根本社会条件。19 世纪末 20 世纪初，在民族危亡之际，四川的高等教育诞生了，为四川青年作为革命先锋力量登上政治舞台创造了有利条件，川大青年运动也从这里开始。五四运动时期，川大青年爱国热情高涨；五四运动后，四川党团组织从川大发源。在大革命的洪流里，川大青年精诚合作，向着帝国主义和封建军阀坚决进攻。抗日战争爆发后，川大青年组织参与各类爱国运动，从军报国、科研报国。在解放战争的岁月里，川大青年在爱国民主运动中，同国民党反动派进行最后的坚决的斗争。整个新民主主义革命时期，川大青年始终紧紧团结在党组织的周围，浴血奋战、百折不挠，为新中国的建立作出了不朽的贡献。

第一章　觉醒年代，青年运动的肇始

从四川高等教育兴起，到第一次国共合作的大革命时期，是川大青年运动的肇始期。这是光明与黑暗交织的时期。一方面，封建军阀勾结帝国主义争权夺利，压榨剥削人民群众，中国人民在长期的军阀混战中陷入深深的苦难。另一方面，五四运动唤醒了中国人民，中国共产党的成立和新民主主义革命的展开又给黑暗的社会带来曙光，中国的革命面貌焕然一新。川大青年在全国性的爱国运动感召下，积极加入爱国青年的阵营，成为五四运动的有力后援。在这一过程中，新文化运动与马克思主义的早期传播启迪了四川人民，川大青年率先在四川地区成立党团组织。在中国共产党的领导下，川大青年开展工农运动，积极同国民党展开合作，为国民革命在四川开辟出新局面作出了重大的牺牲。

第一节　川大青年与五四运动

四川高等教育的兴起是近代以来四川青年运动得以蓬勃发展的重要条件。清末以降，四川地区重学之风盛行。新文化运动是一次伟大的思想启蒙运动，它以新思想、新文学、新道德等进步内容猛烈冲击封建落后和腐朽的观念。川大青年受到了新思想的熏陶，产生了进步的革命意识。"爱国、进步、民主、科学"的口号在蜀中大地流传，启蒙思想在四川民众中口耳相传，封闭落后的四川顿开新风，人们也接触到了救国救民的真理——马克思主义。五四运动在北京爆发后，消息很快传到了四川，川中人民纷起响应，川大青年奋勇争先。五四运动中社会层面被发动起来，召唤川大青年积极投身社会运动。在社会运动过程中，川大青年意识到了组织的力量，开始成立进步社团，为后来四川党团组织的成立奠定了重要基础。

一、四川高等教育与青年力量的凝聚

四川虽然偏居中国西南，却是清末以来新政推行的重要省份之一，加上四川长期以来的重学之风，四川在新学的建设上取得了令人瞩目的成就。1891年，重庆开埠，新的风气和思想大量涌入西南地区。自1901年开始，四川官方

就选派留学生出国学习，自费留学者也开始涌现。晚清四川的留日学生数量在全国各省中名列前茅。[①] 鼓励出国留学的政策在中华民国成立后亦得到延续，成绩优异、学制较长的自费生可以得到官费的资助。1915 年，自费留学日本的学生王右木即按照规定获得了官费的资助。[②] 新式学堂和新式教育是新思想传播的重要阵地，四川在新式教育的普及上也不遗余力。1902 年，岑春煊在四川设立学务处，负责管理全省学堂事宜。1905 年，学务处饬令各地官绅合力办学，提出要使得四川"二百二十万方里之地，六千八百七十余万之人民，胥有文明灌输之一日，庶不至为他族所持"[③]。在辛亥革命爆发之前，四川已经建立起从小学教育到中学教育再到高等教育的现代教育体系，仅小学教育一项，即有"各类小学共计 12627 堂，男女学生 341738 人，教职员 22890 人，小学数量之多，名列全国之冠"[④]。

四川的高等教育是从省立高等学校的创办开始的。1896 年，四川中西学堂建立，1902 年，四川中西学堂与锦江书院、尊经书院这两大四川传统教育体系中的重镇合并为四川通省大学堂，随即改名为四川省城高等学堂。1905 年四川通省师范学堂成立。随着西学分科的风气传入中国，在高等教育的设置上，四川出现了几所专门的高等学堂，即四川通省法政学堂（1906）、四川通省农政学堂（1906）、四川藏文学堂（1906）、四川通省工业学堂（1908）、四川存古学堂（1910）。其后，这五所学校分别改名为四川公立法政专门学校、四川公立农业专门学校、四川公立外国语专门学校、四川公立工业专门学校和四川公立国学专门学校。1927 年，五校合并为公立四川大学。

辛亥革命后，四川省城高等学堂改名为四川官立高等学校，四川通省师范学堂分为四川优级师范学校和四川高等师范学校。1916 年，四川官立高等学校将师生及一切经费、校产、图书、设备转入四川高等师范学校，同时改名为国立成都高等师范学校，为全国六大高等师范学校之一。这是当时四川省内唯一的一所国字号高校，意味着四川的高等教育体系进一步完善，形成国立省立并举的格局。国立成都高等师范学校后来分成国立成都大学与国立成都师范大学。1931

① 何一民、王毅：《成都简史》，成都：四川人民出版社，2018 年，第 305 页。

② 《四川巡按使咨陈教育部准咨补留日自费生王右木等官费各节应予免补留作本年度考入四校新生之费一案》，《四川旬报》1915 年第 2 期，第 2—4 页。

③ 《学务处详文》，《四川学报》1905 年第 1 期，第 2 页。

④ 四川省地方志编纂委员会：《四川省志·教育志》（上册），北京：方志出版社，2000 年，第 95 页。

年，两校与公立四川大学合并，组建国立四川大学①，成为当时 13 所国立大学之一。除了中国人自己创办的大学，外国传教士也在川内兴办教育事业。1910年，由基督教会创立的华西协合大学②正式开学，招收青年学子，亦成为川内高等教育的重要组成部分。

新式高等教育的兴起，为新青年的培育奠定了基础。由于青年学生具有更高的知识文化水平，更容易组织和发动起来，因此，青年学生是青年运动的一股核心力量。而青年运动又是群众运动的组成部分，在历次群众运动中，往往是青年学生充当运动的先锋，工农群众充当运动的主力军，这一相互配合的紧密关系在五四运动时期体现得尤为显著。高校学生在学生群体中的思想最先进，影响力最大，因而成为学生运动的中坚力量。上述这些学校均是今日川大之前身，有的是省内最高学府，有的还具有国立身份，因此成为四川新青年们运动的主阵地。在四川高等教育体系日渐完善的背景下，四川青年运动也拉开了序幕。

二、新文化运动与川大青年的启蒙

辛亥革命后，封建帝制被废除，民主共和的思想深入人心。但是随着袁世凯加紧复辟活动，文化教育和思想领域出现了尊孔复古的逆流。1913 年，袁世凯发布《复学校祀孔令》，要求学校恢复读经，举行祭祀孔子的典礼。社会上的一些守旧势力纷纷活动起来，组织尊孔团体，发行尊孔刊物，还提出把孔教定为国教。四川的旧派势力也十分活跃。1914 年春，四川高等师范学校校长、省教育总会副会长徐炯在北京孔教总会发表《义利之辨》，抨击民国新文化，提出"孔子之教真足使国利民福"③。1915 年，徐炯公开拥护袁世凯复辟；1918 年，其在成都创立大成会，进一步提倡尊孔复古。成都国学院的院长宋育仁也十分支持尊孔读经，他主编了《国学荟编》，阐发孔孟学说。刘师培甚至还辞去了四川公立国学专门学校校长的职务，到北京去同杨度、严复等人组建筹安会，为袁世凯复辟张目。

1915 年，陈独秀在上海创办《青年杂志》，标志着新文化运动④的展开。毛泽东认为"自有中国历史以来，还没有过这样伟大而彻底的文化革命。当时以

---

① 后文一般简称"川大"。需要注意的是，在本书中"川大"也用于指称国立四川大学诸前身及后来各个时期的四川大学，应根据语境分辨。

② 后文一般简称"华大"，也用来指称华西大学（1951 年更名）、华西医科大学（1985 年更名）。

③ 徐炯：《义利之辨》，《孔教会杂志》1914 年第 1 卷第 20 期，第 8 页。

④ 五四运动常与新文化运动合称为五四新文化运动。本章提及新文化运动时，侧重关注这一时期新思想的变化，以五四运动作为政治运动和社会运动来讨论。

反对旧道德提倡新道德、反对旧文学提倡新文学，为文化革命的两面大旗，立下了伟大功劳"[1]。新文化运动的核心是反对旧道德与旧文学，它从北京与上海发源，向全国各地辐射。新文化运动是对尊孔复古逆流的一次反击，在对旧文化的反思中，传播了新的民主与科学观念，在思想领域实现了翻天覆地的变化，对中国的历史发展产生了深远的影响。

对于新文化运动在四川的发展，吴虞贡献极大。1905 年前后，吴虞东渡日本求学，他认真阅读了各国有关民主、法律的作品，对卢梭、孟德斯鸠等人的反专制言论有着深刻的体会。吴虞又目睹了章太炎主笔的《民报》和梁启超主笔的《新民丛报》的论战，章太炎对儒家思想的批判给了他很大的影响。1910 年时，吴虞因揭露其父丑行而被封建顽固派视为"名教罪人"，要将其赶出教育界。辛亥革命后，吴虞重回教育界，先后在四川公立法政专门学校、四川公立外国语专门学校和四川公立国学专门学校教书，对孔教和封建文化提出激烈批判。1911 年，吴虞写诗称"平等尊卑教不齐，圣人岂限海东西。若从世界论公理，未必耶苏逊仲尼"[2]，展现了他开阔的眼界。《新青年》创刊后，吴虞在上面发表了《家族制度为专制主义之根据论》《消极革命之老庄》《儒家主张阶级制度之害》《道家法家均反对旧道德说》等文章，其中最具影响力的是《吃人与礼教》一文，他坚决反对礼教所确立的等级观念，列举中国历史上的实例，揭露了孔教"以礼杀人"的本质。他高声疾呼："我们不是为君主而生的！不是为圣贤而生的！也不是为纲常礼教而生的！"[3] 此外，吴虞一度同部分学生编辑《星期日》《威克烈》等进步刊物，他的一系列反封建思想于四川思想界乃至中国思想界都是一股清流，极大地解放了人们的思想，推动了新文化运动在四川的发展。胡适曾大力称赞吴虞与陈独秀两人：在新文化运动期间，一个在上海，一个在成都，是"攻击孔教最有力的健将"。[4] 胡适还称吴虞是"中国思想界的清道夫"，"只手打孔家店的老英雄"。

成都的新文化运动健将，除了吴虞，还有李劼人、王光祈等进步人士。李劼人 1909 年考入四川省城高等学堂。1915 年底到 1919 年秋，李劼人在同盟会会员樊孔周的聘请下，先后在《四川群报》《川报》担任记者、主笔、社长等职位。

---

① 毛泽东：《新民主主义论》（1940 年 1 月），载《毛泽东选集》（第 2 卷），北京：人民出版社，1991 年，第 700 页。

② 杨子才：《民国六百家诗钞：1911 年－1949 年》，北京：长征出版社，2009 年，第 58 页。

③ 吴虞：《吃人与礼教》（1919 年 11 月 1 日），载张宝明：《〈新青年〉百年典藏·政治文化卷》，郑州：河南文艺出版社，2019 年，第 174 页。

④ 胡适：《〈吴虞文集〉序》，载《吴虞文录》，上海：亚东图书馆，1921 年，"序言"第 3 页。

他组织了一批成都新青年，定期阅读与新文化相关的报刊，讨论改造国家的方案，开展新文学活动。五四运动前后，新文化运动在成都广泛展开，《新青年》杂志社在成都设立了代售处，发售进步书刊。这些进步书刊成为成都青年的指路灯塔，对成都新文化运动的兴起产生了巨大的影响。《每周评论》《湘江评论》《星期评论》《新潮》等传播新思想、新文化的进步刊物成为成都青年学生最喜爱的读物。当时成都报界也出现了兴盛的局面，先后创刊的报纸达数十种之多，如《民意报》《四川独立新报》《蜀江报》《蜀风报》《民鉴日报》《天民报》《演进报》《女界报》《公论日报》《社会新闻》《白话进化报》《共和日报》《公论日报》《西蜀新闻》等。这些报刊在宣传民主政治，批判封建专制，提倡自由平等，解放人民思想方面起了十分重要的作用。① 正如李劼人形容的那样，"尔时世界的新潮正从大西洋里飞也似的翻滚而来，在东亚大陆沿海的地方受了这一番震荡，都激越起无数波涛澎湃的声音。那雪练似的长江，仿佛成了渡越'世界新潮'的电线，竟冲破了夔门—巫峡—滟滪堆的滩头，笔直的透到细流纵贯的成都。"② 五四新文化运动给四川带来了思想解放，推动了四川地区的进步，成都的高校学生参与其中，接受了新思想的洗礼。在这个过程中，青年学子意识到了社会存在的问题，对国家前途饱含忧虑，在五四运动的推动下，川大青年作为一股重要的政治力量登上了历史舞台。

三、五四运动与川大青年的觉醒

第一次世界大战期间，日本趁机对德国宣战，进攻并占领了位于中国山东的德国租界。中国加入了协约国一方，也参加了对德作战。中国在"一战"中派出大量工人支援作战，为战胜同盟国作出了重要的贡献。但是作为战胜国，中国并没有得到合理的待遇。列强企图将德国在中国山东攫取的权益转交给日本，这严重损害了中国的主权。1919 年，当巴黎和会上中国外交失败的消息传到国内，北京的学生义愤填膺，率先联合起来，在 5 月 4 日向北洋政府游行示威。北京的学生通过罢课，组织演讲、宣传等方式，向国人诉说列强的不公，要求北洋政府罢免亲日外交官，拒绝在对德和约上签字。随后，天津、上海、广州、武汉、济南等地的学生、工人加入进来，震惊中外的五四运动爆发了。

成都与北京相隔千里，交通并不十分畅通，但这丝毫未能阻止消息的传递。

① 何一民、王毅：《成都简史》，成都：四川人民出版社，2018 年，第 334 页。
② 李劼人：《〈星期日〉的过去和将来》，载李劼人：《李劼人全集》（第 7 卷），成都：四川文艺出版社，2011 年，第 2 页。

5 月 4 日当晚，担任《川报》驻京特约通讯员的王光祈便将这一消息发回成都。5 月 7 日，《川报》主编李劼人即用大字刊登这一消息，引起了人们的注意。[1] 5 月 12 日，《国民公报》刊登四川学生通电，认为"青岛问题，国权攸关，凡我华胄，义应力争"[2]。5 月 16 日，王光祈在北京所写的详细报道发至成都，李劼人为其加上标题和长篇按语后，将其刊登在 5 月 17 日的《川报》头条上。

　　1919 年 5 月 17 日上午，国立成都高等师范学校的学生们正在食堂吃早饭，《川报》被送到了学校，进步青年袁诗尧拿到报纸，登上桌子，大声宣读《川报》上刊载的五四运动消息，引起了学生们的轰动。张秀熟回忆道："顿时似乎火山爆发了，几百个同学嚷成一片，食堂变成了会场，一致通过立刻拟发电报，声援北京学生"[3]。5 月 17 日，全城三十多个学校数千人商讨行动计划，成立"学界外交后援会"。5 月 25 日，学界外交后援会在成都少城公园举办大会。[4] 学界后援会在督军署、省长署前游行请愿，向北洋政府电请抗议巴黎和会，争回青岛主权。四川公立工业专门学校的学生向全市人民散发传单，呼吁各界人士开国民大会作为外交后援，避免做亡国奴。[5] 成都学界外交后援会向巴黎我国公使发去电报，力劝公使拒绝签字，保存气节，称"四川五千学生，对于日人承认德国在山东及青岛之权利极端反对，义愤所激，死不愿承认此种损害中国主权之条约"[6]。国立成都高等师范学校的学生袁志成、魏云、张兴等人还组织"工役外交后援赞助会"，以辅助各对外团体展开活动。三人各出资一千文，发表《致学界外交后援会函》，表达自己的爱国之情。[7] 五四时期著名书籍《青岛潮》曾盛赞川人在五四运动中的表现，认为"川人素称爱国，惟近来迭遭兵燹，满目疮痍，且与外界难通。自北京五四运动……始有消息到川。成都学界十分激昂，并

　　① 李劼人：《五四运动追忆王光祈》，载李劼人：《李劼人全集》（第 7 卷），成都：四川文艺出版社，2011 年，第 45—46 页。

　　② 《四川各校全体学生致电北京徐菊人、钱干臣》（1919 年 5 月 12 日），载中共四川省委党史工作委员会：《五四运动在四川》，成都：四川大学出版社，1989 年，第 70 页。

　　③ 张秀熟：《五四运动在四川的回忆》，载张秀熟：《二声集》，成都：巴蜀书社，1992 年，第 405 页。

　　④ 《有声有色之后援会》（1919 年 5 月 25 日），载中共四川省委党史工作委员会：《五四运动在四川》，成都：四川大学出版社，1989 年，第 78 页。

　　⑤ 《一片救国呼吁声》（1919 年 5 月 26 日），载中共四川省委党史工作委员会：《五四运动在四川》，成都：四川大学出版社，1989 年，第 80 页。

　　⑥ 《成都学界后援会致巴黎我国公使电》（1919 年 5 月 30 日），载中共四川省委党史工作委员会：《五四运动在四川》，成都：四川大学出版社，1989 年，第 74 页。

　　⑦ 《高师校传爱国事》（1919 年 6 月 13 日），载中共四川省委党史工作委员会：《五四运动在四川》，成都：四川大学出版社，1989 年，第 88 页。

与各界联合，拟开国民大会，抵制日货……誓师讨贼"[1]。

　　五四运动在思想史上有一个重要意义，那就是促进"社会"层面的发现。王汎森认为民初英美式政治实践的失败和军阀混战造成了人们对政治的失望，社会的概念被创造出来，广泛地应用于对时代的理解之中。许多人提倡结成组织进行社会改革，以呼应救亡的时代主题，这形成了一股强大的思潮与社会行动。[2] 少年中国学会就是其中的一个典型代表，从学会中走出来的毛泽东、张闻天等人，后来都成为中国共产党的重要领导人。川大青年在少年中国学会的成立中发挥了重要的作用。五四运动发生后，川人王光祈、曾琦在北京写信给李劼人，打算在北京发起成立少年中国学会，请求李劼人在成都发展会员。1919 年 6 月 15 日，李劼人在进步青年中吸收了彭云生、周晓和、穆济波、胡少襄、孙少荆、李哲生、何鲁之和李小舫等八人，成立了少年中国学会成都分会。分会每周六开谈话会一次，同时还有研究外国语文、办报宣传"少年中国主义"的职责。[3] 进步的成都青年在这个组织中互帮互助，团结合作，讨论社会问题，以期救国救民。学会的刊物《星期日》同北京的《每周评论》、上海的《星期评论》一样，尖锐地批评旧制度，热烈地传播新思想。根据李劼人回忆，在《星期日》面世之前，整个成都乃至四川都没有这样的刊物，《星期日》一经出版便受到了社会极大的重视，发行量一度到五千份，还远播到四川之外的省份。[4] 少年中国学会成都分会是一个名副其实的青年组织，其宗旨是"本科学的精神，为社会的活动，以创造'少年中国'"，遵守"奋斗、实践、坚忍、俭朴"四大信条。[5] 这是四川地区最早的青年革命组织，同样也可视为川大青年运动的组织起点。

　　1919 年 7 月 17 日，四川学界外交后援会经过上海的全国学生联合会（简称"学联"）批准，更名为四川省学生联合会，国立成都高等师范学校的青年学生张秀熟和袁诗荛分别担任正副会长。这是五四时期四川的又一个青年进步组织。1920 年，为了加强反帝反封建斗争，四川省学联出版了自己的机关刊物《四川

①　龚振黄：《青岛潮》，载中国科学院历史研究所第三所近代史资料编辑组：《五四爱国运动资料》，北京：科学出版社，1959 年，第 95 页。
②　参见王汎森：《思想是生活的一种方式：中国近代思想史的再思考》，北京：北京大学出版社，2018 年。
③　《成都分会成立》，载张允侯等：《五四时期的社团（一）》，北京：生活・读书・新知三联书店，1979 年，第 231 页。
④　李劼人：《回忆少年中国学会成都分会之所由成立》，载李劼人：《李劼人全集》（第 7 卷），成都：四川文艺出版社，2011 年，第 52 页。
⑤　《少年中国学会规约》，载张允侯等：《五四时期的社团（一）》，北京：生活・读书・新知三联书店，1979 年，第 225 页。

学生潮》。这一刊物"由学生自撰、自编、自己校刊、自己发行并沿街叫卖"①。在成都学生的示范作用下，重庆亦成立了川东学生联合会。1920 年，四川公立农业专门学校的学生组织演讲队，前往新都县进行演讲，主题有"中国之现状""危弱的原因""亡国之惨状""救亡抵制仇货之妙法"等，听者近千人，甚为感动。② 四川省学联举办国货陈列活动，聘请专家演讲，说明国货比日货的优良之处。③ 1920 年，四川省学联还主持了学界的日货调查行动，对于成都各地的日货分布进行了详细的调查，以实际行动抵制日货。④ 学生们还向省长发去电报，请求省长公署严惩破坏爱国运动的奸商。⑤ 在全国学联的支持和指导下，四川省学联致力于创办进步刊物和抵制日货这两件大事，把五四运动进一步推向社会，动员民众开展更为坚决、更为深入的斗争。而在上述活动中，川大青年都发挥着领导作用。

第二节　四川党团组织的成立

中国的革命不能没有中国共产党的领导。1921 年到 1922 年间，中国共产党和中国社会主义青年团相继在上海、广州成立。受到感召的川大青年杰出代表王右木也开始了在四川地区建立党团组织的活动。在五四运动前后，马克思主义开始在四川传播。王右木在国立成都高等师范学校成立了"马克思主义读书会"，创办了《人声》报等革命刊物。该读书会既是宣传马克思主义的组织，也是吸收进步青年投身革命的组织。《人声》报则是这一时期四川地区最重要的宣传马克思主义的报纸。在组织基础和思想基础都具备的情况下，四川社会主义青年团成立了，四川地区的党组织随后也建立起来。川大青年是推动四川党团组织成立的骨干力量，川大是四川党团组织的发源地。有了党团组织的领导，川大青年的进步活动得到了进一步的发展。

---

① 张秀熟：《五四运动在四川》，载张秀熟：《二声集》，成都：巴蜀书社，1992 年，第 405 页。

② 《成都学生讲演队到新都》（1920 年 2 月 21 日），载中共四川省委党史工作委员会：《五四运动在四川》，成都：四川大学出版社，1989 年，第 103 页。

③ 《成都抵制日货之办法》（1919 年 7 月 16 日），载中共四川省委党史工作委员会：《五四运动在四川》，成都：四川大学出版社，1989 年，第 182 页。

④ 《成都调查日货规则》（1920 年 2 月 11 日），载中共四川省委党史工作委员会：《五四运动在四川》，成都：四川大学出版社，1989 年，第 177 页。

⑤ 《四川学生联合会呈省长文》，载中共四川省委党史工作委员会：《五四运动在四川》，成都：四川大学出版社，1989 年，第 197－198 页。

一、马克思主义在四川的早期传播

对于马克思主义在四川的早期传播，王右木及其主持创办的《人声》报作出了重要的贡献。1918 年，东渡日本留学的王右木学成归来，第二年，他拒绝接替大哥担任省议会议员，而是在国立成都高等师范学校担任学监并讲授经济学和日文。在日本留学期间，王右木结识了李大钊、李汉俊、李达等人。由于当时日本是马克思主义在东亚世界传播的前沿阵地，尤其以河上肇的理论最为知名，王右木等人在日本学习到不少马克思主义理论，坚定了自己的革命信仰，决心回国进行宣传和组织活动。1920 年初，上海的陈独秀和北京的李大钊相约筹备建立党组织。王右木在暑假期间前往上海考察，拜访了陈独秀等人。对上海的中国共产党早期组织有了亲身了解后，其决心在成都建立马克思主义组织。

1920 年前后，王右木以国立成都高等师范学校为中心，吸收进步青年学生，在国立成都高等师范学校明远楼宣告了马克思主义读书会的成立，成为马克思主义在四川传播的第一人。当时全国共有 13 个城市存在相关研究机构，成都即为其中之一。马克思主义读书会的主要组织形式是按学校分组，每周在明远楼集会一次，阅读进步报刊和讨论交流心得。马克思主义读书会所读之书籍既有《共产党宣言》《资本论》《唯物史观》等马克思主义理论书籍，也有《新青年》《东方杂志》《觉悟》等进步报刊。王右木是马克思主义读书会的主导者，曾专题讲授过《资本论》《唯物史观》和《社会主义神髓》等著作。王右木擅长理论联系实际，深入浅出地揭露封建军阀和帝国主义的罪恶，被人称赞"发言激昂，鼓动性强，颇能打动听众的思想感情，是一个很好的革命理论宣传家"[1]。参加者有王右木的亲朋好友、各高校的师生、工商从业者和新闻记者等。1922 年春，马克思主义读书会逐渐发展壮大，有 100 多人参与。[2] 四川党团组织的优秀干部童庸生、袁诗荛、廖恩波、裴紫琚等人，都是在马克思主义读书会中受到启蒙走上革命道路的。这一组织既培养了大量理论人才而开创了马克思主义在四川早期传播的新局面，也为四川党团组织的成立奠定了重要的思想基础和组织基础。

1922 年 2 月 7 日，王右木在四川主持创办了第一份宣传马克思主义的刊物——《人声》报，自任社长和主笔，编辑部就设立在自己家中。成都成为 13

---

① 党跃武、陈光复：《川大记忆——校史文献选辑（第四辑）》，成都：四川大学出版社，2011年，第 48 页。

② 孙志智：《成都第一个马克思主义读书会的成立》，《先锋》2021 年第 2 期，第 50—52 页。

个拥有传播马克思主义报纸的城市之一。[①] 在《人声》报创刊号中，王右木对"人声"一词作了振聋发聩的解释："应鼓动人民起来大声疾呼，提出人民的意愿和要求，代表人民的呼声"。他希望"对现实社会的一切罪恶现象，尽力的布露和批评，以促进一般平民的阶级觉悟"[②]。《人声》报用马克思主义的立场、观点和方法，分析社会问题，寻求解决方法。它不仅介绍了剩余价值学说、阶级斗争、无产阶级革命等基本理论，还宣传了十月革命，批判了无政府主义，揭露了封建军阀和帝国主义的罪恶，抨击了四川军阀穷兵黩武的暴行，探讨了青年、妇女、工农、文化等诸多领域的问题。1922 年 9 月，因为《人声》报揭露了江油地方军阀刘膏腴搜刮民脂民膏的罪行，刘膏腴恼羞成怒，将王右木的两个哥哥抓去拷打，二哥遭刑致死，大哥遍体鳞伤。此举非但没能终止王右木办刊，反而更加激发了他的昂扬斗志。他对同志们说："军阀恨我等十分，就是我等工作做到十分；彼辈不恨我等，就是我等没有做工作。"[③]

《人声》报创刊后不久，几个青年学生在其影响下创办了《平民之声》，宣传无政府主义。王右木对此事极为重视，他一方面很欣赏进步青年的爱国之情，一方面又对他们进行引导，希望帮助青年摆脱错误思想的影响。他亲自邀请《平民之声》的编辑、四川公立外国语专门学校的青年吴先优和张拾遗到他的家中座谈。王右木耐心地向他们讲解马克思主义的进步性，指出了无政府主义的幻想性，最后达成了"相互协助"的共识。[④] 虽然王右木没能立刻改变二人的观点，但吴先优认为，此举促成了成都最早的"统一战线"，此后成都的马克思主义者和无政府主义者未发生多大冲突皆有赖于此。[⑤] 事后，王右木继续以《人声》报为阵地，帮助青年辨别各种思想，摒弃错误观念，坚定地走上马克思主义的道路。

经过王右木的努力，《人声》报的发行区域扩大到了省外，读者群也不断扩大，出现了一般的劳动者。[⑥] 从国立成都高等师范学校毕业的张秀熟、袁诗荛曾

①　何盛明：《马克思主义在四川传播的历史条件和播种者的功绩》，载中共江油市委党史工委：《王右木研究》，成都：四川大学出版社，1989 年，第 2 页。

②　王右木：《本社宣言》，载中共江油县委党史办公室：《四川马克思主义运动先驱者——纪念王右木诞生一百周年》，成都：四川大学出版社，1988 年，第 149 页。

③　王大德：《忆叔父王右木烈士》，载中共江油县委党史办公室：《四川马克思主义运动先驱者——纪念王右木诞生一百周年》，成都：四川大学出版社，1988 年，第 278 页。

④　中国中共党史人物研究会：《中共党史人物传》（第 24 卷），北京：中国人民大学出版社，2017 年，第 81 页。

⑤　吴先优：《成渝两地刊物的主要政治主张及各种新思想的传播》，载中共四川省委党史工作委员会：《五四运动在四川》，成都：四川大学出版社，1989 年，第 680 页。

⑥　辛棋：《成都诞生四川首个宣传马克思主义的刊物》，《先锋》2021 年第 4 期，第 56—57 页。

受王右木委托在南充发行《人声》报。后来在西南师范大学担任教授的段调元、在重庆九三学社担任主委的税西恒当年就曾阅读过《人声》报，还是王右木特意送去的。[1] 成都团组织的领导人之一蒋雪郇在追溯成都团组织成立时，便提到《人声》报的卓越贡献："此间团体组织之发生受其影响不少"。张秀熟指出："在中国共产党领导下的《向导》周刊出版前，《人声》在四川起了它不可磨灭的战斗先进作用。"[2]《人声》报的出版和发行，给徘徊不前的四川青年指引了前进的方向，青年们知道了马克思主义的基本理论和社会革命的正确途径。这充分说明了《人声》报在传播马克思主义、启迪青年上的重要作用，为四川地区党团组织的成立打下了思想基础。而马克思主义在四川的早期传播，则为这一时期的四川青年，尤其是川大青年，指明了前进的方向。

二、四川团组织的创建

早在 1920 年 8 月，上海和其他城市就陆续出现了青年团[3]的早期组织。1921年，中国共产党成立。在党的领导和示范作用下，在 1922 年 5 月 5 日马克思诞辰这一天，中国社会主义青年团第一次全国代表大会在广州召开，宣告了青年团的正式成立。大会提出了《中国社会主义青年团纲领》，明确了青年团的任务是协助中国的青年团体共同工作，反对各种封建落后之思想，推动无产阶级运动和被压迫民族的解放。[4] 青年团的章程规定："凡十五岁以上二十八岁以下之青年，承认本团纲领及章程，并愿服务本团者，皆得为本团团员。"[5] 自此，全国各地寻找救国道路的进步青年，不分民族、性别、职业，找到了一盏共同的明灯。中国社会主义青年团的成立为中国的青年运动提供统一领导，有力地推动了中国青年运动蓬勃开展，中国的青年运动从此进入了新的发展阶段。

在全国性青年团成立的召唤下，王右木等人决心在四川地区成立四川的青年

---

① 杜钢百：《回忆王右木烈士》，载清华大学国学研究院：《杜钢百文存》，南京：江苏人民出版社，2018 年，第 152 页。

② 张秀熟：《四川马克思主义运动先驱者——记王右木烈士》，载中国人民政治协商会议四川省委员会文史资料研究委员会：《四川文史资料选辑》（第 28 辑），成都：四川人民出版社，1983 年，第 30 页。

③ 即中国社会主义青年团，习称"青年团"。1925 年更名为中国共产主义青年团，1949 年更名为中国新民主主义青年团，到 1957 年再次改称中国共产主义青年团。

④ 《中国社会主义青年团纲领》，《先驱》1922 年 5 月 10 日，第 1 版。

⑤ 《中国社会主义青年团章程》，《先驱》1922 年 5 月 10 日，第 1 版。

团组织。1921 年前后，童庸生[①]、李硕勋和阳翰笙等马克思主义读书会会员自发建立四川社会主义青年团。[②] 这是四川最早的青年团组织。1922 年 2 月，王右木主持建立了马克思学会，同时将国立成都高等师范学校内部的读书会改为各校共同的读书会，从而吸收更多的进步青年加入。由于四川社会主义青年团是自行创立，经验不足，组织不够完善，与团中央和中共中央取得联系的王右木决心重新建立组织。1922 年 10 月 15 日，《人声》报社的社员与马克思主义读书会的骨干共计 13 人，他们集中在王右木的家中，依据《中国社会主义青年团章程》，正式成立中国社会主义青年团成都地方执行委员会。当进行执行委员选举时，尽管王右木得票最多，但因为年龄原因，他未能直接在团内担任职务，因此改选童庸生为书记，郭祖劼、张治国担任经济部主任，傅无双、吕式宪担任宣传部主任。在向团中央的报告中，成都团组织说道："莫有一种真正做革命事业的团体，这真精神，终究不能结合来实际施行，不过空谈罢了，所以想结合团体的心理就在今年夏季勃然而生。"这体现了成立团组织进行革命运动的趋势已经不可阻挡。

王右木、童庸生等人十分注重团组织的建设与发展。成都团组织成立后，原有的马克思主义读书会继续开办，后改为社会科学读书会，每周开会一次，公开吸引各界人士加入，作为团的外围组织，以"吸收新同志及训练同志之用"。为扩大青年团在四川的影响，推动整个四川的进步活动，青年师生们纷纷被派往川内其他地区，进行团的组织活动。1921 年 10 月，恽代英受邀前往川南二十五县之最高学府泸州川南师范学校任教，上任伊始，便一改学校长期为军阀把持而形成的沉闷风气，组织马克思主义研究会，并于 1922 年 9 月成立泸州社会主义青年团。[③] 1922 年 4 月，受陈独秀和团中央委托，唐伯焜在重庆建立团组织，于 1922 年 10 月 9 日成立中国社会主义青年团重庆地方执行委员会。[④] 此外，在泸县、万县、内江、涪陵等地均成立了青年团组织。作为川大前身之一，国立成都高等师范学校是马克思主义读书会的主要活动地，学校的青年学生与教师也是读

---

① 童庸生（1899—1930），又名鲁、受祚、显祚、受熙，四川巴县（今重庆巴南区）人。1919 年考入四川大学的前身之一国立成都高等师范学校，在校期间积极参加王右木组织的马克思主义读书会，后参加《人声》报编辑工作。童庸生是四川党团组织早期的创立者之一，在成都参与领导了教育经费独立运动、择师运动等斗争。1923 年，童庸生毕业后到重庆任教，此后一直在重庆开展革命活动，取得了十分突出的成绩。1926 年 10 月，童庸生奔赴莫斯科东方劳动大学学习，1929 年回国，1930 年在回川途中不幸遇难。1945 年，中共中央组织部追认童庸生为革命烈士。

② 阳翰笙：《甲子一周怀硕勋》，载中国文学艺术界联合会、四川省宜宾市人民政府：《阳翰笙百年纪念文集》（第 2 卷），北京：中国戏剧出版社，2002 年，第 333 页。

③ 李良明：《恽代英年谱》，武汉：华中师范大学出版社，2006 年，第 201 页。

④ 中共重庆市委党史研究室：《中国共产党重庆历史·第 1 卷·1926—1949》，重庆：重庆出版社，2011 年，第 59 页。

书会的主要参与者，四川社会主义青年团和中国共产党成都独立小组均是在此基础上成立的。可以说，在川大青年的努力下，川大成为四川地区党团组织的发源地。

值得指出的是，四川青年团的发展不是一帆风顺的，在成立初期它就面临着重重困难的考验。首先是经费不足的问题始终困扰着革命力量。王右木主办的刊物虽然产生了很大的影响力，但多次因缺乏经费而难以广泛发行。张秀熟回忆王右木主办《人声》报的情况时称：因为缺乏经费来源，办报的主要经费由个人承担，导致他"积蓄用完了，薪水用完了，吃饭只有咸菜，有时还要典当衣物"①。王右木也多次写信给施存统提到经费的困难。1924 年，张霁帆向团中央报告称经费由团员"月捐"筹集，但"从初设至今未收齐过"，因此总是连累负责人。开办的工人夜校除了被查封，也常因经费不足而停顿。同年康明惠亦去信请求团中央拨款资助成都青年团，称"本地经费困难，所有的团捐还不敷邮费之用"。

其次是组织之间的沟通不畅，有时还引发了人际冲突。譬如，重庆团组织成立初期，其与成都团组织并无联系，王右木一度怀疑他们是伪冒团体。误会澄清后，王右木对此颇有些无奈，并指出：若是任由各地自发成立相关组织，中国"将会变成马克思割据"②。此外，考虑到各地团组织各自为战，于统一行动不利，王右木遂提请中央派人驻四川，统一四川团组织的工作。

没有任何事业会是一帆风顺的，这些问题产生的原因错综复杂。四川地区的早期党团组织虽然因各种内部或外部原因存在种种缺陷，但在后来的历史中，川大青年一边坚持斗争，一边在党的领导下加强建设，充分展现出川大进步青年的自我调适、自我纠偏能力。在各地相继成立并历经整顿的初步具备战斗能力的党团组织的领导下，川内成都、重庆、泸州、自贡等地的革命活动渐成风起云涌之势，在川省内外均产生了较大的影响。正如有的论者所指出的那样："革命组织发动并领导了革命运动，革命运动检视并加强了革命组织。"③

三、川大团组织的早期斗争

从 1922 年 10 月四川社会主义青年团成立，到 1924 年第一次国共合作正式

---

①　张秀熟：《四川马克思主义运动先驱者——记王右木烈士》，载中国人民政治协商会议四川省委员会文史资料研究委员会：《四川文史资料选辑》（第 28 辑），成都：四川人民出版社，1983 年，第 29 页。

②　王右木：《致团中央负责人的信》（1922 年 10 月 11 日），载中共江油县委党史办公室：《四川马克思主义运动先驱者——纪念王右木诞生一百周年》，成都：四川大学出版社，1988 年，第 103 页。

③　刘宗灵、马睿：《中共早期地方组织发展过程中的困境与突破——以四川地区为例》，《电子科技大学学报》（社科版）2016 年第 3 期，第 54—58 页。

形成，是四川团组织早期开展独立斗争的时期。在王右木、童庸生等人的领导下，进步的川大青年加入了社会主义青年团，在思想战线和社会战线上与敌人进行战斗，既探索了宝贵的斗争经验，也促进了青年运动的发展壮大。

无政府主义思潮曾是四川地区流行的社会思潮之一。巴金年轻时即在成都的无政府主义团体"均社"中活动，并参与无政府主义刊物《半月》的编辑。据统计，四川地区的无政府主义组织有 20 多个，刊物 10 多种，前者在数量上居全国第一。诸如《半月》《星光》《警群》《成都》《福音》《惊蛰》《适社年刊》《人生》《零星》等刊物，影响不小，都是无政府主义在四川的势力象征。① 1922 年 10 月，王右木在给团中央负责人的信中指出，"重庆有为青年无处不见，是已入安那其②"。他想尽力吸收安派青年加入青年团，并解释道："何以木必在安那其中求人？因为重庆除了安派外，另无有人。"③ 无政府主义对马克思主义的传播既有引力，也有推力，像四川党团组织的重要人物童庸生、恽代英等，都是从无政府主义者转变为马克思主义者的，但四川的无政府主义很快就同其他地区一样走向消亡。张秀熟后来回忆称，王右木创办《人声》报以宣传马克思主义理论为主，批评流行的杜威、罗素、伯格森等人的哲学思想，尤其突出批评无政府主义的理论，使得"无政府主义信仰者渐渐瓦解，许多转为共产主义者"④。王右木也在报告中总结道："四川经过前几次学潮后，一般学生脑中，颇将马克思三字印入，成都旧日安派空气已不为青年所重。"⑤

国家主义是盛行在四川地区的另外一股思想势力，无政府主义消亡后，国家主义就登上了四川的思想舞台。1923 年 12 月 2 日，中国青年党⑥在法国成立，随后成为一股重要的政治力量。在四川，司昆仑称："1920 年代晚期和 1930 年代初期，相比由东部人控制的国民党，一些军阀更青睐青年党。"⑦ 青年党的发起者曾琦、李璜都是四川人，因而十分重视在四川发展力量。1925 年，青年党在重庆成立了国家主义团体"起午社"，发行社团刊物《救国青年》，后出版

① 盛明：《无政府主义在四川的流传》，《四川党史》1995 年第 3 期，第 45—49 页。

② 安那其，即无政府主义。

③ 王右木：《致团中央负责人的信》（1922 年 10 月 11 日），载中共江油县委党史办公室：《四川马克思主义运动先驱者——纪念王右木诞生一百周年》，成都：四川大学出版社，1988 年，第 101—102 页。

④ 张秀熟：《四川马克思主义运动先驱者——记王右木烈士》，载中国人民政治协商会议四川省委员会文史资料研究委员会：《四川文史资料选辑》（第 28 辑），成都：四川人民出版社，1983 年，第 29 页。

⑤ 王右木：《致团中央负责人的信》，载中共江油县委党史办公室：《四川马克思主义运动先驱者——纪念王右木诞生一百周年》，成都：四川大学出版社，1988 年，第 97 页。

⑥ 初称"中国国家主义青年团"，1929 年正式对外宣称为"中国青年党"。

⑦ 司昆仑：《巴金〈家〉中的历史：1920 年代的成都社会》，何芳译，成都：四川人民出版社，2019 年，第 211 页。

《振华》《华魂》《荣钟》等刊物，宣传国家主义，抵制共产主义。1925 年 8 月，杨闇公向团中央报告重庆、成都"新回来"的国家主义派"处处与我们为难"。同年 12 月，裴紫琚报告："醒狮派亦决定向川中进展……而省中《醒狮》最为畅销，此地稍减色。大敌当前，必有一场决战。"双方在思想层面展开了激烈的论战，在青年中也互相争夺力量，这一斗争在国共合作期间仍在继续。

青年团早期十分重视工人运动的宣传和组织。1923 年 5 月，青年团成都地委向全川的工人发出了纪念五一劳动节的公告，在公告中为工人分析了他们所处的悲惨地位，指出工人应该享有的合法权益。为了帮助工人争取平等和有尊严的生活，公告号召全川的工人争取八小时工作制，高呼："全劳动界无产界，快团结起来哟！"[1]《国民公报》上刊载了成都青年团在五一劳动节发表的《人日宣言》。进步青年们将五月一日称为"人日"，就是号召工人争取人权。他们在文章的最后呼吁工人们团结起来，打倒军阀、官僚和绅士议员，因为"我们工人生产一切物品，我们工人亦将产生庄严光明的世界，我们是世界上的真主人"[2]。在组织上，王右木于 1923 年的 5 月 1 日发起成立了成都劳工联合会，在 5 月 5 日举行的纪念马克思诞辰大会上，王右木还通知联合会成员参加。他认为成都的工人运动，需要以此劳工联合会为基础，吸收广大工人加入，从而在整体上领导四川地区的工人运动。[3] 成都缺乏大工业，工人以手工业从业者为主，王右木深入工人之中，了解他们的需求，解决他们的困难，在工人中树立了很高的威信。他还以青年团为基础，组织工人同四川工会、四川工党、成都劳动自治会等反动团体相斗争，有力地推动了四川工人运动的发展。

1922 年的教育经费独立运动是四川团组织早期领导参与的一次重要运动。四川自 1917 年始，军阀混战不断，逐步出现"防区制"。军阀在防区内拥有相当大的权力，学校的教育费用经常被大小军阀挪用，严重阻碍了四川教育事业的发展，因此川内要求教育经费独立的呼声十分强烈。1922 年 6 月 5 日，四川省学联、教职员工联合会在国立成都高等师范学校集会，决定实施总罢课，由王右木担任总指挥。6 月 10 日，青年团四川省委公开发表宣言，指出"解决四川人民压迫的机会到了。由社会部分教育经费运动到社会总解决的运动"，号召全川人

---

① 《团成都地委为纪念"五一"节告四川劳工》（1923 年 5 月），载四川省档案馆、四川省总工会：《四川工人运动史料选编》，成都：四川大学出版社，1988 年，第 9 页。

② 《人日宣言》（1923 年 5 月 1 日），载四川省档案馆、四川省总工会：《四川工人运动史料选编》，成都：四川大学出版社，1988 年，第 10 页。

③ 《王右木致施存统的信》（1923 年 5 月 5 日），载四川省档案馆、四川省总工会：《四川工人运动史料选编》，成都：四川大学出版社，1988 年，第 11 页。

民积极参与，反对军阀统治。① 成都的青年学生举行了大规模的游行示威。在王右木的带领下，学生代表们一同到省议会请愿。请愿学生和省议会发生了冲突，造成了学生伤亡，激起了全省教育界与社会各界的愤怒，斗争迅速发展到了全川。四川团组织与四川青年的斗争迫使省议会作出让步，以全省肉税作为教育经费专项支出，这一次教育经费独立运动取得了胜利。

第三节　大革命洪流中的川大青年

国民革命是国共两党在革命统一战线之下，以打倒列强、除军阀为目标的反帝反封建的革命运动。这是国共两党第一次合作，也是中国历史上一次深刻的变革。国民革命从南向北，革命力量势如破竹，沉重地打击了北洋军阀的统治。在党中央和团中央的指示下，川大青年加入国民党，帮助他们在四川开展国民革命。在川大青年的努力下，四川的军阀势力和帝国主义势力都遭到了不同程度的打击，充分显示了川大青年的革命决心。但正当国民革命如火如荼地进行之时，以蒋介石、汪精卫为首的国民党右派发动了反革命政变，大肆逮捕屠杀党的优秀同志和进步人士。四川的进步力量在"三·三一"惨案和"二·一六"惨案中受到了重大的打击，反动军阀和国民党右派势力勾结，使得无数川大青年付出了年轻的生命。

一、川大青年投身国民革命

1923 年 6 月，中国共产党第三次全国代表大会在广州召开，会议作出了共产党员以个人身份加入国民党的决定，标志着中国共产党开始采取党内合作的形式，联合国民党建立革命统一战线，进行反帝反封建的国民革命。同年 12 月，中共中央和青年团中央联合发表决议，表示"我们须抑制一切感情并抛弃鄙视国民党之旧观念，努力深入其群众，以期达到国民革命的联合战线之目的"②。在中国共产党的领导下，青年团和广大青年群众积极投身轰轰烈烈的国民革命。

四川的团组织在王右木等人的领导下，除了发源地成都，川南、川北和川东都以从国立成都高等师范学校走出的青年团员为主力，发展了新的组织，呈现出

---

① 涂文涛：《四川教育史》（上册），成都：四川教育出版社，2007 年，第 401 页。

② 《中国共产党、中国社会主义青年团中央局对于国民党全国大会意见》（1923 年 12 月），载团中央青运史研究室、中央档案馆：《中共中央青年运动文件选编：1921 年 7 月—1949 年 9 月》，北京：中国青年出版社，1988 年，第 24 页。

一派欣欣向荣的气象。与之形成鲜明对比的是，四川的国民党组织在 1916 年到 1925 的十年间，参加大小革命战争、军阀内战，"对于四川国民党党务，也就无力顾及了"①。在与施存统的信中，王右木多次批评国民党，认为他们同军阀、无政府主义者一道，是革命的阻力，② 并指出"此地国民党，历来只知捧当权的政府"③。因此，对于国共合作，四川的一般同志都持反对意见。尽管如此，无论从党团组织的纪律来说，还是从当时的历史大势来看，国共合作进行反帝反封建的国民革命是符合潮流的。经过深思熟虑后，王右木决定从大局出发，服从党的指示，以身作则，带头以个人身份加入国民党。四川的国民党完成改组后，请王右木出任了国民党四川总支部的宣传科副科长，主要从事国民革命的宣传工作。王右木还劝说其他同志更正自己的思想，认识到国民革命的意义。青年团员杜钢百因为在广安县见到过国民党抢官抢钱，对国民党非常厌恶，因此对革命统一战线颇不以为然，但是在王右木的影响下，他逐渐转变了自己的认识。④

1924 年 2 月，杨森占领成都，出任四川督理，在任上主持了成都的一些市政建设。为了宣传政绩，他派秦正树办理《甲子》月刊。秦正树是青年团员，他向王右木汇报了此事。担任宣传科副科长的王右木决定趁此机会扩大宣传力度，他利用这个报纸发表了大量的言论，反对军阀混战，反对防区制，宣传革命思想，一度引起了很大的反响。杨森知道此事后，强令报纸停刊，还想以高官厚禄收买在群众中威望很高的王右木。对此，王右木义正词严地拒绝，继续在反对军阀的立场上战斗。3 月下旬，王右木离开成都，前往上海、广州向党中央汇报四川地区的党团组织状况和革命运动情况。这年秋天，他在从广州返回四川的时候，突然在贵州土城失踪，或说其遭杨森买凶杀害，或说其为当地军阀杀害。无论如何，王右木牺牲在了革命的道路上，年仅 38 岁。王右木的牺牲对于四川的革命事业而言是一个很大的打击，但他所培养的一大批进步青年，继承了他的遗志，仍然在革命的道路上继续前进。

1925 年的五卅运动，是中国共产党直接领导的以工人阶级为主力军的中国人民反帝革命运动，标志着大革命高潮的到来。这场运动的导火索是日本资本家

---

① 四川省文史研究馆、四川省人民政府参事室：《四川国民党史志》，成都：四川人民出版社，1994 年，第 20 页。

② 王右木：《致施存统的信》（1923 年 2 月 29 日），载中共江油县委党史办公室：《四川马克思主义运动先驱者——纪念王右木诞生一百周年》，成都：四川大学出版社，1988 年，第 119 页。

③ 王右木：《致施存统的信》（1923 年 5 月 5 日），载中共江油县委党史办公室：《四川马克思主义运动先驱者——纪念王右木诞生一百周年》，成都：四川大学出版社，1988 年，第 125 页。

④ 杜钢百：《回忆王右木烈士》，载清华大学国学研究院：《杜钢百文存》，南京：江苏人民出版社，2018 年，第 151 页。

枪杀中国工人、共产党员顾正红，引起了上海工人的愤怒。上海的党组织积极领导工人和群众团结起来，向租界当局游行示威。租界的英国巡警竟残忍地向游行群众开枪，造成了伤亡。川大校友、上海团地委组织部主任何秉彝也英勇牺牲。这样的野蛮行为更加激发了中国人的义愤，上海的工人、商人、学生和市民都组织起来，形成了规模浩大的反帝爱国运动。1925 年 6 月 1 日，中共中央决定，由上海总工会联合全国学联、各马路商界联合会等，组成具有联合战线性质的上海工商学联合会，作为运动的指挥机关，并决定把斗争扩展到全国。不久，五卅运动的狂潮席卷了全国各大中城市，各阶层广大群众积极参加，约 1700 万人直接参加了运动，其中不乏川大青年的身影。

　　在成都团地委的领导下，成都的学生首先行动起来，组织宣传队和募捐队，走上街头，响应中共中央"反抗帝国主义野蛮残暴的大屠杀"。为了执行党中央建立反帝反封建的统一战线政策，团结工农商学兵一起行动，川大青年的优秀代表、青年团员廖恩波奔走联系，于 1925 年 6 月 17 日在四川公立工业专门学校内召开了二十五校学生代表紧急会议，商议如何声援上海人民进行斗争的问题。① 随后，成都各界的代表一千多人，在川北会馆成立了"上海英日惨杀华人案成都国民外交后援会"，廖恩波在会上报告了五卅惨案的经过，激发了人们的爱国热情。会议决定成立五个部门负责后援会的具体工作，廖恩波担任总务部主任，统筹一切。② 6 月 20 日，该后援会召开各部紧急联系会议，决定次日举行全市国民大会，进行示威游行，由廖恩波担任会务主席，童子军总令谢晓轩担任会务总指挥。6 月 21 日早晨，成都全市商店停止营业，悬旗致哀。群众万余人，手持标语和旗帜，在西校场旧皇城集会。廖恩波等人发表演讲，代表后援会向国民大会提出了四项议案："一、请政府照吾人目的向日英严重交涉，立刻释放被拘华人，赔偿死者命债及受伤医药费，惩办英日肇事官及凶手，英日政府向我道歉；二、凡英日在华所雇佣之中国人，一律退职；三、与英日经济绝交；四、联合世界被压迫民族，打倒帝国主义。"③ 全场群情激愤，群众高呼口号，进行大游行。在廖恩波等人的领导下，声援活动取得了巨大成效。

　　五卅运动在成都取得很大的声势，首先依靠的是青年学生尤其是川大青年的先锋作用。同年 12 月，廖恩波在国立成都高等师范学校致公堂主持召开了五四之后四川省第一次学生代表大会，大会通过了《四川学生联合会通告》，高度评

①《全川学生联合会之紧急会议》，《商务日报》1925 年 6 月 23 日。
②《成都外交后援会之组织》，《商务日报》1925 年 6 月 22 日。
③《成都全民之大游行》，《商务日报》1925 年 6 月 29 日。

价了青年学生在爱国运动中的表现，指出："五卅惨案发生以来，我全川同学会……偕同全川民众，与彼英日帝国主义者誓死斗争，勇往直前，未尝稍懈……足见全川同学对于继承五四运动之爱国精神，有加无已。"① 经过五卅运动的斗争实践，广大青年加深了对中国共产党和青年团的认识，四川地区的党团组织迅速发展，这一时期涌现出了成都八大"赤色团体"——国立成都大学的社会科学研究社、国立成都师范大学的导社、公立四川大学的共进社、国立成都师范大学附属中学的新青年革命团、四川省立第一师范学校的赤锋社、私立志诚法政专门学校的锐社、四川省立第一中学的石犀社和党领导的少年俱乐部，都是由党员团员和五卅运动中的积极分子推动成立的。在国民革命的洪流中，川大青年站在了四川人民的前列，担当了革命的先锋，除了声势浩大的五卅运动，川大青年还参加了教育经费独立运动、反对万县"九五"惨案、反对劣币斗争等，在反帝反封建的道路上发挥着英勇的战斗精神，推动了四川地区大革命高潮的到来。

二、大革命期间牺牲的川大青年

正当四川地区的国民革命如火如荼地进行之时，1926 年 7 月，又一个振奋人心的消息传来，广州的革命政府决定出师北伐，以武力推翻北洋政府的统治。国民革命军兵分三路，向北进攻，摧毁了北洋军阀一个又一个反动堡垒，使得列强在中国的统治受到动摇。帝国主义列强对中国革命进行了赤裸裸的武装干涉，1926 年 9 月 5 日，英国军舰炮轰万县，致使中国军民伤亡数千人，制造了震惊中外的"九五"惨案。1927 年 3 月 24 日，英国军舰以维护侨民与领事馆的利益为由，炮轰南京，封锁江面，阻止北伐军北进。帝国主义的霸权行径激起了革命群众的不满，位于重庆莲花池的国民党四川省党部召集各方代表开会，准备于3 月 31 日在打枪坝召开群众大会，抗议帝国主义暴行。

1927 年 3 月 31 日，大会如期举行，不料遭到了刘湘的丁顶，现场被刘湘手下王陵基、蓝文彬等破坏。他们对革命群众展开屠杀，制造了震惊全国的"三三一"惨案。随后军阀大肆搜捕共产党和国民党左派分子，四川党组织遭到了严重打击，四川的革命运动被镇压下去。② 在"三三一"惨案中牺牲的烈士中，杨闇公同志是当时四川党团组织的优秀领导人。他 15 岁就参加了革命活动，受到孙中山和革命党的影响，反对袁世凯称帝。1917 年，杨闇公留学日本，回国后与

---

① 陈光复、张明：《拳拳爱国心——"五卅"运动中的成都青年》，载李柏云：《追求之歌——四川青年运动》，成都：成都科技大学出版社，1986 年，第 78—79 页。

② 倪良端：《论刘湘与重庆"三三一"惨案》，《四川党史》1997 年第 4 期，第 57—60 页。

吴玉章、刘伯承等人在四川一边宣传马列主义，一边进行革命的组织工作。1924年初，杨闇公与吴玉章秘密组织了中国青年共产党，发行《赤心评论》。在得知中国共产党和中国社会主义青年团成立的消息后，他们立即解散组织，加入中国共产党。1925年，杨闇公先后组织国民会议促成会和重庆国民外交后援会，与吴玉章在重庆创办中法学校，出任中共重庆地委书记。在国民革命中，杨闇公出席了国民党第二次全国代表大会，在四川的国民革命中发挥着举足轻重的领导作用，还与刘伯承、朱德一同策划了泸顺起义，有力地支援了北伐战争。在领导四川革命的岁月里，杨闇公同志鞠躬尽瘁，死而后已，面对军阀的威胁也毫不妥协。杨闇公同志在被捕后，痛骂反动军阀，高呼"你们只能砍下我的头，绝不能丝毫动摇我的信仰！"[①]，表现出了共产党人坚定不移视死如归的崇高革命精神。

"三三一"惨案之后，四川反动军阀加紧了对革命势力的反扑。1928年1月，军阀当局撤换了大批支持学生运动的校长，任命国民党四川省党部候补执行委员杨廷铨为省一中的校长。杨廷铨曾在国立成都大学担任舍监，因为在学校对学生刻薄，又作风下流，为教育界所不齿。省一中的学生对他出任校长颇为不满，遂掀起了"择师运动"，拒绝杨廷铨进校。对此，刘湘派兵护送杨廷铨入校，还将反对的学生开除。在学生的质问之下，杨不但不想恢复学生学籍，还辱骂学生，激起了学生公愤，扭打起来，学生失手将其打死。刘湘于是宣布全市戒严，搜捕各大中学校。他派军队包围国立成都大学、国立成都师范大学及附中、公立四川大学，威逼学校师生列队接受盘查，依据校内反动势力提供的名单，将数百名革命师生抓走。2月16日，军阀当局未经任何审讯，就把包括袁诗荛、钱芳祥、李正恩、王向忠、胡景瑗、韩钟霖、张博诗、龚堪慎、王道文等9名川大青年在内的14人枪杀于下莲池，制造了震惊全国的"二一六"惨案。

袁诗荛，在校用名袁首群，1897年生于四川盐亭，牺牲前为国立成都师范大学附中的教务主任、中共川西特委宣传部部长。五四运动期间，袁诗荛带领同学积极投身运动，被选为四川省学联副理事长，参与创办《四川学生潮》。1920年，袁诗荛与巴金等人创办宣传新思想的刊物《半月》，还参加了王右木主办的马克思主义读书会，帮助王右木创办《新四川旬刊》，是王右木最得力的助手。1927年，袁诗荛加入中国共产党，任中共川西特委宣传部部长，在国立成都师范大学附中的讲台上宣传马列主义。作为四川地区早期党团组织的重要领导人，袁诗荛早就被反动敌人视为眼中钉。他牺牲时才30岁。在前往刑场的路

---

① 萧华清：《回忆杨闇公同志》，载中国人民政治协商会议四川省重庆市委员会文史资料研究委员会：《重庆"三·三一"惨案纪事》，重庆：西南师范大学出版社，1988年，第297页。

上，他沿途高呼："工农兵联合起来""打倒蒋介石""打倒军阀""中国共产党万岁"。临刑前，袁诗荛大义凛然地斥责敌人："学马列，救中国，有何罪!"[①]

龚堪慎，字伯言，1904 年生于四川宣汉，牺牲前为公立四川大学法政学院学生，中共川西特委学委委员，四川省学联负责人。1925 年，龚堪慎考入公立四川法政专门学校，1926 年加入中国共产党并发起成立进步社团共进社，领导川大青年展开反帝反军阀的斗争。在声援五卅运动和反对"九五"惨案的斗争中，他都发挥了出色的才能，作出了积极的贡献。他亲自带领经济检查队查获和焚烧了大量的日货。在庆祝北伐出师和抗议重庆"三三一"惨案的群众大会上，他担任大会主席。龚堪慎主办了《四川学生》周刊，揭露军阀摧残教育的罪行，启发同学们的觉悟。1927 年，作为四川省学联的主要领导人之一，他领导全市规模的学生罢课斗争，推动了第二次教育经费独立运动走向高潮。在 1928年的反劣币斗争中，龚堪慎参加了"反劣币大同盟"的领导工作，是四川党团组织和川大青年中的优秀代表之一。

钱芳祥，字冥阶，1900 年生于四川巴县（今重庆市巴南区），牺牲前为国立成都大学中文系学生、中共国立成都大学特支书记。1924 年，钱芳祥考入国立成都大学预科，在校期间表现积极，被同学们推举为学生会总务长（主席）。他曾代表学校争取"盐余款"作为国立成都大学的办学经费，受到了学校的奖励。1925 年的五卅运动中，钱芳祥与李正恩一起组织了进步革命团体社会科学研究社，成为当时的八大"赤色团体"之一。同年他加入了中国共产党。1927 年 9月，党组织决定在学校内部建立支部，成立中共国立成都大学特支，钱芳祥担任特支书记。他经常为革命废寝忘食，忘我工作，顾不上理发剃须，常是满脸络腮胡，因此被同学们亲切地称为老大哥。在社会科学研究社发行的《野火》《尖兵》刊物上，也常常能看到钱芳祥富有革命激情和战斗精神的文字。当反动军阀包围学校时，钱芳祥告诉众人："没得什么了不起的，不要怕!"英勇就义时，他从容地向同志们说，"砍头流血，铁窗风味，是革命者的家常便饭"[②]，生动地展现了川大青年不惧生死，矢志革命的高尚情怀与英雄气概。

"二一六"惨案是"四川军阀追随蒋介石、汪精卫相继叛变革命后，对共产

---

① 廖仲宣：《龙顾丰碑 浩气长存——袁诗荛烈士事迹片段》，载中国人民政治协商会议四川省绵阳市委员会文史资料研究委员会：《绵阳市文史资料选刊》（第 2 辑），内部编印，1986 年，第 37 页。
② 廖友陶：《怀念钱芳祥烈士》，载中国人民政治协商会议四川省委员会文史资料委员会：《四川文史资料选辑》（第 26 辑），成都：四川人民出版社，1982 年，第 131 页。

党和工人、农民、进步学生的最野蛮、最残酷的血腥镇压和屠杀"[①]。以上列举的几位烈士，只是倒在国民革命血泊之中的进步青年的一部分，还有更多的川大青年同样为了革命事业抛头颅、洒热血，他们的功绩同样值得铭记。尽管"二一六"惨案之后，四川的党团组织和革命事业受到了严重的打击，但是活下来的同志并没有气馁。在严重的白色恐怖下，川大青年依然坚持斗争，1930 年领导了广汉起义，在川西坝打响了武装斗争的第一枪，[②] 在第二次国内革命战争时期，继续书写着英勇不屈的光荣历史。

---

① 刘披云：《关于二·一六惨案的情况》，载中国人民政治协商会议四川省委员会文史资料委员会：《四川文史资料选辑》（第 26 辑），成都：四川人民出版社，1982 年，第 167 页。

② 饶用虞：《为建立新中国而求索奋斗——记民主革命时期四川大学的革命活动与革命志士》，载中国人民政治协商会议成都市武侯区委员会文史资料委员会：《武侯文史资料选辑》（第 1 辑），内部编印，1992 年，第 25 页。

第二章　担负兴亡，奔赴抗日激流

抗日战争时期，中日民族矛盾逐渐超越国内阶级矛盾上升为主要矛盾。在日本帝国主义加紧侵略中国、民族危机空前严重的关头，中国共产党率先高举武装抗日旗帜，广泛开展抗日救亡运动，促成西安事变和平解决，对推动国共再次合作、团结抗日起了重大历史作用。全民族抗战爆发后，党实行正确的抗日民族统一战线政策，坚持全面抗战路线，提出和实施持久战的战略总方针和一整套人民战争的战略战术，成为全民族抗战的中流砥柱。川大青年积极响应党关于抗日救亡的号召，成立了各种抗日救亡团体，组织类型多样的救亡运动，在大后方的救亡运动中开创了新的局面，受到全国各界民众的赞扬。进步的川大青年，一部分活跃在文艺战线上，一部分参军入伍，英勇战斗在抗日战争的战场上，两条战线上都涌现出了杰出的榜样。面对国民党顽固派破坏抗战的企图，川大青年也丝毫没有妥协。作为抗战时期中国最完备的高等院校的学生，川大青年还承担起了自己的本职工作，在科研和建设领域为国家作出了杰出的贡献。

第一节　抗日救亡的呐喊与抗争

1931年的九一八事变后，中国进入了局部抗战阶段。国民政府坚持"攘外必先安内"的政策，对日本侵略东北的行动一再妥协、退让。有识之士则奔走呼吁，提醒民众中国已经到了生死存亡之秋。四川作为稳定的后方受到了国民政府的重视，中央政府加紧了对地方的控制和建设。这段时间也是国立四川大学度过合并初期的艰难岁月，迈向国立化的关键时期。在学校向前发展的背景下，川大青年的力量也随之壮大。川大虽然地处西南，但川大师生同样怀有深切的国家意识。学校的各种抗日宣传活动激发了学生们的爱国意识，学生们意识到日本帝国主义的侵略将给中国带来奴役和压迫的命运。抗日救亡团体在学校纷纷建立，爱国演讲流传于同侪之中。一二·九运动之后，中日民族矛盾空前激化，川大青年的抗战意志也更加坚决，川大青年的抗日救亡运动迎来了新的阶段。

一、抗战爆发与四川地位的变化

早在中华民国成立之初，蒋介石就认为：在中国各省之中，能作革命根据地的，"只有两省可当选。第一是广东，其次就算是四川了，因为四川人口众多，物产丰富，都在任何各省之上，而四川同胞的天性，富于民族的情感，一贯的忠于主义，勇于革新，所以我们若能以四川为革命的根据地，就更能使革命早日成功"[①]。1931年九一八事变爆发之后，东北沦陷。面对日本的侵略，国民政府尽管在总体上采取妥协退让的方针，但在全面抗战爆发前仍然做了一些对日战争的准备。例如1932年，国防设计委员会成立，负责研究国内军事问题。1934年，蒋介石派蒋百里到日本进行军事考察。1935年1月，国民政府召开军事整理会议，整训军队，加强特种编制建设和发展。同年11月推行《兵役法》，设立机构负责征收兵员。随后，国民政府又在1936年7月成立了国防会议，加强了国防工业建设，制订对日作战计划等。[②]

1934年底到1935年，四川的军阀混战在"二刘大战"后渐趋停息。刘湘加强了与中央政府的联系。蒋介石随即派国民政府军事委员会委员长行营参谋团入川，不久蒋介石亲自入川，四川与中央的关系日趋紧密。在促进川政统一的过程中，国民政府也在谋划将四川打造为抗战的重要根据地。对于这一情况，曾任南京《救国日报》主笔的龚德柏回忆说："刘湘与中央之关系愈趋密切，终使中央势力能完全支配四川，奠定四川后来为抗战司令台之基础。"[③] 蒋介石在1935年3月4日的四川党务办事处扩大纪念周活动中发表讲话，认为"就四川的地位而言，不仅是我们革命的一个重要地方，尤其是我们中华民国立国的根据地，无论从哪个方面来讲，条件都很完备：人口之众多，地方之广大，物产之丰富，文化之普及，可说为全国之冠"[④]。四川的重要地位得到国民政府高层的充分认识，建设这一最后防线已经成为国家的当务之急。

1937年7月7日，"卢沟桥事变"爆发，日本帝国主义发动了全面侵华战争。在短短的几个月内，国民政府相继丢掉了华北、华东和华南的大片国土。11月20日，国民政府发布《国民政府移驻重庆宣言》，准备将首都从南京迁到重庆，以适应持久抗战的需要。该宣言指出"国民政府兹为适应战况、统筹全局、长期抗战起见，本日移驻重庆，此后将以最广大之规模，从事更持久之战斗，以中华人民之众、土地之广，人人本必死之决心，以其热血与土地凝结为一，任何

① 周开庆：《民国川事纪要》（下册），台北：四川文献研究社，1974年，第297—298页。
② 何理：《中国人民抗日战争史》，上海：上海人民出版社，2015年，第52—53页。
③ 龚德柏：《龚德柏回忆录》，台北：龙文出版社股份有限公司，1989年，第386页。
④ 蒋介石：《四川应作复兴民族之根据地》（1935年3月4日），载国民政府军事委员会委员长行营：《参谋团大事记》（下册），内部编印，1937年，第866页。

暴力不能使之分离"①，体现了全国上下一致抗战的决心。从此四川从"国中的异乡"成为中华民族的复兴基地，在历史上获得了重要的地位。在整个抗日战争时期，四川为国家提供了大量的人力物力，对于抗日战争的胜利发挥了至关重要的作用。

对于川大而言，1931 至 1937 年也是一个关键的时段。1931 年，正值局部抗战爆发，公立四川大学、国立成都大学和国立成都师范大学合并为国立四川大学。但随后的 1932—1935 年对于新合并的川大来说，是极为艰难的一段岁月。1932 年的秋天爆发了"二刘大战"，军阀在成都展开巷战，对城市造成了极大的破坏，川大在皇城的校本部一度成为主战场，以至于"往返攻守，破坏不堪，不得已乃提前放假"②，正常的教学秩序受到严重干扰。军阀战争带来的另外一个结果是经费困难，此前各地军阀截留属于办学经费的税款已不鲜闻，"二刘大战"之后情况更甚，刘湘等人甚至企图变卖川大皇城地产。由此导致学校无法给教职员工发放薪资，亦无力购买图书，扩充设备，建造校舍，使得学校的发展陷入严重的危机。③ 王兆荣就任校长后，为学校争取国家经费奔走呼号。川大学生也行动起来，反对军阀变卖皇城校产，并向中央政府发去电报，斥责军阀买卖教产，摧残教育。④

于此万分艰窘的境地中，川大全体同人齐心协力，排除万难，终使教学秩序渐次恢复，并在 1932 年开始出版《国立四川大学周刊》。同时，川大也注重成立各种学术社团，经济研究会、教育研究会、文艺研究会和体育研究会等学术团体在 1934 年成立。1933 年，川大师生还独立组织了地震考察团，对四川茂县叠溪地震进行了详细考察，搜集了珍贵的资料。1935 年，王兆荣校长被迫去职，尽管在其任内学校的发展较为缓慢，但他维持学校不被破坏，"筚路蓝缕，奠定基础之功，均啧啧尚在人口"⑤。经过了 1932—1935 年的艰苦维持和初步整顿，加之抗战形势下中央政府对四川愈发重视，川大终于迎来了新的发展契机。1935年任鸿隽任校长后，在学校中大力推进"现代化"和"国立化"，大量外省新式知识分子被聘为教授，生源从以四川省为主扩大到全国，课程与设备质量都有不

---

① 《国民政府发布移驻重庆办公宣言训令》（1937 年 11 月 20 日），载四川省档案局（馆）：《抗战时期的四川：档案史料汇编》（上册），重庆：重庆大学出版社，2014 年，第 66 页。

② 国立四川大学：《民国二十五年国立四川大学一览》，内部编印，1936 年，第 4 页。

③ 《四川大学史稿》编审委员会：《四川大学史稿》（第一卷），成都：四川大学出版社，2006 年，第144 页。

④ 《全体学生电京反对卖皇城》，《国立四川大学周刊》1933 年第 2 卷第 9 期，第 11 页。

⑤ 四川省地方志编纂委员会：《四川省志·人物志》（下册），成都：四川人民出版社，2001 年，第584 页。

同程度的提高。[1] 任鸿隽主政川大不过两年，但他对川大的影响十分巨大。任鸿隽卸任后，随着抗战形势的变化，川大和整个国家一起进入了新的历史发展阶段。

二、川大青年抗日救亡意识的兴起

从 1931 年九一八事变到 1937 年卢沟桥事变，是局部抗战阶段。这一时期的川大虽然身处西南大后方，但随着任鸿隽校长主持校务，学校的国立化进程大大加快，外省学生人数变多，全局性的国家意识更加强烈，青年学生对于国家的前途有着更为深远的忧患意识，川大青年的抗日救亡意识由此在这一阶段萌发，为川大青年积极投身抗日救亡运动奠定了基础。

1931 年九一八事变爆发后，川大就设置了九一八纪念演讲，1932 年，正值九一八事变一周年之际，孔庆宗发表了题为《东北事变与国际关系》的演讲，向学生们讲述东北问题的来龙去脉，揭露了帝国主义各国的野心。[2] 同时，李希仁的《东北前途与吾人处国难之态度》、赵石萍的《九一八前后之东北》、高觉敷的《上海中日战况》等演讲与文章纷纷出炉。此举对于川大青年了解国际局势，培养爱国主义精神具有重要意义。1933 年，日本企图吞并热河省，长城抗战爆发，中国军队奋起抵抗，在喜峰口取得了辉煌战果。在北平的川大法学院学生深受鼓舞，向学校师生发来电报，被作为头条刊载在当期的《国立四川大学周刊》上。在北平的川大学生不仅称赞了中国军队的英勇行为，准备前去慰问劳军，还呼吁在校的后方师生"能大声急呼起来，捐款慰劳浴血的抗日将士"[3]。校内师生受到感召，纷纷响应，为抗日将士慷慨解囊。这次捐款，全校师生共计捐大洋二千七百一十九元二角，通过《大公报》报馆转交前线。[4] 许群立题为《长期抵抗的意义》的演讲词也被刊载出来，他鼓励青年学生不怕牺牲，坚持长期抵抗，虽然时间越长，牺牲越大，但唯有如此，"最后胜利，终属吾国，满热失地，终必恢复，即其他不平等条约，亦可完全废除，中国之自由平等，亦可期于实现"[5]。在爱国演讲和相关活动的感召下，川大青年的爱国热忱正在慢慢壮大。

---

① 王东杰：《国家与学术的地方互动：四川大学国立化进程（1925—1939）》，北京：生活·读书·新知三联书店，2005 年，第 171 页。

② 孔庆宗、孔邦智：《东北事变与国际关系》，《国立四川大学周刊》1932 年第 1 卷第 8 期，第 1—3 页。

③ 《喜峰口飞来呼声：本大学法学院旅平同学会代表来函》（1933 年 4 月 2 日），《国立四川大学周刊》1933 年第 1 卷第 15 期，第 1—2 页。

④ 《慰劳抗日各军捐款兑出》，《国立四川大学周刊》1933 年第 1 卷第 21 期，第 10 页。

⑤ 许群立：《长期抵抗的意义》，《国立四川大学周刊》1933 年第 1 卷第 20 期，第 8 页。

1933 年，川大第三次校务会议举行，大会决定在学校成立抗日委员会，主持抗日相关事宜，制订章程，吸纳教职员参加，以适应抗日救亡活动规模不断扩大的需要。[①] 随后，《国立四川大学抗日方案》迅速被制定出来，提出"本大学为西南最高学府、文化中枢，而抗日工作又非短期内所能奏效，且以西南地位而论，在抗日工作上，远在后方，故宜从治本治标两方分别着手，以图最后之胜利"。川大抗战规划中的工作之一，便是培养爱国校风以变易社会风尚，希望通过培养学生的爱国热情，继而影响社会，形成全民支持抗战的风气；其次要培养学生的健全生活能力，增设日本研究和军事训练课程。这些是"治本"上的规划。在治标层面，提出川大学生落实援助抗日各军、提倡国货、定期分区演讲、印发宣传物等要求。[②] 这一方案为川大青年进行抗日救亡活动提供了细致的指导，有力地推动了川大青年为抗战贡献力量。

自 1931 年九一八事变之后，日本不满足只占领东北，继续向华北逼近，相继策划了"华北特殊化""华北五省自治"，逼迫国民政府签订《塘沽协定》《何梅协定》《秦土协定》等一系列丧权辱国的条约。日本帝国主义吞并中国的野心昭然若揭，引起了中国人民的愤怒。在中国共产党的领导下，北平的学生发起了大规模的游行示威活动，反对华北自治，要求国民政府停止内战，全国一致抗日，史称"一二·九运动"。杭州、武汉、上海、广州、南京、济南、天津、青岛、南宁、长沙、厦门等地的学生、教职员纷纷集会，发表宣言、通电，举行罢课、游行，声援北平学生的爱国运动。各地爱国人士纷纷成立各界救国会，要求国民党当局停止内战，实现抗日。

一二·九运动爆发时，时任川大校长任鸿隽正在北平开会，他目睹了学生的爱国行为，深为感动。回到学校后，任鸿隽向川大师生报告见闻，痛斥日伪暴行，号召师生声援北平学生的正义行动。在他的影响下，全校师生纷纷集会，以全体教职员和学生名义，通电全国，强烈要求国民党最高当局停止内战，一致抗日，维护主权，严惩汉奸。在给北平学生的电报中，川大学生称"我同学处此艰危环境，倡导爱国运动，颠扑相继，不稍屈挠，奋斗精神，至为钦感，敝校同学，誓作后援，共争领土完整"[③]，表示了同仇敌忾、誓作后盾的决心。任鸿隽的开明态度、爱国热情，在各地学生中已逐渐传扬。次年投考川大者甚众。一二·九运动余波未平，任鸿隽又邀请南开大学校长张伯苓为川大青年学生演讲。

---

① 《本大学将成立抗日委员会》，《国立四川大学周刊》1933 年第 1 卷第 21 期，第 10 页。

② 《国立四川大学抗日方案》，《国立四川大学周刊》1933 年第 1 卷第 21 期，第 1—2 页。

③ 《本校全体同学响应平市学生　反对华北自治组织　分电中央及华北当局力保领土完整》，《国立四川大学周刊》1935 年第 4 卷第 15 期，第 7 页。

张伯苓认为与四川的青年谈话，就是"等于和将来新四川的创造者谈话"，是"最值得高兴的"，他声讨了所谓的"华北自治"，声援了北平学生的行动，勉励川大青年学子，不要散漫，应当集中力量，团结一致，共同对外，谋求救亡图存。[①]

相关的演讲在川大青年中激起了强烈的反响，进而影响到社会各界，整个成都的抗日风气空前热烈。1936 年 8 月，日本提出要在成都设立领事馆，但整个成都没有任何日本侨民、日本机构，四川和日本也没有多少外事交往，日本人显然是想要在这里建立侵略活动的前哨阵地。成都市民尤其是青年人出于义愤，砸烂了日本相关人员居住的大川饭店，打死了两个日本人。根据韩天石回忆，他从北平来到成都的那天刚好是 1936 年 9 月 18 日，在国民党的统治区内是不准纪念九一八事变的，唯独成都却下了半旗纪念国耻。[②] 与此同时，中共中央调整了青年运动的策略，可以说，一二·九运动之后，川大青年运动进入到新的阶段。

三、川大青年抗日救亡团体的成立

在抗日救亡形势不断高涨的情况下，动员青年群众参加救亡运动与争取民主自由的斗争成为党的主要任务之一。鉴于青年团原有的组织与工作形式已不适应时代变化的需要，中共中央决定改造青年团。中共中央决定，在国统区内的青年团，应该按照环境的需要，建立和参加具有民族解放性质的群众组织，使得"各种青年组织在抗日救国、民主自由共同目标下，实行合作联合与统一"，并且要求大批青年团员加入共产党，负责青年运动工作，暂停团的组织活动，强调"共产党应该是青年运动的唯一领导者"。[③] 长期在白区工作的刘少奇回到延安作报告，也强调了青年运动的重要性，并指出："各种青年团体在抗日救国目标下联合起来，是必要的，我们应设法促成。"[④] 1938 年 5 月，中共中央决定，以党来集中统一领导全国的青年运动和青年团体，建立从中央到地方的青年工作委员会，专门安排同志负责青年运动，将青年团员吸收到青委之中，并要求各地党组

① 张伯苓：《国难中应有之修养》（1935 年 12 月 23 日），载梁吉生、张兰普：《张伯苓教育佚文全编》，北京：人民教育出版社，2019 年，第 286—288 页。

② 韩天石：《中华民族解放先锋队成都队的始末》，载成都市政协文化和文史资料委员会：《成都抗战记忆》，成都：四川人民出版社，2015 年，第 53 页。

③ 《中央关于青年工作的决定》（1936 年 11 月 1 日），载团中央青运史研究室、中央档案馆：《中共中央青年运动文件选编：1921 年 7 月—1949 年 9 月》，北京：中国青年出版社，1988 年，第 441—442 页。

④ 刘少奇：《关于白区的党与群众工作（摘录）》（1937 年 5 月），载团中央青运史研究室、中央档案馆：《中共中央青年运动文件选编：1921 年 7 月—1949 年 9 月》，北京：中国青年出版社，1988 年，第 448 页。

织将青年运动作为自己的主要工作之一，"实行经常的检查与推动"①。

在中国共产党的集中统一领导之下，四川地区的青年运动呈现出了新的面貌，抗日救亡团体的成立与青年的广泛参与是一个突出的现象。1936 年 8 月，参与组织和领导北京一二·九运动的共产党员韩天石被党派到成都工作。随后韩天石通过考试转入川大，一边学习，一边开展青年运动。当时四川的党组织遭到破坏，久久未恢复，韩天石联络王广义等党员，以及一部分中华民族解放先锋队（简称"民先"）队员，以川大的进步青年为基础，组织起了中华民族解放先锋队成都队（也称"成都民先"）。民先是一个全国性的抗日救亡团体，成都民先则是它的一个组成部分。川大学生韩天石、周海文、胡绩伟、涂万鹏、王广义五人组成了成都民先的领导团体，使得成都的抗日救亡团体与全国相联系，成都的青年得以投身到更广泛的全国性运动之中。

1936 年 11 月，康乃尔、王玉琳等人在川大发起召开了全校学生声援绥远抗战大会，并成立了"国立四川大学学生援助绥远抗战会"（简称"川大援绥会"）。12 月，为了进一步发动和组织广大爱国学生参加救亡运动，民先与早先由共产党员饶世俊，进步青年学生侯太阶、张显仪发起的海燕社共同筹组了"成都学生救国联合会"（即成都学联），以团结全市大中学进步学生。② 1937 年 9 月初，中共中央青委书记冯文彬派张黎群、肖泽宽回成都，在青年学生中进一步开展抗日救亡活动，建立"四川青年救国会"（简称"青救会"），川大有不少进步学生参加。不久，为了工作需要，"青救会"也并入了成都民先。1939 年，已经发展到有 300 多名队员的成都民先，在党中央的指示下，被省工委撤销，其中的绝大部分队员都加入了中国共产党，剩下的人被分配到其他青年团体中继续展开工作，成为青年运动的星星之火。③

在各大抗日团体成立的激励下，川大的青年学生除了广泛加入这些组织之中，也成立了自己的抗日救亡组织。1937 年 7 月 17 日，"四川省各界抗敌后援会"（简称"省抗"）成立，23 日，该会向全国发表通电，表示"一俟全国总动

---

① 《中央关于组织青年工作委员会的决定》（1938 年 5 月 5 日），载团中央青运史研究室、中央档案馆：《中共中央青年运动文件选编：1921 年 7 月—1949 年 9 月》，北京：中国青年出版社，1988 年，第 453 页。

② 杨剑锋：《浅谈抗战时期中共四川组织开展的各项工作》，载中共四川省委党史研究室、四川省中共党史学会：《抗日战争时期的中共四川组织》，成都：四川人民出版社，2015 年，第 57 页。

③ 韩天石：《中华民族解放先锋队成都队的始末》，载成都市政协文化和文史资料委员会：《成都抗战记忆》，成都：四川人民出版社，2015 年，第 55 页。

员之日，定当事先效命"①。这是四川省内规模最大的一个抗日救亡团体，中共党员和民先队员在其中占据重要地位。康乃尔担任"省抗"常委，彭文龙、王玉琳分别担任成都西、东城区指导员。"省抗"在各市县乡镇都设有支会，按照《四川省抗敌后援会总章》的要求，在各行业团体中相继建立"业别支会"。②1937年8月14日，依据"省抗"的相关规定，川大在文学院礼堂成立了国立四川大学抗敌后援会（简称"川大抗敌后援会"）。在成立大会上选出了27个执行委员，其中9人为常委，3人为主任委员（康乃尔名列其中），共产党员、民先队员及各进步学生和爱国教授成为川大抗敌后援会的主要力量。川大抗敌后援会的章程规定，"凡属四川大学教职员及学生均为本会会员"。③这意味着全校师生，无论男女老幼，都要参与抗日救亡的群众运动之中，印证着"地无分南北，人无分老幼，无论何人，皆有守土抗战之责任，皆应抱定牺牲一切之决心"的誓言。川大抗敌后援会成立后，向全国发表通电，表达抗战决心。蒋介石复电称："强寇压境，国难日亟，贵会志切救亡，忠义奋发，至为欣慰"。④川大抗敌后援会的成立，还推动了成都其他学校成立学生抗敌后援会，为四川地区的青年运动起到了示范作用。

川大抗敌后援会的成立为川大青年发展救亡组织创造了条件。该会骨干后来组织成立成都学生抗日救亡宣传团（简称"抗宣团"），下设四个分团：川大文学院和法学院的青年学生组成了第一团，川大农学院和理学院的青年学生组成了第二团，华西协合大学等五大学组成了第三团，私立协进中学学生为第四团。亲历者郭治澄认为，抗宣团是成都学生中"力量较大、坚持时间较久的抗日救亡团体，在抗敌救亡宣传中起了积极作用，并且锻炼和教育了一部分青年学生，其中许多人先后参加了中国共产党，成为党在抗日战争根据地工作和白区工作的骨干力量"⑤。川大青年毫无疑问是抗宣团的主力。在川大内部，进步青年还相继成立了国立四川大学抗敌后援会歌咏团、国立四川大学文艺研究会、国立四川大学抗敌兵役宣传团、华西学生救亡剧团、华西坝大学歌咏队、五大学学生战时服务

---

① 《四川各界抗敌后援会关于成立大会的通电》（1937年7月23日），载四川省档案馆：《川魂——四川抗战档案史料选编》，成都：西南交通大学出版社，2015年，第457页。
② 《四川省抗敌后援会总章》（1937年8月），载四川省档案馆：《川魂——四川抗战档案史料选编》，成都：西南交通大学出版社，2015年，第468—469页。
③ 《国立四川大学抗敌后援会简章》（1938年3月25日），载四川省档案局（馆）：《抗战时期的四川：档案史料汇编》（上册），重庆：重庆大学出版社，2014年，第339页。
④ 《蒋委员长电覆本校抗敌后援会》，《国立四川大学周刊》1938年第6卷第60期，第4页。
⑤ 郭治澄：《我所知道的成都学生抗敌救亡宣传团第一团》，载中共成都市委党史工委：《成都抗日战争时期回忆录选编》，内部编印，1985年，第111页。

团等各种进步组织。

<h1 style="text-align:center">第二节　大后方的爱国运动</h1>

抗日战争爆发后，川大青年在中国共产党的领导下，以各类抗日救亡团体为基础，组织了各种类型的抗日救亡运动。在宣传工作上，川大青年以演讲、歌唱和表演话剧等形式，启迪民众、鼓舞民众、争取民众。在爱国募捐活动中，川大青年作出表率，毁家纾难，共克时艰。在组织群众运动时，川大青年身先士卒，带动成都人民广泛参与，促进了大后方抗日救亡运动的高涨。除了后方的爱国救亡运动，前线的战场上亦不乏川大青年的身影。在响应知识青年从军的号召时，川大青年争先恐后，积极报名，参军人数位居全国高校前列，生动诠释了"一寸山河一寸血，十万青年十万军"的呼声。此外，为了应对国民党顽固派破坏抗战的行动，一部分川大进步青年在党组织的策划下转移到了延安等地，他们在那里成绩优异，工作突出，继续书写了新的篇章。

一、如火如荼的抗日救亡活动

组织是行动的基础，行动是扩大并且巩固组织的工具。[①] 在抗日救亡团体广泛成立的组织基础上，在中国共产党的集中统一领导下，川大青年通过多种多样的形式与方法，广泛地参与到运动中去，同人民群众打成一片。在这一背景下，四川的抗日救亡运动如火如荼地开展起来。

一方面，川大青年通过演讲、歌唱、表演话剧等宣传方式来影响群众，启迪人民的国家意识，让他们意识到国家的前途与命运同个人的抉择息息相关。四川省档案馆现存的一份档案《四川省各界抗敌后援会宣传周的工作分配表》显示，在一次"省抗"组织的宣传活动中，川大学生被编为第 10 组，主要负责少城公园、中城公园、提督街、西御街、东御街、祠堂街、外东九眼桥望江楼、南较场和文庙西街等街道的宣传工作。[②] 共产党员车耀先[③]就以演讲见长，当时就读于川大的青年学生钟树梁回忆称，当时成都的聚兴银行要求员工每周学习两次

---

① 孙燕京、张研：《民国史料丛刊续编》（第 381 册），郑州：大象出版社，2012 年，第 37 页。
② 《四川省各界抗敌后援会宣传周工作分配表》（1937 年），载四川省档案局（馆）：《抗战时期的四川：档案史料汇编》（上册），重庆：重庆大学出版社，2014 年，第 336 页。
③ 车耀先（1894—1946），四川大邑县人。早年加入川军。1929 年加入中国共产党，曾任川康特委军委委员，后在成都以经营餐馆为掩护从事革命活动。1940 年在成都与罗世文同时被捕，先后被关押在贵州息烽集中营、重庆渣滓洞集中营。1946 年 8 月 18 日被杀害。

时事，他们从"努力餐馆"请来了车耀先，几十个员工聚精会神地听他讲道："你们看过钱塘江的潮水吗？潮水初起之时，如一线青蛇，从天边远远而来，声音时有时无，波澜不惊；潮水渐渐逼近，其势如排山倒海，不可遏止。目前我们进行的抗日战争就像钱塘江的潮水一样。"① 这一演讲给钟树梁留下了深刻印象，使其萌生了投身革命的想法。而像他一样受到车耀先影响的川大青年不在少数。

川大青年利用进步的抗战歌曲，配合抗战形势宣传民族独立战争的胜利，表现人民群众争取独立自由的愿望，反响良好。这些抗战歌曲以其歌词通俗曲调易唱的优点，成为斗争的有效武器，"几乎在每一次群众运动中都发挥了宣传组织群众、鼓动群众斗争的作用"②。1937 年 7 月 7 日卢沟桥事变爆发当天，成都民先在东丁字街成立了天明歌咏团，汤幼言、郭琦、邓照明、张启钰和张万禄等人为第一批成员。当天，歌咏团拉着横幅，高唱《义勇军进行曲》《救亡进行曲》《枪口对外》《毕业歌》《五月的鲜花》等革命救亡歌曲，还在成都电台进行教唱活动，受到了市民的热烈欢迎。③ 华大的歌咏队还曾组织募捐演出。歌咏队的队员不仅亲自上阵，还邀请了上海音专钢琴系毕业的易开基演奏《中国组曲》；华大的教授刘延龄、德乐尔也参加了演唱和演奏活动，受到了社会各界的好评。④ 戏剧同歌曲一样，在抗日救亡运动中起到了重要的宣传作用。在任鸿隽担任校长期间创办的戏剧研究会，于抗战时期参加了多场义卖游艺会及各种抗日宣传活动，"成绩优良，深为社会人士所称许"。⑤

另一方面，川大青年进行抗日募捐活动，带动后方群众支援前线。1937 年秋，川军出川抗战，寒冬降临，四川人民迅速发起为抗战将士劝募寒衣的活动。川大学生在六天的时间里缝制了 1075 件棉衣给川军，同时还收集了旧衣服数百件送给战区难民。9 月 5 日，"省抗"在少城公园大光明电影院举行了盛大的川军出川抗战欢送会，川大向川军将士赠送了 1200 条毛巾，上绣"努力杀敌"四字，赠送锦旗 16 面，上绣"为民族解放而抗战""保卫中华，争取我们的生存"

---

① 钟树梁：《川大七年求学记》，载当代口述史丛书编委会：《青史留真》（第 1 辑），成都：四川人民出版社，2010 年，第 279 页。

② 黛白：《歌声预报了黎明——成都民主音乐运动纪事》，载成都市文化局：《成都新文化文史论稿》（第 1 辑），内部编印，1993 年，第 83 页。

③ 黎永泰：《三十年代川大新剧运动始末记》，载中国人民政治协商会议成都市武侯区委员会文史资料委员会：《武侯文史资料选辑》（第 2 辑），内部编印，1992 年，第 39 页。

④ 王光媛：《抗战时期的华西协合大学》，载成都市政协文化和文史资料委员会：《成都抗战记忆》，成都：四川人民出版社，2015 年，第 390 页。

⑤ 《活跃中的川大　各种学术团体欣欣向荣》，《国立四川大学周刊》1939 年第 15 卷第 27 期，第 4—5 页

"把我们的血肉筑成新的长城"等字句。1944 年，四川省慰劳抗战将士委员会商请川大举行募捐活动，所有收支悉由川大师生负责。川大青年在"街头劝募，化装宣传，情绪热烈，空前未有"，他们将募集到的物品通过义卖换成现金，连同募捐到的钱用于购买药品、万金油和有关书籍，继而送到泸县、璧山两县青年军集中受训的地方，对从军的知识青年有着很好的鼓励作用。①

此外，川大青年也积极组织爱国群众运动。川大青年在其中不仅取得了重大成绩，也在运动中锤炼了斗争本领，坚定了斗争意志，逐渐成长为党和国家所需要的优秀青年人才。西安事变是促成抗日民族统一战线初步形成的关键历史事件，川大青年在呼应西安事变上行动积极，取得了良好的成效。1936 年 12 月 12 日，川大的学生从收音机里听到了张学良、杨虎城发动"兵谏"扣押蒋介石的消息，川大的民先队员们当即决定开会讨论此事。会议决定以成都学联的名义发布对时局的宣言，印刷传单，到成都各地张贴分发，向民众进行演讲，披露事实真相。这一举措使得川大师生和成都市民都能快速了解西安事变的真相，了解张学良、杨虎城的八项主张以及中国共产党和平解决西安事变的方针，对于扩大党的影响力，赢得人民的同情与支持，推动抗日民族统一战线的形成有重要作用。在共产党员张曙时的积极工作下，四川省政府主席刘湘也表示支持中国共产党的和平解决方针，四川地区的抗日救亡运动取得了更加有利的发展条件。1937 年 9 月 11 日，在康乃尔等人的推动下，川大抗敌后援会第四次会议决定向"省抗"致函，请求集合民众，举行全省九一八事变六周年纪念会，从而"鉴往察来，阐明敌人一贯之侵略策略，而使人民一同奋起，群策群力，以赴此非常之难"②。"省抗"接受了川大的建议，于 9 月 18 日举行了声势浩大的九一八事变六周年纪念大会，近十万市民参加，会后还举行了游行活动。1939 年 5 月 7 日，以川大青年组成的抗宣团第一团、第二团为主的进步救亡团体，在成都市内举行了声讨汪精卫叛国投敌的火炬游行示威，这是一次大规模的群众示威活动，各抗日救亡团体组织了 659 支宣传队上街演讲，宣传"坚持抗战，反对投降；坚持团结，反对分裂；坚持进步，反对倒退"，在全市引起了较大反响。③

与此同时，华大师生也积极投身抗日救亡运动。华大学生与因日寇入侵而迁入华西坝的齐鲁大学、金陵大学、金陵女子学院、国立中央大学医学院五所学校

① 《四川省慰劳抗战将士委员会工作概况》（1945 年），载四川省档案馆：《川魂——四川抗战档案史料选编》，成都：西南交通大学出版社，2015 年，第 574 页。

② 《本大学抗敌后援会进展情形》，《国立四川大学周刊》1937 年第 6 卷第 1 期，第 4 页。

③ 中共四川省委党史研究室、四川省中共党史学会：《抗日战争时期的中共四川组织》，成都：四川人民出版社，2015 年，第 379 页。

（院）学生，于1938年底组织成立了五大学学生战时服务团。他们通过筹措经费、慰问壮丁等活动，进一步提升了民众的抗日救亡热情。1939年1月13日，五大学学生战时服务团邀请正在成都访问的爱国将领冯玉祥将军来校，他以《坚持抗战到底》为题发表了热情洋溢的演说，又挥毫题写了"还我河山"四个大字，并号召师生们为抗战将士募捐。全面抗战时期，日军多次空袭成都，造成重大的人员伤亡。针对日军的空袭，五大学学生战时服务团又成立了救护大队，积极进行军事训练、救护训练。华大的优秀学子黄孝逴即救护大队的一员。1939年6月11日傍晚，27架日本轰炸机突然侵入成都上空，七八十枚炸弹正好投在春熙路、丁字街和华大一带。华大地处城南，是日机轰炸的最后目标。轰炸时，黄孝逴正与华大同学周芷芳、齐鲁大学同学崔之华在一家餐馆用餐。空袭警报便是命令，她们立即奔向救护大队指定的集合地点，投入救护工作。在赶到距校门不远处时，一颗炸弹呼啸袭来，在离教师寓所很近的锦江边爆炸了。四散的弹片击中了黄孝逴的后脑，猛烈的气浪又将她掀到路边的刺篱笆上。黄孝逴血流如注，当场牺牲，年仅23岁。[1]

二、参军抗日

如果说大后方的抗日救亡活动是川大青年活动的一个舞台，那么前线的战场则是川大青年报效祖国，争取民族独立的另外一片热土。早在九一八事变和一·二八事变发生后，在东北爱国军民组织抗日义勇军的鼓舞下，成都人民也组织了抗日义勇军敢死队成都第一队出川抗日，这一举动鼓舞了许多爱国志士，许多青年学生积极要求参加敢死队，这是川大青年参军抗日的早期活动。[2] 全面抗战爆发后，对兵力的要求与日俱增，1940年，《国立四川大学校刊》上刊载了国民政府军事委员会制订的《各级学校扩大兵役宣传办法》，要求各级学校学生参与慰问出征军人及军属，协助各地区政府进行兵役宣传，若"学生奉行不力"，就会给"扣分留级等处分"[3]。这显然昭示了抗战形势的危急。川大随即成立了兵役宣讲团，动员学生和人民群众参军抗战。

1944年，日军在河南、湖南和广西三地发起大规模进攻，正面战场的国民党军队遭受惨败。这使得蒋介石希望从青年学生中招募士兵，以提高军队素质并

① 党跃武：《闪亮的坐标：四川大学革命英烈传略》（上），成都：四川大学出版社，2021年，第369页。

② 葛诗雄：《记义勇军敢死队成都第一队出川抗日救国活动》，载中国人民政治协商会议四川省成都市委员会文史资料研究委员会：《成都文史资料选辑》（第9辑），内部编印，1985年，第22页。

③ 《教育部代电》（1940年1月），《国立四川大学校刊》1940年第8卷第4期，第4页。

补充兵力。① 1944 年 10 月，国民政府召开发动知识青年从军会议，24 日，蒋介石向全国发表《告知识青年从军书》，呼吁各地的知识青年投笔从戎，一致响应"从军救国的号召，获取抗战最后的胜利，完成我们这个神圣的共同使命"②，知识青年从军运动就这样开展起来了。

1944 年 11 月 1 日，四川省知识青年志愿从军征集委员会在成都成立，到 23 日，全省已经有 30 县市和川大、华大及齐鲁大学等六校成立了征集委员会，作为推动青年从军的机构。③ 《华西协合大学校刊》出版了"知识青年从军专号"，除了相关的政策法规，专号还刊载了钱穆先生《智识青年从军的历史先例》一文，从历史的角度鼓励知识青年报效国家。华大的志愿从军征集委员会还举办了知识青年从军座谈会，成效良好，华大学生踊跃请缨。辽宁籍学生刘起兴，四川籍学生薛昭度、马艾文和华大附中的学生卢培源是其中的优秀代表。他们素来以成绩优异、作风严谨朴素为同学们所看重，此时都毅然决然地从军报国。④ 川大青年刘然亭也响应了知识青年从军的号召，加入军队。他以从军的知识青年身份在校刊上发表了《从纪念双十节说到知识青年从军》一文，提出中国推翻清政府建立民国在土耳其和苏联革命成功之前，而发展却落于两国之后，原因即在缺乏"建设的武力"，军人和军队的素质不强，导致了军阀的横行，造成了国家的积贫积弱，因此他呼吁川大青年踊跃参军，"踏着革命先烈的血迹前进"。⑤ 刘然亭随军进入缅甸后，在新一军军部参谋处任职，他继续向川大同学写信，表达自己的坚定志向。

为了进一步推动知识青年从军，川大出台了志愿从军优待办法的补充条款，免除从军者考试和完成毕业论文等方面的压力，为从军学生尤其是毕业年级学生解决了后顾之忧。1944 年 11 月，四川省军管区参谋长徐思平向搬迁至三台县的东北大学学生做征召讲演，除了该校学生，听讲的还有国立第十八中学、四川省立潼川中学、三台县立中学师生和各界人士，共 2800 余人。礼堂挤不下，伫立窗外听讲的人太多，途为之塞。当晚虽大雨滂沱，听众仍坚持到 10 时

① 《蒋介石侍秘字第二三八二〇号手令》(1944 年 8 月 24 日)，载中国第二历史档案馆：《中华民国史档案资料汇编·第 5 辑·第 2 编》，南京：江苏古籍出版社，1997 年，第 329 页。
② 《告全国知识青年从军书》(1944 年 10 月 24 日)，载中国第二历史档案馆：《中华民国史档案资料汇编·第 5 辑·第 2 编》，南京：江苏古籍出版社，1997 年，第 342－343 页。
③ 四川省地方志编纂委员会：《四川省志·大事记述》(中册)，成都：四川科学技术出版社，1999 年，第 290 页。
④ 周良辅：《远征同学刘起兴小传》，《华西协合大学校刊》1944 年第 2 卷第 2 期，第 17－18 页。
⑤ 刘然亭：《从纪念双十节说到知识青年从军》，《国立四川大学校刊》1944 年第 17 卷第 1 期，第 8 页。

以后，会场气氛十分热烈。当场报名从军者竟达 304 人，女生林霖等 30 余人也申请从军。因《兵役法》规定女子无兵役义务，徐思平婉谢。女生们气得当场痛哭，质问："爱国不分男女，女子何以不能参加抗战，共同杀敌？"自三台县学生踊跃从军后，全川学生报名服役者与日俱增。经体检合格者，仅三台一县即有大、中学生 213 名入伍。11 月下旬，徐思平返回成都，开始对青年从军运动进行广泛宣传，收效显著。国立四川大学、光华大学、华西协合大学、燕京大学、金陵大学、齐鲁大学也大力宣传，鼓励学生自主参加，其中川大应征者达百人，占数最多。① 根据《国立四川大学校刊》记载，截至 1944 年 12 月 1 日，就有 120 多名川大青年应征入伍，他们之中既有教职工，也有普通学生，他们来自法学系、中文系、史地系、理化系、经济系等专业，籍贯是四川、湖北、湖南、江苏、江西等地。他们从五湖四海而来，聚是一团火；他们将向五湖四海的战场而去，散是满天星。未能参军的同学为了表达敬意，在学校举行了义卖活动，用换来的经费制作了爱国纪念章，分赠川大从军同学佩戴，以作纪念，"参加者至为热烈"。② 在爱国精神的鼓舞下，川大青年在抗日战争的战场上书写了自己青春的新篇章。

三、奔赴延安

1939 年，全国的政治形势发生了急剧的变化。当年 1 月，国民党五届五中全会在重庆召开，会议通过了《防制异党活动办法》，确立了"溶共、防共、限共、反共"的方针，设立"防共委员会"，标志着国民党的政策转向了"消极抗日，积极反共"。在前线，国民党顽固派制造了大量的摩擦、流血事件，特别是其发动"皖南事变"血腥屠杀新四军抗日将士，引起了国内外的公愤。在后方，他们加紧了对进步学生的监视和对中国共产党及其领导的青年组织的破坏。1940 年 3 月，在粮食危机的压力下，成都发生"抢米事件"，一时间"完全陷入混乱状态"，政府采取极其严厉的手段，实行全城戒严。国民党为了镇压大后方人民的抗日救亡运动，实行独裁专制统治，成立了四川省特种委员会，利用"抢米事件"栽赃陷害中国共产党，将八路军驻成都办事处负责人罗世文、中共四川地区负责人车耀先等人逮捕。"抢米事件"是"顽固保守分子有计划、有步骤的打击共产党，削弱地方势力，以制造妥协投降的条件"。"抢米事件"发生后，许

---

① 成都市政协文化和文史资料委员会：《成都抗战记忆》，成都：四川人民出版社，2015 年，第 249 页。

② 《校闻纪要》，《国立四川大学校刊》1944 年第 17 卷第 4 期，第 15 页。

多共产党领导的青年团体被解散，进步书报被查封，一些地区连"救亡""解放"之类的语句都不能说，川东一带的同志常常因为从事救亡工作而被扣上"反动"的帽子，这些反动行为对于四川地区的党组织而言是一次极大的破坏。

为了保存实力，防止敌人的继续破坏，中共川康特委决心按照中共中央隐蔽精干、防止突然袭击的指示精神，对在抗日救亡中暴露出的同志，迅速实行转移和撤退。适逢阎锡山主办的"山西民族革命大学"正在成都招生，韩天石向党组织报告了这件事，中共中央南方局迅速决定由中共川康特委组织党员和进步青年以投考山西民族革命大学为名前往山西，再伺机脱离阎锡山，转道奔赴延安。因此，一大批爱国青年通过四川地下党，或转移到陕北的革命圣地延安去学习，或转移到山西抗战前线，参加八路军的随营学校和战地服务团。

从 1939 年前后开始，川大的进步青年学生通过各种渠道，先后奔赴延安的有熊复、彭文龙、余涧南、缪海稜、周海文、张越武、张希钦、岳尧阶、张宣、胡绩伟、蔡天心、韩天石、王潞宾（广义）、邓照明、陈英、陶然、王怀安（玉琳）、于北辰（喻厚高）、刘志皋、丁洪（汤幼言）、郑云凤、徐坚（徐思贤）、卢济英、胡朝芝、康乃尔、李冰洁（陈毅乔）、郭琦（郭先泽）、王友愚、夏淑惠、郭永江等人。在他们之中，韩天石先后担任了中共中央青年工作委员会秘书长、共青团中央秘书长、西北区团工委书记，1979 年以后还出任了北京大学党委书记、中共中央纪委书记。康乃尔先后担任了中共中央青年工作委员会秘书长、共青团中央委员、西南区团工委书记、四川省副省长、四川大学校长。王怀安先后担任了延安市青年联合会主任、陕甘宁地区高等法院推事、最高人民法院副院长。胡绩伟在延安担任了《边区群众日报》主编、新华社西北分社社长、《解放日报》采访部主任，后来成为《人民日报》的社长兼总编辑。熊复进入抗日军政大学担任政治编纂组组长，后来被派到重庆担任重庆《新华日报》总编辑，继而出任中宣部常务副部长、新华通讯社社长、《红旗》杂志总编辑。缪海稜先后担任新华社通讯科科长、延安《解放日报》编辑，后任新华社副社长。汤幼言（丁洪）曾任延安青年艺术剧院演员室主任，后来写出了著名的话剧《抓壮丁》，电影剧本《董存瑞》《雷锋》等。[①]

曾在川大文学院外国语系就读的学生缪海稜回忆道："延安是革命圣地，凡是追求真理，希望进步的人都向往延安，能到达延安学习受训练，这是我最大的

---

　　① 《四川大学史稿》编审委员会：《四川大学史稿》（第一卷），成都：四川大学出版社，2006 年，第204 页。

愿望和荣誉。"① 川大向革命圣地输送了一大批杰出的进步青年，川大青年在延安成立了川大旅延同学会，当时延安的《解放日报》还曾集中报道过他们的事迹。川大青年在那里工作、学习和生活，皆取得了很高的成绩，没有辜负党和人民的殷切期望。

第三节　文艺战线上的救亡与启蒙

前线的战场上不乏川大青年的身影，文艺战线上的川大青年亦不甘落后。在抗战时期，川大青年的文艺创作出现了一个高峰，他们用如椽妙笔，创作小说、诗歌、散文、话剧等作品，以进步报刊为载体，宣传抗战，启蒙群众，繁荣了文艺事业。他们还利用文字的力量营造舆论，积极反对国民党顽固派的"积极反共，消极抗日"的行为，在"凤凰山飞机场事件""川大稻草案"等事件中取得了重大胜利。对于学生而言，文艺战线的外延还进一步扩大。在大后方的川大青年没有忘记自己的本职工作，以农学院师生为代表的川大青年，努力学习，积极开展科研活动，从技术创新、人才储备、经济发展、保存文化火种、规划国策等方面，推动实现抗战建国的目标，实现了战争中的弦歌不绝。

一、文艺战线上的川大青年

1942 年 5 月，毛泽东主席发表了《在延安文艺座谈会上的讲话》，将中国革命事业分为两条战线，一条是军事战线，另一条是文化战线，他指出："我们要战胜敌人，首先要依靠手里拿枪的军队。但是仅仅有这种军队是不够的，我们还要有文化的军队，这是团结自己、战胜敌人必不可少的一支军队。"② 这一讲话震动了全国文艺战线和思想战线，这对无产阶级领导的革命文艺事业的繁荣和发展，对文艺队伍的建设具有划时代的意义。在川大青年之中，就存在着这样一支"文化的军队"，他们以笔为武器，同日本帝国主义、国民党顽固派等势力作坚决斗争。

1935 年一二·九运动爆发以后，川大的进步师生在党的领导下，推动了四川地区的左翼文艺运动发展。任鸿隽就任川大校长后，聘请了刘大杰担任中文系

① 海稜：《从成都到延安：我早期的诗歌活动》，载汤洛等：《延安诗人》，西安：陕西人民教育出版社，1992 年，第 268－269 页。
② 毛泽东：《在延安文艺座谈会上的讲话》（1942 年 5 月），载中共中央文献研究室、中央档案馆：《建党以来重要文献选编：1921—1949》（第 19 册），北京：中央文献出版社，2011 年，第 286 页。

系主任，同封建保守的思想作斗争。他指导学生成立了文艺研究会和戏剧研究会，在实践中开拓文艺的新天地。在戏剧研究会的基础上，川大戏剧社成立，许多爱好戏剧的川大青年加入其中，掀起了破旧立新的新剧运动。在成都的进步作家，如老舍、萧军、沙汀等人也对川大的新剧运动给予了关心、支持和引导。川大戏剧社的新剧运动从内容和形式上都是对成都地区旧有戏剧的突破，是对封建落后思想的抨击。川大戏剧社对新的进步观念的传递，使得观众耳目一新，从而取得了很好的宣传效果。川大青年始终坚持进步的戏剧方针，在街头巷尾宣传演出。他们的表演中既有《街头人》《压迫》《讨渔税》《她病了》等揭露社会黑暗，批评政治腐败的反封建剧目，也有《放下你的鞭子》《古城的怒吼》《九一八以来》《打鬼子》等以抗日救亡为主题的新剧，所到之处，皆引起了极大的轰动。黎永泰如是评论：他们所体现的是"一种强烈的时代气息"，是"一种进步的革命精神"，使得"长期生活在沉闷、压抑空气中的人们耳目一新，神清气爽"。在党的领导下，川大新剧运动与抗日救亡方针及统一战线政策密切结合，获得了深刻的社会意义，尽管它受到了旧势力的阻挠，"但却始终没有影响它锐意的追求和艰难的前进"。[1]

　　进步报刊是文艺战线的重要阵地，也是中国共产党领导的大后方抗日救亡工作的重心之一。在当时的成都，一般性的进步报刊有车耀先、韩天石等人创办的《活路》旬刊、《大声》周刊，成都民先领导的星芒通讯社出版、川大青年胡绩伟担任主编的《星芒》周刊，还有"青救会"的《救亡》周刊、《战时学生》旬刊以及《蜀话报》《新民报》《抗日先锋》《新时代》等刊物，许多进步的川大青年都在这些报刊上发表过文章。进步的文艺刊物则有《金箭》《金沙》《戏剧战线》《文艺创作》《文艺后防》《火炬》《笔阵》等。其中，《金箭》创刊于1937年8月，由川大文学院中文系三年级的学生陈思苓主编，面世半年、发行五期后被四川省警备司令部强行停刊。《金箭》上发表的文章，以宣传抗日为主题，以"以文学之工作唤醒同胞，共匡大局"为宗旨，被誉为"冲锋的号角"，得到了人民群众广泛的响应。[2]在其他的进步文艺刊物上，也有不少川大青年的文艺创作刊登其中，大多以宣传抗日救国、争取民主政治为主题，营造了强大的抗日救亡舆论。

　　1939年4月，川大文艺研究会创办了《半月文艺》，内容多是通过小说、散

---

　　① 黎永泰：《三十年代川大新剧运动始末记》，载中国人民政治协商会议成都市武侯区委员会文史资料委员会：《武侯文史资料选辑》（第2辑），内部编印，1992年，第41—42页。

　　② 抗战时期的四川进步报刊编辑组：《抗战时期成都地区进步刊物简介》，载成都市政协文史学习委员会：《成都文史资料选编·抗日战争卷·上》，成都：四川人民出版社，2007年，第304页。

文、诗歌、随笔、论文等形式宣传抗日，歌颂英雄人物，或借古讽今，鞭挞时弊，或反映青年人的生活学习与精神面貌，提倡五四以来的大众文学。例如《半月文艺》上刊载的蒋作新的小说《一个没有祖国的女子》，通过"七七事变"后没有钱去后方而被迫留在北平的刘秘书与因为日本军国主义政策而家破人亡的香子姑娘的遭遇，既讽刺了日本人在沦陷区黑暗残酷的统治，也尖锐地批评了日本军国主义不仅给中国带来了深重的灾难，而且对日本人民也造成了巨大的创伤，具有鲜明的反战立场。① 孙周的诗作《塘冶湖畔的死尸》，描绘想象中中国军队与日军交战的场景，日军战败后血洒塘冶湖畔，全诗简洁明快，情感充沛，富有节律，如同一份义正词严的宣战书，寄托了人民追求民族独立、抗击侵略者的美好愿望。② 散文《山国学笺》述说作者在春日的大后方读诗起笔，忽而想起了故乡北平也应是春光无限，可是日本帝国主义的阴影笼罩在那里，无数的同胞沦为了奴隶，所幸还有不屈的人们在进行着英勇的抗争，"单等那青纱帐起的时候，配合祖国指向的旌旗，有一个新的斗争开始了"。作者饱含深情地歌颂了抗日健儿的英勇行为，对抗战胜利的到来充满信心。③《半月文艺》上的作品数量多，影响力大，文艺价值高，富有很强的战斗性，集中展现了川大青年在全面抗战时期于文艺战线上取得的辉煌成就。

秦川后来在回忆中指出："抗日战争和国民政府迁都重庆这一特殊历史背景，造成了四川抗战文艺的空前繁荣，堪称人才荟萃，成果辉煌。其影响十分深远，不仅造就了大批新人，为新文艺发展打下坚实基础，而且为新文艺在民众中的普及作出很大贡献，丰富了内地群众的文化生活，提高了他们的文艺欣赏水平。"④ 作为其中的重要组成部分，川大青年以他们的聪明才智，富有激情、活力与战斗性的词句，为抗战文艺的繁荣作出了属于他们的贡献。他们战斗在文艺战线上，既锻炼了自己的才能，也推进了抗日救亡运动的高涨，还为同国民党顽固派的斗争积累了经验。

二、反对国民党顽固派的斗争

在抗日战争期间，为了民族大义，中国共产党同意在国民政府的领导下进行抗日。尽管在 1939 年国民党五届五中全会和 1940 年"抢米事件"之后，国民党

---

① 蒋作新：《一个没有祖国的女子》，《半月文艺》1941 年第 7 期，第 11—13 页。
② 孙周：《塘冶湖畔的死尸》，《半月文艺》1942 年第 9 期，第 13 页
③ 艮丁：《山国学笺》，《半月文艺》1941 年第 8 期，第 8 页。
④ 秦川：《四川抗战文艺述要》，载成都市政协文史学习委员会：《成都文史资料选编·抗日战争卷·上》，成都：四川人民出版社，2007 年，第 454 页。

顽固派加紧了对中国共产党的限制和对进步人士的迫害，为了维护抗日民族统一战线，中国共产党在抗日根据地领导军民采取自卫原则，避免与国民党军队产生武装冲突，一部分在国统区暴露的同志还因此被转移到了敌后根据地。但是留在白区的同志在地下战场中，针对国民党顽固派的反动行为，势必要进行必要的斗争。在这一背景下，舆论战场成为斗争的焦点，党领导的川大进步青年也在践行着他们的使命。

1937年冬，国民政府征集了数万民工扩建凤凰山军用机场，川大青年与成都各学校的抗敌后援会组织了慰劳民工的活动。民工的住所极其简陋，四面透风，屋顶破漏，时值隆冬，难以御寒，许多人都因此生病。青年学生们目睹此景，十分同情。在同学们的提议下，由康乃尔、王玉琳负责，川大抗敌后援会购买了三万斤稻草赠与民工御寒，随后又向省政府请愿，要求改善民工待遇。不料12月上旬，川康绥靖公署却构陷川大教授黄宪章和学生康乃尔等人带领学生在凤凰山机场煽动民工，图谋破坏国防工程。随后，黄宪章被省府逮捕，康乃尔因事外出而逃过一劫。此举激起了川大师生和成都人民的愤慨。在党的领导下，川大青年利用进步报刊和社会同情营造了强大的社会舆论。《大声》周刊上接连发表了《请求公审黄宪章》《黄宪章先生禁中访问记》《川大欢迎大会上的黄宪章先生》等文章，对事件进行了报道。记者曾在狱中同黄宪章进行了两个多小时的长谈，将黄宪章对救国工作的热情传递给世人，人们称他为"成都的章乃器"，称此事为"七君子"案件第二。① 随后，学生联名教职员工、社会正义人士向校方和政府施压，在强大的舆论压力下，当局不得不释放黄宪章。尽管黄宪章得到了释放，国民党顽固派的反动行为并未停止，他们指示CC系在川大的骨干孟寿椿炮制"稻草案"，诬陷康乃尔、王玉琳经手购买稻草时存在贪污。他们制作了假的字条作为证据，还成立了"清查抗敌后援会经费委员会"，在校内公布所谓的"清查康、王贪污稻草款"的案件。反动分子利用舆论散播假消息，抛出题为《救亡与吃草》的黑文，张贴"康乃尔、王玉琳吃谷草"的漫画。面对污蔑和陷害，康、王以二人不为所动，中共四川省工委动员了成都新闻界、文化界和教育界的进步力量声援康、王伸张正义。经过法院审判，康乃尔、王玉琳被无罪释放，国民党顽固派在这场斗争中又一次失败。成都报纸发表了题为《川大稻草案真相大白》的报道，向社会披露了前因后果，孟寿椿等人落得个"搬起石头砸自己的脚"的可耻下场。② 在这场事件中，争取舆论的支持被证明是很重要的斗争

---

①　果夫：《黄宪章先生禁中访问记》，《大声》1937年12月25日，第8页。

②　《川大稻草案真相大白》，《四川日报》1938年5月19日。

手段，进步报刊的宣扬和社会舆论的大力支持，是取得胜利的关键因素之一。事件的亲历者王玉琳这样评价："党组织不仅在每个关键时刻给我们作了具体指导，而且还动员了群众，动员了舆论"①。这一经验在随后反对三民主义青年团（简称"三青团"）的斗争中得到进一步的实践。

1938年7月9日，国民党在武昌成立三民主义青年团，蒋介石担任首任团长。三青团是国民党领导的青年组织。为了加强对学校的掌控，各大学的校长都被国民政府任命为三青团中央监察委员会委员，同时各个大学相继成立三青团中央团直属分部。三青团有了国民政府的支持，在各个大学和青年当中迅速发展起来，与中国共产党领导的青年组织争夺力量。针对这一现象，车耀先的《大声》周刊十分注重青年问题的讨论和对青年的引导，刊登了大量关于青年的文章，如《抗战中的青年学生》《与胡忠志先生谈青年抗战教育》《青年的修养》等。在《热血青年往那里去》一文中，作者介绍了青年前往延安的情况，指出青年奔赴延安的风潮是因救国之心而兴起的，是因为在那里更能够自由地抗日报国，事实揭穿了汉奸、亲日派的污蔑中国共产党、动摇抗战决心的言论。②这些文章对于引导青年正确认识时局，支持中国共产党的抗战政策，坚定地维护抗日民族统一战线，起到了重要的作用。

在同三青团和CC系的斗争中，川大师生发起的"拒程运动"是重要一环。在任鸿隽、张颐主持川大校务时期，校内的抗日救亡运动蓬勃发展。蒋介石为了厉行一党专政，实行党化教育，委派CC系陈立夫担任教育部部长。1938年12月，陈立夫委派程天放担任国立四川大学校长，撤换张颐。此举引得川大师生一致反对，全校掀起"拒程运动"，更有数十名教授联名致书蒋介石表示"抵制"。党组织即时给进步师生施以援手。党组织先是派出学生代表与程天放谈判，但是因为程天放的固执而没有结果；随后党组织在文、法学院发动了学生罢课，得到了左派学生的支持。进步教授和成都社会名流在川大党组织做工作的情况下，也支持学生的运动。根据当时川大党组织负责人邓照明的回忆，他们贴标语、搞集会、邀请教授发表谈话，还得到了《华西日报》《新民报》的支持，经过半个多月的斗争，孟寿椿及几个CC系反动分子被赶出了川大，运动取得了胜利。③

无论是凤凰山机场事件中的"稻草案"，还是反对三青团与CC系的运

---

① 王怀安：《关于"川大稻草案"的回忆》，载中共成都市委党史工委：《成都抗日战争时期回忆录选编》，内部印，1985年，第104页。
② 《热血青年往那里去》，《大声》1938年2月19日，第4—5页。
③ 邓照明：《成都和川大学生运动的情况》，载中共成都市委党史研究室：《抗战风云录：成都八年抗战史料简编》，成都：成都时代出版社，2005年，第90页。

动，川大青年都身处其中，在党的领导下，利用报刊和社会同情，争取了舆论的支持，形成了无形的强大力量，使得国民党顽固派不敢轻举妄动。在同国民党顽固派的斗争中，川大青年既维护了大后方的抗日民族统一战线，也在实践中锻炼了自己的斗争本领，为后来更深入更艰苦的斗争积累了丰富的经验。

三、战争中的弦歌不绝

1940 年，川大发布布告称：“溯自抗战展开以来，将及三载，国内文化机关，或被暴敌摧残，或经辗转播迁，大都残破，本大学幸居后方，完整犹昔。”诚如此言，其时国土沦丧，高等教育体系被破坏严重，沦陷区各大学纷纷内迁或停办。整个国家的政治建设、经济建设和国防建设都仰赖高等学府所培养出来的人才，而这种需求在战时的环境中更为迫切。川大所承载的责任，除了直接参与各种抗日救亡活动，更在长远上的经济救国、科学救国、文化救国。因此，川大借此布告向学生呼吁：“本大学各院学生，应知此西南文化之渊府，实为复兴民族之所资。”①

1939 年，国民政府教育部向川大发布训令，鉴于抗战形势的变化，对农、工、商、医等专门人才的需求更加突出，要求学校充分利用既有设备，扩大土木、机械、电机、化工、矿冶、纺织等专业。② 川大积极响应，在为实现抗战建国的目标上作出了积极的行动。军政部兵工署导弹研究所也曾向川大发出公函，请求推荐化学相关专业的毕业生前往工作，“俾施以适当之训练，以期造就专门技术人员，储为国用”。③ 相关专业的学生进入国防军工部门者不在少数。1939 年 1 月，国民政府还要求川大按照航空委员会提出的《医学化学系或化学工程系应该如何注意毒气防御及制造案》，寻找更有效地防止毒气造成伤害的方法，并要求相关院系开设专门的课程，研究专门的防护器具，以顺应消防需要。④ 川大随即响应，组织相关专业的青年学生开展防空防毒领域的学习与研究，对于减少空袭造成的伤亡亦有着不小的贡献。

川大青年在大后方经济建设上发挥了重要的作用。1938 年 6 月，新生活运动促进总会向各大学发出公函，倡议学生暑期参加农村服务，其目的除了“启发农民知识，增进爱国观念”，还有“促进后方生产，宣传抗战建国”。川大有男女

---

① 《国立四川大学布告》（1940 年 5 月 1 日），《国立四川大学校刊》1940 年第 8 卷第 14 期，第 6 页。
② 《教育部训令》（1939 年 9 月 26 日），《国立四川大学校刊》1939 年 10 月 11 日，第 3 页。
③ 《军政部兵工署导弹研究所公函》（1939 年 1 月 12 日），《国立四川大学周刊》1939 年第 7 卷第 16 期，第 7—8 页。
④ 《教育部训令》（1939 年 1 月），《国立四川大学周刊》1939 年第 7 卷第 18 期，第 1—2 页。

学生 19 人参加，成立了川大学生暑期农村服务团。服务团组织严密，有专门的规章制度，他们在眉山县城与农村中进行宣传工作：演讲、张贴漫画标语和创作壁报，并配合歌咏团唱歌，演出话剧，还和当地的抗日救亡团体进行了座谈会，参加了眉山县第三区出征壮丁大会，协助壮丁训练。不仅如此，他们还对眉山县的农业与社会情况、农民的生活状况做了非常详细的调查与记录，体现了川大学生严谨求实的作风。① 1938 年，川大成立了化学研究处，其宗旨就是"推动后方建设，开发后方资源，以达抗战建国之旨"。1939 年，该机构派专业人员到内江和自贡考察盐和糖这两项四川的重要特产，谋求资源的改良与扩大生产，为大后方的经济建设服务。②

　　抗日战争爆发后，鉴于战时之人力物力皆来自农村，中国又长期是一个工业不够发达的农业国家，国民政府对农业高度重视，提出了"以农立国，以工建国"的原则。在这一背景下，川大农学院在抗战中的贡献最为突出。1935 年川大农学院成立后，就一直在"战时"的影响下进行各项工作。1937 年全面抗战爆发后，川大农学院作为"西南农业最高学科"，被认为肩负着"农业教育及技术改进之使命"。③ 为此，川大农学院的青年师生们进行了诸多努力。为解决战时粮食问题，川大农学院师生进行了再生稻种双季稻的研究和推广；为适应战时烟草生产及增加国家税收，农学院师生进行了烟草病虫害研究等；除此之外，柑橘育苗、碾米技术、饲料改进、肥料研究、家蚕研究等领域，都活跃着川大青年的身影。在农业人才的培养、农业技术的推广和农村改良的宣传上，如同抗日救亡运动一样，川大青年们组织农事服务团，通过开办各种农事训练班、农事指导会，举行农业生产比赛等方式展开工作，④ 打破了农民与知识分子间的隔阂，取得了不小的成效。正如时任川大农学院院长曾省所说："本院同仁对于后方生产的农垦事业，向甚关心，总希望在危急存亡之秋，打通一条血路"。⑤ 这正是川大农学院战时科研工作的根本目的所在，也是川大青年的精神写照。

　　国家的发展不仅在实务的推进，更在国策上的规划制定，未雨绸缪，川大青年在这一方面也提供了不少建议，发表了很多看法，体现了一代川大青年的远见

　　① 《国立四川大学学生暑期农村工作报告书》，载新生活运动促进会：《暑期学生农村服务报告》，内部编印，1938 年，第 21—93 页。
　　② 《本校应用化学研究处派赴内江自贡考察糖盐业人员之工作情形——考察人员通讯》，《国立四川大学周刊》1939 年第 7 卷第 15 期，第 4—5 页。
　　③ 《赵连芳先生讲农学院与农业建设》，《国立四川大学周刊》1938 年第 6 卷第 26 期，第 5 页。
　　④ 《国立四川大学夏令乡村服务团办法》，《国立四川大学周刊》1938 年第 6 卷第 36 期，第 10—11 页。
　　⑤ 《曾院长在农学院第四次总理纪念周报告》，《国立四川大学周刊》1938 年 3 月 1 日，第 3 页。

卓识。1939 年 6 月 3 日，不仅是全面抗战爆发的第三年，也是林则徐虎门销烟的百年纪念日，在这一背景下，川大举办了禁烟论文竞赛。川大农学系三年级学生徐步青的《禁烟禁毒与抗战》和钟玉成的《禁烟与抗战建国》脱颖而出，在校刊上刊载出来。在论文中，徐步青追溯了鸦片毒品为害中国的历史，尤其指出了日本为祸甚巨，认为要禁烟就非反对日本帝国主义不可，是为"禁烟不忘抗战，抗战不忘禁烟"[①]，深刻揭示了"抗战"和"建国"之间的关系，体现了"抗战建国"的宗旨。1940 年，为了"激发抗战情绪，阐扬建国理论，培养青年研究兴趣"[②]，国民政府教育部举行了"抗战建国"论文比赛，川大学生纷纷向政府建言献策，以期救亡图存。在这场比赛中，合格者共 176 名，而川大的学生就有 20 名，占九分之一强。不仅如此，在国民政府教育部举办的第一届专科以上学生学业竞试中，川大有 3 人获得优胜奖金，各获奖状一张。1941 年，在第二届全国学业竞试中，川大有 4 名学生获得优胜奖金，各获奖状一张。1941 年，国民政府教育部举办各大学学生毕业总考，川大名列前茅。[③] 这充分体现了川大青年"救国不忘学业，求学矢志报国"的远大追求。

---

① 徐步青：《禁烟禁毒与抗战》，《国立四川大学校刊》1939 年 6 月 1 日，第 13 页。

② 《教育部举办专科以上学校学生抗战建国论文比赛办法》，《国立四川大学校刊》1940 年第 8 卷第 2 期，第 5 页。

③ 《国立四川大学简记》（民国三十一年），载王强：《民国大学校史资料汇编》（第 48 册），南京：凤凰出版社，2014 年，第 42 页。

第三章　民主堡垒，投身"第二条战线"

"第二条战线"是毛泽东同志在解放战争时期提出的学生运动战线，这是针对国民党反动派展开斗争的重要方面。早在抗战后期，"第二条战线"的雏形就已经出现。国民党的独裁专制统治激起了中国人民的不满，进步青年学生在党的领导下，联合民主党派开展斗争，为抗战胜利后爱国民主运动的进一步发展奠定了基础。这一时期也是川大获得大发展的时期，学校规模的扩大，招生人数的增加进一步壮大了川大青年的力量，川大青年充当了四川青年运动的领军者。民主青年协会和各类进步社团相继成立，川大青年的爱国民主运动有了具体的领导者和实施者。"双十一"游行、声援昆明"一二·一"运动、助学运动、尊师运动、反对卖国的《中美商约》、抗议美军暴行运动、声援"五二〇"运动以及"四九"运动等一系列爱国民主运动在西南腹地深入进行着，有力地动摇了国民党的反动统治。在反动势力对革命力量的疯狂破坏下，一部分川大青年离开学校，奔赴广阔天地，组织革命，发展革命，以一往无前的英雄气概同敌人进行殊死斗争，为夺取新民主主义革命胜利建立了历史功勋。

第一节　川大青年组织的新发展

经过抗日救亡运动的洗礼，进行有组织的斗争成为川大进步青年的共识。在爱国民主运动方兴未艾的情况下，川大青年主导成立了成都民主青年协会（简称"民协"）。民协是抗战后期到解放战争胜利时四川地区最重要的进步青年组织。民协有严格的组织章程，对于吸收会员也有着很高的标准，这保证了民协的革命性、战斗性和忠诚性。民协又利用自身条件在川大和华大发展了各类进步社团，如时事研导社、文学笔会、女声社、自由读书会、自然科学研究社，华大的进步青年还结合实际情况组织多个进步团契，吸收了大量的青年投身革命阵营。进步社团团结在民协的周围，民协又在党的领导下与民盟紧密合作，共同将四川的爱国民主运动推向新的高潮。

一、川大民协的成立与斗争

成都民协是抗战后期国民党统治区民主运动高涨的情况下，在中国共产党领导下建立的进步青年组织，这是四川地区力量最大、人数最多、影响力最强的进步青年组织，在川大的青年运动史中占有十分重要的地位。

1944 年 10 月，川大、华大及金陵大学、燕京大学、齐鲁大学等校的青年民主宪政促进会等 12 个群众团体，联合举行了国事座谈会，到会教师、学生和各界人士共 2000 多人。这次座谈会是成都市自 1940 年"抢米事件"后的第一次大型群众集会，打破了国统区沉寂已久的专制氛围，有力地推动了成都爱国民主运动的发展。为了适应形势的需要，10 月 18 日，在地下党组织的帮助下，成都各大专学校中的进步学生联合起来，在成都文殊院召开会议，决定组织成立民主青年协会。川大和燕京大学被推选为召集学校，黄寿金与王晶尧被选为总负责人。会后，民协成员在各个学校建立组织，开展活动。民协在各个学校建立干事会（或支部），按照章程规定发展会员，建立小组，分配工作。①

作为党的外围组织，民协的工作重心就是青年和学生，如此，民协成为党在成都发动学生运动的骨干力量。川大青年在民协的成立过程中起了主要作用，川大民协也是成都民协的核心力量。1944 年秋，李相符②教授召集十多位同学，在望江楼对岸的一座住宅中，商讨了川大民协的成立问题。参加这次集会的有黄寿金、吴祖型、林梦奇、刘淑文、胡忠植、聂尚仁、黄光表、杨秉玺、李景春等人。会后，达凤德、何富华、胡季生、汪寿康、李惠明等进步青年也加入其中。1945 年，川大民协第一届校干事会在铮园的李相符教授家召开。成都民协的川大代表何富华、达凤德主持了会议，到会者学习讨论了《中国青年民主救亡协会章程》，其宗旨是"团结学校青年，争取新民主主义在中国的实现"。川大民协干事会设组织股、宣传股，赵锡骅任组织股股长，刘承俊任宣传股股长。民协在川大的每一个进步社团都设有小组，并分别指定了小组长。女生院小组长是黄立群，文学笔会是赵锡骅，时事研导社是郝思义，自然科学研究会是刘承俊，五月文艺社是何富华。干事会中的黄立群和王琴舫是党员，比较成熟，为了更好地隐蔽，没有安排具体的工作。③

川大民协一经成立，就在此后川大历次的青年运动中配合地下党组织，发挥

①　成都市地方志编纂委员会：《成都市志·总志》，成都：成都时代出版社，2008 年，第 173 页。

②　李相符（1907—1963），安徽桐城人。早年留学日本，毕业于东京帝国大学农学院。归国后执教于浙江大学农学院，抗战爆发后担任四川大学农学院教授。在川大期间参加爱国民主运动，加入中国民主同盟，当选为民盟中央委员兼组织委员会副主任委员。1949 年，李相符教授参加政协第一届全体会议。中华人民共和国成立后，李相符出任林垦部副部长，筹建北京林学院，致力于林业人才的培养。1963 年病逝于北京。

③　赵锡骅：《回忆川大民协与民盟》，载中国人民政治协商会议四川省成都市委员会文史资料研究委员会：《成都文史资料选辑》（第 6 辑），内部编印，1984 年，第 77—78 页。

了领导青年学生的作用。1944 年的"双十一"游行，支持进步报刊《华西晚报》的斗争，声援昆明"一二·一"运动，关于"李实育事件"和"三教授事件"的斗争，反对卖国的《中美商约》、抗议美军暴行，呼应全国反饥饿、反内战、反迫害斗争，声援官箴予，助学运动，尊师运动以及规模空前的"四九"运动，都有川大民协的参与和领导。在日常活动中，川大民协也十分重视思想的建设，他们在党的支持下，经常学习《目前形势和我们的任务》《在晋绥干部会议上的讲话》《新民主主义论》《中国革命与中国共产党》《大众哲学》等。[①] 民协成员必须参加小组的组织生活和例会，一起讨论时事，或汇报群众思想动态，或开展批评与自我批评，或展开专题讨论，如"民主政治""自由主义"和"联合政府"等。针对日渐凶残的敌人，民协还对会员进行革命气节教育，增强青年的革命斗志。[②]

川大民协之所以能够出色地完成党组织赋予的各项任务，与它出色的组织和领导能力是分不开的。川大民协作为一个秘密组织，在吸收成员时要求培养成熟，达到一定的自觉程度才吸收。它对会员的要求，除了政治觉悟高，还要为人正直、历史清白。已经入会的会员利用晚饭后或夜间二人散步的集会，或在不为他人注意的时间地点，向发展对象讲述民协的章程、性质、任务及与党的关系，没有仪式，也不填登记表。[③] 民协是按党的秘密工作原则建立起来的，它自身有严密的组织系统。在各大学它设有干事会，干事会下有小组，小组间不发生横向关系，上下级之间由专人单线联系。民协干事会主要负责人大多是党员。民协内部有严格的组织纪律，要求会员严守组织秘密，坚决服从组织分配和调遣。[④]

川大民协作为党的助手，不仅在青年学生中进行工作，与民盟在组织上、工作上也有着密切的联系，因此在统一战线工作上也十分出色。部分民协会员直接加入了民盟；民协内部还建立了专门的民盟工作小组。民协成立后，针对川大发生的一系列事件，民协与民盟互相支持、共同协商，团结了广大教职员工，使学生运动具有广泛的社会基础。1981 年 6 月 10 日，在成都市委召开的座谈会上，川大民协第一届校干事会成员马识途同志对民主青年协会作出了评价，他认

---

① 《民协概述》编写组：《川大民协革命斗争历程》，载当代口述史丛书编委会：《青史留真》（第 2 辑），成都：四川人民出版社，2015 年，第 132 页。

② 王光嫒：《一支青年生力军——成都民主青年协会》，载李柏云：《追求之歌——四川青年运动》，成都：成都科技大学出版社，1986 年，第 262 页。

③ 赵锡骅：《回忆川大民协与民盟》，载中国人民政治协商会议四川省成都市委员会文史资料研究委员会：《成都文史资料选辑》（第 6 辑），内部编印，1984 年，第 80 页。

④ 王光嫒：《一支青年生力军——成都民主青年协会》，载李柏云：《追求之歌——四川青年运动》，成都：成都科技大学出版社，1986 年，第 263 页。

为民协"是值得我们注意的一个不同凡响的组织"，它"相当于共青团"。① 可以说，在成都解放前的数年中，民协承担了青年团的作用，在领导青年配合党的工作件方面作出了杰出贡献，具有重要的历史意义。

二、各类民主社团中的川大青年

抗日战争时期，救亡运动的兴起推动了川大各类进步社团的建立，川大青年依托社团进行活动，为战争的胜利作出了杰出的贡献。抗战后期以及抗战胜利后，救亡的任务业已完成，争取民主，反对国民党独裁统治，建立联合政府等任务成为新的斗争目标。各类民主社团如雨后春笋般在川大青年中出现，在党和民协的领导下向着建立新中国的目标前进。

中国民主同盟是中国最大的民主党派之一。川大民盟的主要负责人是李相符。1945 年下半年，川大民盟下辖学生与教师两个区部，学生区分部主任委员是刘光书，教师区分部的负责人是王道容。李相符等人吸收了许多中共党员、民协会员和进步学生加入民盟，这使得川大民盟与民协、共产党的关系十分密切。在国统区中，民盟是国民政府承认的合法政党，便于公开行动。在党的领导下，民盟和民协利用各自身份的特殊性，相互配合，相互依靠，在各项爱国民主运动中出生入死，患难与共。正如马识途同志所言："解放以前，盟员和党员（还有民协会员）的血是流在一起的。"②

川大校内的进步社团在抗战后期得到了飞速发展，除了 20 世纪 30 年代成立的文艺研究会外，陆续诞生了时事研导社、文学笔会、女声社、自由读书会、自然科学研究社、自由新闻社、火星社等 20 多个进步社团。1945 年为声援昆明"一二·一"运动成立的川大声援昆明血案联合会，就是由国立四川大学自由评论报社、义锋社等 19 个学术团体共同成立的。③ 随着局势的变化，不同的社团在新建、重组、改名和注销中呈现出不同的面貌，总体的情况是进步社团的数量在稳步增长，加入进步社团的青年学生在逐渐增加。在这些进步社团中，中共党员、民协成员和民盟盟员发挥着领导骨干作用。进步社团是党团结群众、教育群众、开展工作的重要阵地。它们群众基础雄厚，便于争取广大同学，培养革命骨

① 马识途：《解放战争时期我党在成都开展革命斗争的几个问题》，《成都现代革命史资料》1982 年第 3 期。
② 赵锡骅：《回忆川大民协与民盟》，载中国人民政治协商会议四川省成都市委员会文史资料研究委员会：《成都文史资料选辑》（第 6 辑），内部编印，1984 年，第 84 页。
③ 《川大十九个学术团体为声援昆明血案遭受殴打告各界人民书》（1945 年 12 月 12 日），载中共四川省委党史研究室：《第二条战线在四川》，成都：成都科技大学出版社，1997 年，第 96 页。

干，经常联合起来斗争，形成浩大的声势。

时事研导社是 1945 年由冯玉钦同志提议建立的学术社团，用来宣传党的主张和政策，团结教育群众。学社每两周举行一次形势报告会，邀请社会名流和进步人士来演讲。川大教授姚雪垠、彭迪先、陶大镛，《大公报》记者范长江，作家茅盾、陈白尘，华西大学教授文幼章等人都被请来作过演讲，每次都有几百人听讲。《时事研导壁报》由葛世民协助冯玉钦编写，两周出刊一期。社团还出了一个铅印刊物《潮灯》。据当事人回忆，川大青年以时事研导社的名义参加了庆祝"双十"协定游行、声援昆明"一二·一"运动、反对反苏游行、抗议特务殴打郭沫若等运动。① "时事研导社"是当时川大进步学社中最大的一个，影响也较大，起了宣传、教育、团结群众的作用。

女声社是川大女青年活动的重要舞台。抗战时期，徐舟等人建立起了妇女之声读书会，后在中共党员黄立群的主持下，改为女声社，在川大女生院中进行革命活动。除了一般社团追求真理、要求进步的宗旨，女声社还有一条独具特色的宗旨："学习研究中国妇女独立解放之路"。社团出版了《女声》周刊，内容十分丰富，除刊载诗歌、散文、小说外，还有时事评论、妇女问题等栏目。在校内外的青年运动中，女同学和男同学并肩战斗在一起，江竹筠、李惠明、马秀英等牺牲在重庆渣滓洞中的烈士，都是女声社和川大女青年的优秀代表。同学们纷纷评价道："没有想到女生院里也有一股激流"，"校园里又开放了一束深红的牡丹"。②

文艺新苗社是川大著名的进步文艺社团，由民协会员、川大法律系学生冯江领导。社团每周组织两三次活动，阅读和讨论进步书刊，两周出一次壁报，经常与文学笔会开讨论会。文艺新苗社的成员来自各个院系，多才多艺，各具特长，尤其擅长宣传工作。他们曾先后参与"官箴予事件""四九"运动等众多爱国民主运动。1948 年，冯江介绍华文江、傅昭中加入民协，文艺新苗社纳入了民协的直接领导下。③

以歌声声援革命是川大青年的革命传统之一。随着历史的发展，革命的歌声从抗战的内容转为争取民主、渴望自由、憧憬革命的呼声。在继承革命的传统中，川大黎明合唱团在民主运动里诞生了。这个合唱团由地下党领导，以川大文

---

① 葛世民：《历史的回忆——新中国成立前我所经历的学生运动的几个片断》，载政协陇县第十四届委员会文卫文史工作委员会：《史话陇州》，西安：三秦出版社，2016 年，第 396—397 页。

② 徐舟：《抗战时期成都学生运动片断》，载张林苏、黄铁：《闪光的青春》，武汉：武汉出版社，1995 年，第 166 页。

③ 周一生：《怀念冯江》，载中国人民政治协商会议越西县委员会文史资料征集委员会：《越西文史资料选辑》（第 6 辑），内部编印，1990 年，第 37—42 页。

艺研究会、时事研究会、文学笔会、女声社、离离草社等 20 多个进步社团推荐成员为基础组成，有将近 100 名进步青年在其中，活动能力很强。[①] 黎明合唱团出版过《黎明歌唱集》，曾在校内外广为流传。川大内江同学会在内江举办"星期补习班"用以宣传革命，唱的歌曲就来自《黎明歌唱集》。[②] 邛崃的革命组织曙光合唱团，大部分合唱内容都是选自《黎明歌曲集》。黎明歌唱团经常唱的有《民主花开幸福来》《团结就是力量》《你是灯塔》《古怪歌》《朱警察查户口》《山那边约好地方》等。这些歌曲的内容，反映了人民大众的心声，给人以鼓舞和力量；在曲调上，易学易唱，使得进步的歌声广为传播，震动着四川大地。

华大的进步社团数量也十分庞大。既有地下党、民盟和民协等领导组织，也有朝阳学术研究社的华大分社旷野社，以创作、传播进步诗歌为主的大风诗社，积极组织各项进步文艺活动的新地文艺社，以及由地下党员负责、出版进步刊物《华西经济》月刊的华西经济社，等等。[③] 作为具有教会背景的学校，华大的进步社团还常常以团契的形式出现，包括未名团契、协辉团契、星星团契、蓓蕾团契、长明灯团契、北极星团契、牛津团契、哈佛团契、农家乐团契、杜迦团契和新绿团契等。[④] 进步团契为教会学校的学生所熟悉，又不为反动党团所注意，成立手续简单，是华大青年进行爱国民主斗争的重要手段。

70 多年前，川大黎明合唱团的同学经常聚集在化学馆背后的阶梯教室练习歌唱，100 多名进步青年聚在一起，伴着钢琴声唱出门德尔松的《黎明颂》："天上没有星，地下人寂静，我们期待黎明快来临。黎明快来临！黎明快来临！来临人间就幸福和平，来临人间就幸福和平！"[⑤] 进步社团是围绕在党组织周围的青年"明星"，用各自的星星之火，共同照亮了新中国黎明的前路。

第二节　川大青年反独裁、争民主的斗争

反独裁、争民主一直以来就是川大青年所追求的目标。抗战胜利后，国民政

---

① 黛白：《歌声预报了黎明——成都民主音乐运动纪事》，载成都市文化局：《成都新文化文史论稿》（第 1 辑），内部编印，1993 年，第 85 页。

② 官铁华：《一九四九年演出秧歌剧和办暑期补习班的情况》，载中国人民政治协商会议内江市市中区委员会文史资料委员会：《内江市市中区文史资料选辑》（第 28 辑），内部编印，1989 年，第 102 页。

③ 蒋文钦：《记解放前党盟合作在华西的一些活动》，载四川省政协文史资料和学习委员会：《多党合作在四川·民盟卷》，成都：四川人民出版社，2012 年，第 94 页。

④ 《华西坝风云录》编辑组：《华西坝风云录：纪念民主青年协会成立六十周年》，内部编印，2004 年，第 357－405 页。

⑤ 陈忠理：《1947—1949 年四川大学的学生运动》，载当代口述史丛书编委会：《青史留真》（第 2 辑），成都：四川人民出版社，2015 年，第 170 页。

府不顾全国人民对和平的渴望，悍然发动内战，他们一方面加紧了对人民群众的剥削以进行内战；一方面强化独裁统治，限制民主运动。反动势力的行为受到了川大青年的坚决反击。以"双十一"游行和声援昆明"一二·一"运动为起点，以反对卖国的《中美商约》，抗议美军暴行与声援"五二〇"运动为代表，以助学运动、尊师运动为创新，以规模空前的"四九"运动为高潮，川大青年进行的爱国民主运动，席卷大西南，震动全中国。在大规模的爱国民主运动中，川大青年历来都是四川高校和四川人民的先锋，他们在运动中锻炼了斗争本领，增强了革命意志，打击了国民政府的反动统治，有力地支援了前线的解放战争。

一、抗战胜利与国民党独裁统治

1945 年 8 月 15 日，日本帝国主义宣布无条件投降，中国人民进行了 14 年艰苦卓绝的抗战终于取得了胜利。正当全国人民沉浸在胜利的喜悦中时，建立民主政府的主张已经被有识之士提上了台面。早在抗战时期，争取民主、反对独裁的民主运动已经在国统区兴起了，中国民主同盟等民主党派都是在这一时期成立的。抗战胜利后，建立统一的联合政府，由多党派联合执政，推动民主制度在中国建立已经成为社会各界的共识。1945 年中共七大的会场上，毛泽东主席作了《论联合政府》的政治报告，这是中国共产党主张建立民主联合政府的纲领性文件。1945 年 12 月，毛泽东主席受蒋介石的邀请，乘飞机到重庆，与国民政府展开谈判，签订了著名的《双十协定》。《双十协定》承认和平建国方针，同意以对话的方式解决一切争端，坚决避免内战，力图建设独立、自由和富强的新中国，为政治协商会议的召开奠定了重要的基础。在谈判中，中国共产党从民族利益出发，作出了大量的妥协和让步，充分展现了共产党人谋求和平的真诚愿望。

尽管如此，国民党反动派却打着"假和平，真内战"的算盘，一面同中国共产党谈判，一面加紧调兵遣将，将军队调往各大战略要地，同时又大力打压民主党派，限制人民群众的民主运动，试图消灭革命与民主的力量。1946 年 6 月底，在美帝国主义的支持下，国民党反动派撕毁停战协定和政协决议，向解放区发起全面进攻。中国共产党领导解放区军民自卫反击，开启了伟大的人民解放战争。国民党反动派不仅不顾人民渴望和平的意愿，悍然发动内战，并为赢得内战而加紧对国统区百姓的搜刮，激起了广大人民群众的义愤。

随着解放战争进入到新的阶段，在东北、华北与华东的战场上，人民解放军势如破竹，极大地鼓舞了国统区人民反抗国民党反动统治的决心，各种各样的斗争此起彼伏。学生运动的亲历者金冲及形容道："在这年的上半年，国民党统治区的工人运动、城市贫民斗争和抢米风潮、农村抗粮抗税抗抽丁等，在各地风起云涌地展开。"① 学生运动是这些斗争中的重要一环，为了镇压学生运动，蒋介石出台了《维持社会秩序临时办法》，禁止学生越级请愿，限制十分严格。这充分说明了爱国学生运动对国民党的反动统治产生了极大的威胁。为此，1947年5月30日，毛泽东同志在新华社发表社论，指出："中国境内已有了两条战线。蒋介石进犯军和人民解放军的战争，这是第一条战线。现在又出现了第二条战线，这就是伟大的正义的学生运动和蒋介石反动政府之间的尖锐斗争。"② 川大青年在第二条战线上的斗争从未中断，他们通过各种爱国运动向国民政府发起进攻，有力地支援了中国人民的解放事业。

二、"大后方的春雷"的回响

1944年12月9日，纪念一二·九运动大会在革命圣地延安召开。会上，中共中央副主席周恩来同志对发生在成都的一次爱国民主运动进行了高度评价，认为它是"大后方青年运动兴起的一声春雷"，是"一次新的'一二·九'运动的大爆发"③。这场运动就是以川大青年为主力的"双十一"游行。

这场运动的发起地在成都市立中学。该校创办于1942年，是当时成都有影响力的中学之一，校长夏定康是国民党顽固分子，在学校推行党化教育，宣传反动思想，强迫学生加入三青团组织。进步学生对夏定康的行为极为不满，积累的矛盾发展到一定程度，就出现了罢课抗议等行为。1944年10月31日，为了镇压学生，成都市市长余中英、警察局局长方超带领数百名警察包围了市立中学，打伤反对"党化教育"的学生30余人，逮捕40多人，制造了"市中血案"。④ 事后，警察封锁成都市立中学，不准学生出入，还发布消息称"学生受'赤匪'煽动，罢课暴乱，殴辱师长，有玷校规，为维持社会秩序，政府既派军警弹压，风潮已平云云"，⑤ 企图掩盖事实真相，迷惑大众。市中学生冲破重重阻碍，张贴"市中血案真相"，向社会大众求援。消息传出，立即引起了成都各大学学生、家

---

① 金冲及：《席卷全国的反饥饿、反内战风暴》，载《第二条战线：论解放战争时期的学生运动》，北京：生活·读书·新知三联出版社，2016年，第134页。

② 毛泽东：《蒋介石政府已处在全民的包围中》（1947年5月30日），载《毛泽东选集》（第4卷），北京：人民出版社，1991年，第1224—1225页。

③ 《延安各界青年代表纪念一二九九周年》，《解放日报》1944年12月11日，第1版。

④ 王宇光、贾唯英：《1944—1946年成都的学生运动》，载成都市市政协文史学习委员会：《成都文史资料选编·解放战争卷·上》，成都：四川人民出版社，2007年，第223页。

⑤ 周俱：《成都"市中事件"始末记（一九四四年）》，《青运史研究资料》1981年第3期。

长以及社会人士的无比愤怒，延安的《解放日报》还刊载了《为成都市中的学生一封控诉书》，为在"枪托、刺刀和皮鞭的毒打之下"的青年学生鸣不平。[1]

此时川大的革命青年组织"民协"已经成立了半个月，新生的川大民协在运动中带头建立了"支援市中同学后援会"，推举达凤德等为负责人。11 月 8 日，川大民协的负责人黄寿金、吴祖型，共产党员李相符、达凤德参加了"成都市各大中学学生声援市中同学后援委员会"的秘密会议，决定在 11 月 11 日的下午召开声讨市中血案的群众大会，会后到省政府示威游行请愿，由黄寿金负责指挥。川大青年在党和民协的领导下，采取演讲、发传单、制作墙报等方式，揭露事实真相，动员广大同学积极参与斗争。

1944 年 11 月 11 日中午，1000 多名川大青年在食堂集合整队，准备到华西坝参加群众大会。校长黄季陆出面劝阻称："亲爱的川大同学们，你们千万不要上街游行，警察局已准备好机关枪对付你们，我们不忍心看见你们流血，你们在校内游行就好了！"川大民协的负责人吴祖型则跳上饭桌大声说道："伸张正义，人人有责，愿意参加游行的站过来！"在他的鼓动下，川大青年冲破阻挠，将队伍开到了华西坝，全场立刻沸腾起来，响起热烈的欢呼："川大来了！川大来了！欢迎川大同学参加游行！"[2] 下午三点，游行正式开始。游行队伍高举着"成都各大中学生请愿团"的横幅，两旁以散发传单的自行车队开道，途径南大街、盐市口、春熙路等地，向省政府进发。到了省政府后，游行队伍席地而坐，分头高唱进步歌曲、散发传单、高呼口号和发表演讲。游行队伍要求四川省政府主席张群出来答话，但张群避而不见，企图不了了之。川大学生黄寿金鼓动队伍冲进去，省政府军警持枪对峙，气氛十分紧张，张群不得已允许游行队伍派代表前去商议。学生代表同省政府秘书长李伯申谈判，提出了四项要求：（1）严惩凶手方超，撤销余中英市长的职务；（2）医治受伤学生，赔偿一切损失，向学生及家长道歉；（3）保障学生人身自由并保证不再发生同类事件；（4）严禁军警干涉校政。

李伯申讨价还价，代表们据理不让。李只得答应电话请示张群。张群慑于民众压力，害怕事态扩大，表示接受四项要求。15 日晚，后援会举行记者招待会，说明"双十一"游行的原因和经过，并表示"等待政府实践诺言"，继续给省府施加舆论压力。在"双十一"游行的强大压力下，成都市市长余中英、成都

---

① 《为成都市中学生的一封控诉书》，《解放日报》1944 年 12 月 9 日，第 4 版。
② 贾唯英：《回忆我在成都的斗争经历》，载《华西坝风云录》编辑组：《华西坝风云录：纪念民主青年协会成立六十周年》，内部编印，2004 年，第 68—69 页。

市警察局局长方超、成都市立中学校长康定夏不得不"引咎辞职"。[①] 轰轰烈烈的"双十一"游行取得了完全胜利，这是川大学生运动走向高涨的转折点，是抗战后期大后方群众运动从沉寂走向高涨的转折点，标志着国统区爱国民主运动开始兴起。

紧接着"双十一"游行，昆明就发生了震惊中外的"一二·一"惨案。1945年12月1日，位于云南昆明的西南联合大学、云南大学、中法大学等学校的师生发起"反内战"爱国集会，有近6000人参加。国民党反动派派出军警特务围攻西南联大等学校，毒打学生，并使用武器，炸死西南联大学生李鲁连、潘琰和昆华高级工业职业学校学生荀继中、南青中学教师于再4人，另有60余名学生被打伤。消息传出，举国哗然。12月4日，川大学生收到了西南联大学生自治会发来的呼吁书，了解了血案的经过。川大民协随即投入组织工作，决定全力宣传，强调民协成员一定要站在斗争的前列，并决定6日举行对昆明四位烈士的追悼大会。

6日早晨，"川大声援昆明血案大会"在图书馆和宿舍墙上张贴通告："为了声援昆明的死难同学，为了伸张正义，为了争取祖国和平、民主，为了保障我们起码的自由和安全，特订于本日午后两点钟在图书馆三楼举行昆明死难烈士的追悼大会，欢迎同学们参加。"正当同学们向会场聚集的时候，校方出面阻止，但是在同学们的坚持下，追悼活动照常举行。会场上拉起了"安息吧，为民主而死难的同学！奋起啊，为生活要自由的人们！"挽联，周围的墙壁上贴上了"血债要用血来还！""踏着烈士的血迹前进！""反对法西斯专政！""争民主、争自由，反内战、反迫害！"等标语。[②] 在庄严肃穆的环境中，同学们高唱悼念歌曲。何富华、达凤德及经济系的陶大镛教授等人，都作了慷慨激昂的演说。李相符教授称："反内战的人就被认为是共产党，就应该被屠杀的话，今天的人民都反内战，岂不都该杀了吗？枪炮是不能将中国人民杀完的……我们中国人没有民主，没有自由。胜利了，我们没有笑的权利；现在有人杀了我们的同学，难道连哭的权利也没有吗？"[③] 李教授的一番话引起了同学们强烈的共鸣。会议结束后、众人举行游行活动，口号声和歌声响彻了川大校园的每一个角落。

三天后，正值一二·九运动十周年，川大青年和成都市各大学学生共4000

---

① 《市中惨案及成都学潮》，《解放日报》1944年12月9日，第2版。
② 《川大追悼"一二·一"四烈士》（1945年12月16日），载一二·一运动史编写组：《一二·一运动史料选编》（下册），昆明：云南人民出版社，1980年，第19页。
③ 王玉生：《反内战、争民主的第一声呐喊——"一二·一"运动在成都》，载李柏云：《追求之歌——四川青年运动》，成都：成都科技大学出版社，1986年，第267页。

多人，在华西坝广场举行了声援昆明同学和反内战大会。会后游行，外籍教师文幼章、夏仁德和韩博伦夫妇参加，沿途更有无数市民参加游行队伍。10 日下午，川大民协又组织 20 多个社团 300 多人开追悼大会。15 日，川大代表参加了成都市援昆反内战联合会举办的记者招待会。大会通电全国，要求惩办祸首，抚恤死伤，提出确保人身、言论、集会自由，停止内战，召开政治协商会议，成立联合政府，外国军队撤出中国等主张，引起全国热烈反响。①

"双十一"游行和声援昆明"一二·一"运动是抗战后期和抗战胜利初期，以川大青年为主力的大后方爱国民主运动兴起的重要体现。"大后方的一声春雷"激起了全国学生参与风起云涌的民主运动，同国民党反动派进行顽强的斗争。经过这两次大规模青年运动的洗礼，川大青年的斗争经验日益成熟，随着国民党反动派的独裁统治日益强化以及解放战争的进一步发展，更大规模的青年运动正蓄势待发。

三、进步师生反对国民党的统治

声势浩大的"双十一"游行和声援昆明"一二·一"运动的青年学生运动，引起了反动势力的恐惧和仇恨，他们加紧了对进步学生和教授的迫害，制造了"李实育事件"和"三教授事件"。李实育是川大森林系二年级的学生，同时也是民盟的成员。1945 年 12 月 11 日，当他和同学一道在宿舍张贴声援昆明学生的标语时，一群人蜂拥而至，大打出手。进步学生被迫自卫，但寡不敌众。反动分子气势汹汹，要求李实育交出箱柜的钥匙，接着又是一阵毒打，李实育被打断三根肋骨，晕了过去。反动分子将事先写好的标语放到李的箱子，进行栽赃陷害，当天警察局就在报告中写到"今日午前九时四十分许查获反战游行之煽动中坚分子李实育之重要文件六十六件"，其中包括"东北自治内蒙独立等标语""煽动罢课、罢工等文件""扰乱治安策动学潮等文件"。② 警察局反应如此迅速，并在呈文中歪曲事实，说明敌人早有预谋。在党和民协的领导下，川大进步青年组织反击，他们向校方提出抗议，并向社会宣传事情的真相，发出《关于李实育事件告各界人士书》。在法院的审判过程中，李实育慷慨陈词，据理驳斥，社会各界也发表声明支援进步学生，李实育最终被高等法院宣布无罪释放。

如果说殴打、逮捕与审讯李实育，是反动势力向川大青年的一次反扑，那么

---

① 《成都四千教授学生举行反内战游行示威痛悼昆明惨案死难师生》，《解放日报》1945 年 12 月 21 日，第 1 版。

② 《警察西区分局调查昆明游行人员及李实育事件的报告》（1945 年 12 月 11 日），载成都市第一档案馆：《成都青年反独裁、争民主档案史料选编》，内部编印，1983 年，第 35—36 页。

　　紧接着发生的侮辱、诽谤李相符、彭迪先、陶大镛三位教授的事件，则是反动势力对川大进步师生的又一次进攻。1946年3月，反动分子在川大张贴炮制的壁画和《李相符启事》，污蔑三位教授出卖祖国，共产党员李相符是他们进攻的重点。三位教授在课堂上宣布，要求学校处分造谣者，还要向法院起诉，伸张正义。在这场斗争中，民盟和民协密切配合，提出"尊师重道"的口号，联系各个进步社团、各院系发布声明支持三教授，揭露反动派的阴谋。在川大师生们的努力下，校长黄季陆对肇事者给予处分，还撤去了训导处处长的职务，解聘了川大三青团干事王文元的职务，支援三教授获得胜利。

　　在上述两个事件中，国民党反动派的嘴脸和手段昭然若揭，但这些并没有阻止川大青年爱国的脚步，反而因为更多人看清了反动派的真实面貌，更多的青年加入到进步阵营之中，掀起了更大规模的爱国运动。反对卖国的《中美商约》、抗议美军暴行与声援"五二〇"运动就是其中的典型代表。

　　1946年11月4日，国民政府与美国签订了《中美友好通商航海条约》（即《中美商约》）。这是一个屈辱性的条约，名为"友好"，实际上是蒋介石出卖国家利益，勾结美国当局进行全面内战的产物。这个卖国条约为美国在中国进行经济侵略、为美国军舰在中国航行自由大开方便之门，激起了全国人民强烈的反对。中共川大支部和民协决定发起师生反对《中美商约》的斗争，鉴于进步学生已经在学生自治会中掌握了主动权，党决定以川大学生自治会的名义发动群众，开展合法斗争。12月初，时事研导社等进步社团首先贴出启事，声明川大学生的态度，同时召开座谈会、报告会，邀请进步教授彭迪先、黄宪章、张先辰等人发言，揭露《中美商约》的危害。黄宪章教授在图书馆三楼作的题为《我国目前几个重要之经济问题》的报告，深刻地指出《中美商约》的不平等性堪比袁世凯与日本人签订的"二十一条"。[①] 这天，川大学生自治会也通过决议，提出了反对《中美商约》的五条办法，决定由川大学生自治会发动成都各大学校、中学及工商界，举行反对《中美商约》运动。[②] 随后，《国立四川大学为反对《中美商约》告各界人士书》于1947年4月被发往全国各地，宣言在重庆《新华日报》上发表，还以川大学生自治会的名义送往国民政府、国民大会，实为惊动举国上下的大事。正当反对《中美商约》的斗争方兴未艾时，川大校园里又传来美军在北平强奸女大学生沈崇的消息。这一践踏了中华民族尊严的暴行，与《中美

　　① 冉正芬、李江景：《回忆川大学生反对〈中美商约〉的斗争》，载中共四川省委党史研究室：《第二条战线在四川》，成都：成都科技大学出版社，1997年，第190—191页。
　　② 《刘崇朴关于川大学生反对〈中美通商条约〉情形呈》（1946年12月10日），载成都市第一档案馆：《成都青年反独裁、争民主档案史料选编》，内部编印，1983年，第44页。

商约》结合在一起，又引发了更大规模的学生运动。在这次运动中，女学生身先士卒，率先积极行动起来，她们在校内张贴标语、游行，并得到了男同学们的支持。① 川大青年在党和民协的领导下，又联合了华大及四川省立艺术专科学校、金陵大学等 27 个学校 1000 多人在川大礼堂召开大会。这些青年慷慨陈词，会后游行示威，斗争持续了很长的时间。这次反对《中美商约》和抗议美军暴行的斗争，揭露了美蒋勾结的真面目，使群众受到极大教育，打破了一些中间学生对美帝国主义和国民党反动派的幻想。此后，川大进步师生的力量愈来愈强大，反动势力则在群众中更加孤立。

1947 年上半年，在国统区发生严重的经济危机、政治危机和教育危机的背景下，以"反饥饿、反内战、反迫害"为主题的学生运动首先在东部地区开展起来。5 月 20 日，北平、上海、天津、苏州等地的学生 6000 余人在南京联合请愿，遭到军警特务殴打，20 余人受伤，造成"五二〇"血案。消息传到四川，川大青年率先决定发动罢课等活动声援平沪学生。进步青年为此举行集会，何富华、蒋国基更是在报告会上痛声疾呼："值此反内战呼声遍及全国，对当局应作有力抗议。黎明来临之前那一刹那一切也许最黑暗，望同学对一切困难更应忍耐，勿退缩犹豫。"② 接着，各进步社团每日张贴墙报，报道各地声援"五二〇"运动的斗争，川大青年成立了"川大学生响应京沪等地同学反内战反饥饿运动联合会"，发表了《川大学生响应京沪等地同学反内战反饥饿告同学书》，高度赞扬了平沪学生的英勇行为，提出了五项诉求。③ 在游行与演讲活动十分活跃的情况下，川大青年决定联合成都其他高校青年学生在 6 月 2 日举行总罢课，将运动推向高潮。这时，川大民协接到了党组织的通知，敌人可能要搞一次全国规模的大逮捕，要求青年隐蔽起来，积蓄力量。果然，6 月 1 日凌晨发生了全市性的大逮捕事件。④ 除了转移隐蔽的青年干部，留在学校的川大民协和进步青年也不得不采取分散活动的方式，6 月 2 日的总罢课因此未能实行。

由于反动势力的阻挠，川大的青年运动一度转入低潮。为了继续坚持斗争，川大青年转变了斗争方式，以"助学、尊师"为理由，开展了一系列别开生

---

① 《川大派出所报告川大发现抗议北平美军暴行标语呈》(1947 年 1 月 3 日)，载成都市第一档案馆：《成都青年反独裁、争民主档案史料选编》，内部编印，1983 年，第 46 页。

② 《张德为密报川大等校学生响应平津沪学潮呈文一组》(1947 年 5 月)，载成都市第一档案馆：《成都青年反独裁、争民主档案史料选编》，内部编印，1983 年，第 56 页。

③ 《川大学生响应京沪等地同学反内战反饥饿告同学书》(1947 年 5 月 30 日)，载成都市第一档案馆：《成都青年反独裁、争民主档案史料选编》，内部编印，1983 年，第 62 页。

④ 《刘崇朴为"六一"大逮捕致警察总署密电稿》(1947 年 9 月 3 日)，载成都市第一档案馆：《成都青年反独裁、争民主档案史料选编》，内部编印，1983 年，第 64 页。

面的斗争运动。随着蒋介石大打内战，横征暴敛，国统区物价飞涨，民不聊生，川大的教育经费也严重不足，无论是教师还是学生生活都十分困难。在"反饥饿、反内战、反迫害"的"五二〇"运动推动下，川大青年在1948年的寒假期间发起了助学运动，口号是"要吃饭，要和平，要自由"。川大地下党支部和民协联合进步社团，发起成立了川大助学会。助学会采取劝募、义卖、义演、义工、义讲、义展等多种方式来筹集助学经费。① 所得经费由学生民主管理，用于成立助学伙食团，取得了很好的斗争效果。② 助学运动胜利结束后，尊师运动开始了。为了争取温饱，改善待遇，川大教授罢教抗议，学生表示同情与支持。③ 尊师运动的方式也是多种多样的，慰问组负责慰问教授家庭，义卖组负责义卖报纸和女同学做的纸花以筹集经费，演剧、歌咏组等负责宣传。学生们还发起绝食运动，各个院系纷纷响应。④ 在进步学生和进步教师的联合斗争下，尊师运动也取得了很好的成效。

助学运动和尊师运动广泛采用经济斗争的形成，便于动员群众，争取积极分子，在为求生存而斗争的基础上，建立起反对美蒋的统一战线，具有积极的政治意义。正如《群众》周刊上的报道所言：经过运动的洗礼，"今天川大师生们都清楚谁是敌人，谁是友人。同学们本着过去优秀的传统，在国民党统治下在生活和环境的困难压迫下，会团结得像一个巨人，昂起头来，向着太阳，向着光明，加速脚步，迎接着新中国发出的万丈光芒。"⑤

四、规模空前的"四九"运动

从1947年6月1日国民党反动派发动大逮捕后，一直到1948年初，白色恐怖笼罩着成都，川大青年只能改变斗争方式，以助学运动等经济斗争的形式展开工作，没有掀起大规模的学生运动。但这并不意味着川大青年就此消沉下去了，他们正在积蓄力量，等待着新的历史机遇。1948年4月9日，在经过充分酝酿之后，一场以争平价米为主题，由中国共产党直接领导，以国立四川大学学生为主力的冲击蒋介石独裁统治的声势浩大的群众运动，席卷成都市，震动全中国。

---

① 李万祺：《川大的助学运动》，《川大学生》1948年第2期，第14页。
② 彭塞：《我所知道的解放战争时期成都市地下党组织和党领导的群众斗争情况》，载中共四川省委党史研究室：《第二条战线在四川》，成都：成都科技大学出版社，1997年，第403页。
③ 《川大教授再罢教　学生发动募款尊师运动》，《公教学校通讯》1949年第5期，第6页。
④ 《川大尊师运动　方式五花八门》，《公教学校通讯》1949年第5期，第6页。
⑤ 楚石：《川大的罢教与尊师》，《群众》1949年第3卷第15期，第24页。

1948年4月，蒋介石调任"反共"老手、重庆"三三一"惨案的制造者王陵基主政四川。加之国民政府滥发纸币，物价暴涨，引起了四川民怨沸腾。在党的领导下，川大青年以民协、民盟成员为骨干，以"四川大学伙食团联合会"的名义，发动向政府要平价米的请愿活动。这时邓锡侯已经卸任，代行职权的是省政府秘书长邓汉祥。邓在口头上允诺了学生的要求，但并不签字盖章。为了抓住王陵基到来前的有利时机，中共成都市委副书记彭塞在华大召开了"成都市专科以上学校膳团联合会"（简称"膳联"）大会，一致决定在4月9日举行游行示威请愿活动。①

4月8日，川大党组织和民协骨干通过刘光书向川大"膳联"传达了市委的四点指示：（1）4月9日午后二时半全市大专以上学校学生在华大广场集会游行，以刘光书为主席组成10人请愿团；（2）请愿团由刘光书、何骏生、罗民什、徐玉良、苏世沛组成党小组，刘光书任组长；（3）对王陵基要软硬兼施，讲求斗争策略，充分阐述要平价米的理由；（4）请愿斗争获胜，在川大操场举行庆祝胜利大会。青年学生中的党员，民协、民盟成员纷纷紧急行动，开展动员工作。当晚，川大校园就内出现了大字标语："给王灵官当头棒，打他个下马威!"②

1948年4月9日下午一时许，3000多名川大青年从操场整队出发，先头打着川大的校旗，接着是两条横幅——"我们要吃饭""我们要读书"。刘光书回忆称，当队伍前进到致民路的时候，法学院院长吴君毅乘私包车前来劝阻同学们，说"去不得，要出事!"，但他连自己的儿子都没劝住。就这样，游行队伍浩浩荡荡地到了华西坝广场上，华大及成华大学、川康农工学院、四川省立艺术专科学校等校的游行队伍在这里汇集，打出"成都市专科以上学校膳团联合会平价米请愿团"的横幅，继续向省政府进发。青年们沿路高呼"反饥饿，要平价米!""要饭吃，要和平!"等口号，向围观群众散发传单，发表演说，声明运动的正义性，女学生李本莲带头高呼："四川的粮哪里去了?""人民有享受平价米的权利、政府有配售平价米的义务!"雷鸣般的吼声在空中回响，成都城内一时间气氛十分热烈。③

王陵基闻讯后，命令成都警备司令严啸虎派出军警戒严，试图将游行的队伍拦在省政府之外。按照约定，请愿团派出由10个代表组成的请愿代表团与王陵

---

① 王堤生：《"四九运动"回眸》，载《华西坝风云录》编辑组：《华西坝风云录——纪念民主青年协会成立六十周年》，内部编印，2004年，第154页。

② 王玉等：《解放战争时期四川青年运动史稿》，重庆：重庆大学出版社，1987年，第110页。

③ 刘光书、郭焱：《"四九"反蒋倒王学生运动回忆》，载宋海常：《成都黎明前后》，成都：四川人民出版社，2009年，第33页。

基展开会谈，代表团团长刘光书阐明来由，并向省政府递交了请愿书。王陵基不仅没有同意请求，还对代表严加训斥，表示自己刚接事数小时，学生就聚众而至，居心叵测，随后便命人将代表用枪押出去。[①] 请愿的学生愤怒至极，不甘心离去，在省政府门前静坐示威，突然，武装的军警动手了。他们端着上了刺刀的枪，对手无寸铁的学生进行无差别地打杀，示威的队伍被冲散，呼声喊声响成一片。军警用事先准备好的绳子，将数十名学生捆起来，拖进省政府。一位名叫游训天的女同学，被几个反动分子用枪托打倒，后被刺死在地，现场情况惨不忍睹。众学生待回到学校清点人数后发现，有 130 人被逮捕，受伤者不计其数，次日去看望被捕学生的代表也被省政府扣押，受伤者没有医药，生者被监视和限制行动。[②] 这就是反动派王陵基在成都制造的"四九"血案。

事件发生后，王陵基想要封锁消息，下令各通讯社不得擅自报道相关信息，还严格检查外寄的信件与宣传品，同时发布新闻造谣诬陷学生。王陵基提出三大施政方针，企图将学生运动扼杀：（1）严厉整勘学风，清除地下份子；（2）加紧征丁征粮，配合军事；（3）组织民众自卫队，清剿各地散匪。[③] 中共成都市委提出了"维护人权、反对迫害"的战斗口号，发起成立了川大"四九"血案后援会，领导川大青年罢课，并向社会广泛宣传真相。12 日，后援会为被保释的部分学生召开欢迎会，被害学生向大家作了专题报告："此次政府不讲人道，非法逮捕，打骂拷讯兼施，我们合法请愿未得结果，竟遭此不白之冤，宪法何在？公理何在？"谈毕声泪俱下，会场空气紧张。[④] 后援会综合众人意见提出了四项要求：（1）通电全国各大中学一致响应；（2）派代表赴重庆或南京请愿；（3）立电黄校长返蓉处理血案；（4）问题不得圆满解决将无限期彻底罢课。

川大青年立即行动起来，将惨案公之于世，成都市内的街头出现了"打倒专横无能的蒋中正！""民军起来，为民族解决痛苦！""打倒刽子手王陵基！""我们要以团结的力量推翻专制贪污的国民政府！"等进步标语[⑤]，引起了反动分子的恐慌。后援会通过各种渠道发出了《为四·九血案告全国同胞书》，广大青年学生向外发出了大量的电报、信函和报道。《大公报》、上海《文汇报》和《清华旬刊》等刊物先后刊载了相关消息。川大外文系的学生张毅还用英文写了"四九"

①　撷拾：《成都四九血案前后》，《川大学生》1948 年第 2 期，第 9 页。

②　四九血案川大后援会：《成都"四九"惨案实录》，《清华旬刊》1948 年第 8 期，第 10—11 页。

③　吕汉：《王陵基上任前后》，《展望》1948 年第 2 卷第 1 期，第 11 页。

④　《警察局九分局关于川大"四·九"血案后援会召开欢迎被捕同学大会情形呈》（1948 年 4 月 12 日），载成都市第一档案馆：《成都青年反独裁、争民主档案史料选编》，内部编印，1983 年，第 69 页。

⑤　《刘崇朴关于查缉张贴进步标语的密令》（1948 年 4 月 12 日），载成都市第一档案馆：《成都青年反独裁、争民主档案史料选编》，内部编印，1983 年，第 68 页。

血案报道，刊登在英文版的《密勒氏评论周报》上。王陵基的暴行被公之于世，传遍了国内外，北大、清华、南京中央大学、上海交大、浙大、武大等等高校纷纷罢课声援川大青年。北洋工学院和南开两校决定在蒋介石总统就职时举行罢课。[①] 厦大同学提出六项办法，宣布罢课三天声援川大，节食三天剩下钱款以救助受伤同学，并宣称"誓为川大同学后盾"。[②] 全国各地的学生寄来捐款汇单、慰问电函，"四九"运动已经突破了区域性运动的范围，转变成了一场具有全国意义的爱国民主运动。

国民政府唯恐局势动荡，派黄季陆回到川大平息风潮。中共成都市委利用黄季陆、地方实力派和王陵基之间的矛盾，打击王陵基，营救被捕同学。被捕的同学也同仇敌忾，面对敌人的刑具、屠刀毫不畏惧，审讯者无法获得他们想要得到的信息。[③] 在全国人民的努力之下，王陵基被迫释放了全部被捕学生，答应了学生提出的各项条件。"四九"运动以川大青年的胜利告终。这场运动从经济斗争入手，巧妙地利用了地方实力派和蒋介石嫡系的矛盾，团结教育了广大群众，打击了"反共"老手王陵基，有力地冲击了国民党的反动统治。它震动了正在南京召开伪国大、准备登上"总统"宝座的蒋介石，在国内外产生了广泛的政治影响。"四九"运动是中国共产党在成都领导的规模最大的一次学生运动，通过运动极大地锻炼了成都地区的党组织和民协等革命组织，川大青年也从中积累了丰富的斗争经验，革命的阵营日益成熟，组织获得了更大的发展。"四九"运动在川大历史和全国青年运动史上写下了辉煌的一页。

第三节　"积蓄力量，迎接解放"

反动势力越是垂死，挣扎得就越是凶猛。在一次又一次的爱国民主运动中，川大青年对国民党反动派给予了巨大的打击，也招来了一次又一次凶猛的反扑。为了减少革命力量的损失，在党的指示下，进步川大青年被转移到解放区或其他国统区内。他们与当地的党组织建立联系，组织革命力量，建立人民武装，开展游击战争，为各地的解放事业立下了汗马功劳。也有一些同志落入敌手，遭到了敌人的屠杀。反动势力制造了"一一·二七"大屠杀和"十二桥惨

　　① 《天津区北洋工学院（四月廿四日通讯）》，《学校动态汇编》1948年第10期，第11页。

　　② 《厦大再罢课三天声援川大》（1948年4月30日），载中共厦门市委党史研究室：《厦门革命历史文献资料选编》（第9辑），内部编印，1992年，第176页。

　　③ 陈光复、张明：《"大后方"的一声惊雷——成都"四·九"学生运动》，载李柏云：《追求之歌——四川青年运动》，成都：成都科技大学出版社，1986年，第307页。

案"等，江竹筠、马秀英、李惠明、何懋金、郝耀青、杨伯恺、王干青、张大成、余天觉等川大青年牺牲于此时。面对敌人的严刑拷打，他们义无反顾，不屈不挠，始终没有透露党的秘密，最终被敌人残忍杀害。他们的英雄壮举，谱写了一首气壮山河的史诗，成为川大青年运动中的一座座丰碑。

一、输送革命青年与革命干部

向解放区和其他地区输送革命青年和革命干部是川大的传统。早在抗战时期，就有一大批革命青年经由党组织的安排奔赴延安，为抗战事业作出贡献。解放战争时期，随着战争节节胜利，国统区爱国民主运动日渐高涨，国民党反动派加紧了对革命力量的镇压，川大进步青年因此撤离成都，奔向祖国各地，为其他地区的解放事业添砖加瓦。

1947 年的"六一"大逮捕之后，反动势力并没有放松对青年运动的镇压，当时党组织就紧急转移了一批革命青年，共计百余人。1947 年 8 月，党中央传来指示："在城市方面，凡是已经暴露而为敌特注意的分子都应该设法离开岗位"，"凡未暴露而又未为敌特注意的分子，应该继续深入隐蔽"，"我党在国民党统治区的目前工作，必须有清醒的头脑和灵活的策略"。[①] 洪德铭、彭塞等人决定按照中央指示，将可能被敌特注意的党员、民协成员和进步骨干再次组织撤离。到 10 月底，前后共计有 200 多人，组成 8 个工作组在外开展工作。[②] 1947年底至 1948 年初，中共川康特委决定在大邑、邛崃地区成立四川西南人民武装工作队，由特委所属雅乐工委领导。川大有近百名进步学生先后到武工队参加斗争，成为骨干队员。[③] 在全国革命胜利形势的影响下，武工队的工作发展到温江、雅安等地区二十余县。与此同时，党组织还先后派李江景、何富华、杨俊、冉正芬去川北农村开展工作。次年又派何懋金、郝耀青、蒋开萍到万县地区开展农民运动，从事武装斗争。

1949 年 4 月 20 日，国民政府拒绝在《国内和平协定》上签字，第二次国共和谈破裂。解放军横渡长江之后，国民党反动派又一次加紧了对革命群众的迫害，成都的特务组织对川大党员和进步青年进行大逮捕。党组织和民协干事会立

---

① 周恩来：《蒋管区斗争要有清醒头脑和灵活策略》（1948 年 8 月 22 日），载中共中央文献研究室、中央档案馆：《建党以来重要文献选编：1921—1949》，北京：中央文献出版社，2011 年，第 431—432 页。

② 洪德铭：《在成都黎明前的地下工作》，载中共四川省委党史研究室：《第二条战线在四川》，成都：成都科技大学出版社，1997 年，第 397 页。

③ 李维嘉：《解放战争时期的川西农民运动和武装斗争》，载中共云南省委党史研究室、中共湖南省委党史研究室：《解放战争时期第二条战线·农民运动和武装斗争卷》（下册），北京：中共党史出版社，2003 年，第 1439 页。

即作出紧急撤退的部署。从 4 月到 9 月，200 多名川大师生先后撤到川西、川南，他们同当地的革命力量结合起来。仅在中共川西边临工委领导的川康边人民游击纵队中，就有 100 多名川大青年。他们发动农民开展抗租抗粮斗争、保卫人民政权的游击战争，在锻炼中成为革命骨干。①

1949 年夏天，川大青年党员陈万堂、段贵刚按照上级通知，在崇庆（今崇州市）、大邑交界的安顺小学开办"干部培训班"，专门用来训练革命骨干。该地的工作基础较好，许多进步青年加入其中。不久川大进步青年卓文刚也调来参加培训工作。学员们学习革命文件，加强政治与思想修养，还学习革命歌曲，建立了革命组织"新民主主义实践社"，发展了一批党员。这些经过培训的学员后来被分到不同的岗位，为四川顺利解放立下了汗马功劳。②

简阳的革命事业也是由川大青年组织发展起来的。1948 年，具有党员和民盟盟员双重身份的川大青年黄继道被派往简阳，开展党和民盟的地下工作。1949 年，川大简阳籍党员干部华文江、傅昭中被派到简阳开展革命斗争，由华文江任组长。他们还带来了川大民协的罗天有、叶放、周为、梁万里、施旭和川大火星社成员彭文芬等川大青年。③ 这些川大学子多为简阳籍，既有特殊关系可以利用，也有合法的社会职业作为掩护。他们协助中共简阳临时工作委员会建立，大力开展统战工作，促进了简阳的解放。

撤至广汉、金堂、中江、盐亭、德阳、什邡、蓬溪、乐至一带的川大进步学生，主要是火星社的社员，也有部分民协成员。党组织派袁义生来到广汉，整合这里的革命力量。他先介绍川大文学笔会的民盟成员肖仲谦与川大进步青年刘鸿椿、赖玉成等人加入火星社；同时大力开展民盟、民协的组织工作。袁义生派出青年骨干进入广汉师范学校，全力进行青年教师和学生的工作。在农村，他们深入实际，建立农民互助会，发展了会员 300 多人。④ 广汉的革命力量成功策反了国民党武装，使广汉等县和平解放。

撤退至成都市区的一些民协成员，由赵令哲、尹大成等人负责联系。这些民协成员利用各种社会关系，以家庭教师或各种社会职业为掩护，做各阶层的宣传

---

① 邓祥裔：《"四·九"学生运动在川大的始末》，载《成都文史资料》编辑部：《成都文史资料》（第 25 辑），内部编印，1989 年，第 76 页。

② 陈万堂：《在崇庆从事地下革命工作的回忆》，载中国人民政治协商会议四川省崇州市委员会文史学习委员会：《崇州市文史资料选辑》（第 14 辑），内部编印，2000 年，第 1—4 页。

③ 李桃：《迎接简阳解放斗争事略》，载中国人民政治协商会议四川省内江市委员会文史资料研究委员会：《内江文史资料》（第 5 辑），内部编印，1989 年，第 44 页。

④ 周澈之：《风雨晦明间——成都市委领导广汉人民迎解放》，载中国人民政治协商会议四川省广汉市第十一届委员会：《广汉文史资料》（第 17 期），内部编印，1999 年，第 15 页。

工作、思想工作。还有一些民协成员回到家乡或撤至外地，由于范围过广，组织上未能一一派人联系，但他们大多数都在当地利用一切条件，独立开展工作。撤到蒲阳发电所的川大青年刘培清、张万谷、刘敬文等人，配合当地地下党，掌握了该所的武装，建立了护厂队，使四川解放时发电所免遭破坏。[①]

在进行革命斗争、准备迎接新中国的过程中，一部分优秀的川大青年也付出了自己年轻的生命，其中即有川大青年的优秀代表——徐达人。徐达人原名徐绍成，生于1919年，大邑人。1944年考入川大中文系。他在川大读书时，受到同乡同学李惠明（中共地下党员、民盟盟员、川大"女声社"负责人）的影响，阅读进步书刊，思想倾向进步，开始投身学生运动。1946年暑假，由李惠明介绍加入中国民主同盟。徐达人还同李惠明一起与家乡的革命力量建立联系，积极支持并参加大邑的革命武装斗争。为此，经上级同意，徐达人的民盟关系在1946年下半年即同大邑籍的川大同学白开茂等一起转到大邑民盟分部，以便他们在大邑县进行革命活动。

徐达人在川大时参与创办了"斜江学会"。该学会表面上是群众性学术团体，实际上是在大邑县党组织倡议和指导下的大邑民盟分部的外围组织，负责团结教育一批青年知识分子，配合党的中心任务，开展对反动势力的斗争。徐达人在大邑民盟分部负责宣传工作，具体领导学会工作。他广泛搜集革命书刊，在学会内外积极组织革命理论的学习、传播，同时还在学会内担任《斜江导报》的主编，一时很有影响。

1948年秋，徐达人从川大毕业回乡，即与川西南人民武装工作队队长肖汝霖建立联系，参加武装斗争活动。1948年9月，肖汝霖率领武工队从坝区转移到原西康省芦山县象鼻子山活动。5月中旬，肖汝霖与徐达人一同下山联络民盟成员杨德孚等人，安排武工队下山转移路线，于9月25日在凤凰乡龙坎门与土匪郭保之带领的土匪武装相遇，肖、徐二人不幸被捕，当即被押送至安仁刘文彩处。刘文彩在将两人送往县城途中杀害，并曝尸大邑县城南门城墙边示众。徐达人牺牲时，年仅29岁。

在整个解放战争时期，川大青年在党的领导下，有计划地从学校走向城市和农村的广阔天地。他们的到来不仅保存了革命的力量，还深入到各地的革命活动之中，建立人民武装，开展游击战争，迎接新中国的解放。这批川大青年在斗争中经受了锻炼，迅速成长起来，后来成为社会主义建设事业中不可或缺的一

---

① 成都市政协文史资料委员会：《成都文史资料》（第29辑），成都：成都出版社，1996年，第360页。

分子。

二、"第二条战线"上的川大英烈

在 20 世纪 40 年代波澜壮阔的学生运动中，川大青年前赴后继，视死如归，涌现了一大批为新民主主义革命献身的烈士。

重庆"中美特种技术合作所"，从表面上看似乎是一个科研机构，但实际上，它却是一个万分恐怖的人间地狱。国民党反动派在这里建立了专门用来囚禁革命者的集中营，渣滓洞和白公馆就是最为臭名昭著的。这里充斥着五花八门的审讯工具，反动派随时都在预备着对革命者实施惨无人道的暴行。[①] 许多革命志士就是在这里被严刑拷打甚至杀害。牺牲在"中美合作所"的川大青年有江竹筠、马秀英、李惠明、何懋金、郝耀青、蒋开萍、张国维、胡其恩、黄宁康、艾文宣等人。在他们之中，江竹筠即世人所熟知的江姐。1944 年夏，在党组织的安排下，江姐化名江竹筠进入川大农学院学习，从事党的秘密工作。在川大的时间里，江姐一边学习文化知识，一边组织和开展党的工作。1948 年春节前夕，江姐的丈夫彭咏梧在组织武装暴动时，被国民党残忍杀害，头颅被国民党割下挂在城门示众。江姐毅然决然地接替丈夫的工作，并对组织说："这条线的关系只有我熟悉，别人代替有困难，我应该在老彭倒下的地方继续战斗。"1948 年 6 月 14 日，江姐因叛徒出卖而被捕，在重庆渣滓洞的监狱中，她被施以各种酷刑，但始终坚贞不屈，正气凛然，没有透露出党的任何秘密。1949 年 11 月 14 日，在重庆即将解放的时候，江姐被国民党残忍杀害于渣滓洞，年仅 29 岁。

马秀英、李惠明两位烈士是在川大成长起来的另外两位女青年。马秀英在其堂兄马识途的影响下，一进川大就结识了许多进步同学，参加了自由读书会和黎明歌唱团。她还曾被推选为女生伙食团团长。她不断追求进步，加入了川大民协和中国共产党。1946 年底，马识途担任中共川康特委书记，马秀英协助马识途夫妇负责机要联络工作。毕业后，马秀英在重庆认识了原西南联合大学学生会主席、共产党员齐亮。二人一见钟情，结为夫妻。婚后仅三天，马秀英就被国民党反动派捕入渣滓洞监狱。李惠明曾是女声社的负责人，先后加入了民协、民盟和中国共产党。毕业后，她在重庆从事地下工作。1949 年 4 月，她与同学张国维一起被捕。

此外，农经系的何懋金、胡其恩，物理系的郝耀青，政治系的蒋开萍等都在

---

① 罗广斌等：《在烈火中得到永生——记在重庆"中美合作所"死难的烈士们》，载《追求真理的足迹》，北京：中国青年电子出版社，1979 年，第 623 页。

历次学生运动和中国共产党领导的地下斗争中有过突出贡献，是川大青年所尊敬的对象。1949 年 11 月 27 日，穷途末路的国民党反动派残忍地杀害了渣滓洞等处关押的革命志士，史称"一一·二七"大屠杀，这些川大青年就是在这次屠杀中牺牲的。

1949 年 12 月 7 日，在成都解放前夕，36 名关押在成都监狱的共产党员在通惠门外十二桥被悉数杀害，史称"十二桥惨案"。杨伯恺、王干青、张大成、余天觉、缪竞韩、田中美、方智炯、黎一上、王建昌、毛英才等川大青年英勇就义。

张大成烈士于 1944 年考入川大植物病虫害系，第二年转入农艺系，与江竹筠是同系同级的同学。张大成出身贫苦，自幼就挑起了生活重担。他家教严厉，性格刚正不阿，入川大后享受了公费待遇，从而能够顺利完成学业。他目睹了国民党反动统治的黑暗，积极投身于爱国学生运动之中。他在校内加入了进步社团自然科学研究社和时事研导社，并在 1947 至 1948 年间担任时事研导社的社长。1946 年，张大成加入民盟，担负起了重建郫县民盟小组的重任。在"四九"运动中，他是请愿队伍十人代表团的成员。后来张大成转移到郫县老家，建立革命组织，为川康边区人民游击纵队的建立打下基础。[1] 1949 年 10 月，张大成被捕入狱，他受尽酷刑，却始终没有出卖同志，最终在十二桥惨案中英勇就义。

在十二桥惨案的牺牲者中，有四位来自川大法学院的进步青年——方智炯、余天觉、田中美（田宗美）、缪竞韩，他们被称为"川大法科四烈士"。[2] 四人之中，方智炯年龄最大，牺牲时也只有 26 岁。1946 年，方智炯考入国立四川大学先修班，第二年转入法律系。他生性沉稳、不苟言笑，但颇具独立见解，常常急公好义。无论是抗议美军暴行，还是尊师运动，都有方智炯忙碌的身影。从 1949 年 2 月起，方智炯担任民盟川大区分部法律系二十级小组组长，直到同年 4 月 20 日，在宿舍中被捕入狱。余天觉是川东涪陵县人，他为人慷慨大方，对人和蔼且善于辞令，十分热心公益活动。余天觉擅长文艺，是全校瞩目的活跃分子，曾担任川大"树德同学会"的会长，参加了戏剧研究社、方言话剧团等进步文艺团体，是文艺战线上的革命青年骨干。田中美是"市中事件"学潮的发起人之一，还因此被"处分"。进入川大后，他继续投身革命运动，参加了革命组织火星社，曾多次圆满完成党和社团交予的任务。缪竞韩自幼在父亲的教导下勤奋

---

① 张大昌等：《十二桥畔树英名——忆胞弟张大成烈士》，载成都市郫县政协文史资料委员会：《郫县文史资料选辑》（第 9 辑），内部编印，1997 年，第 44 页。

② 王宗力：《川大法科四烈士：方智炯、余天觉、田宗美、缪竞韩》，载中国人民政治协商会议四川省成都市委员会文史资料研究委员会：《成都文史资料选辑》（第 14 辑），内部编印，1986 年，第 219 页。

学习，在中学时代就接触了很多进步书刊。他曾在"四九"血案后被反动军警关押，但这并没有磨灭他的革命斗志，反而更加坚定了他的志向。他是奉民协的命令留校做迎接解放军工作的，但最终被特务抓走，牺牲时状况尤为惨烈。

　　以上所列举的革命烈士，都是在波澜壮阔的学生运动中涌现出的杰出代表，还有更多的川大青年，在最好的年华为革命事业奉献出了自己的生命。川大青年用鲜血证明了，反动派的暴行无法磨灭革命者的意志，在中国共产党的领导下，中国青年的斗争，一定会取得最终的胜利。

第二篇

自力更生、发愤图强：
社会主义革命和建设时期的川大青年

1949 年 10 月 1 日，五星红旗在天安门广场冉冉升起，中华人民共和国在庄严的国歌声和礼炮声中诞生了。中国迎来了历史新篇章。成都作为国民党在大陆负隅顽抗的最后"堡垒"，直至 12 月 27 日才和平解放。在共和国明媚的春光中，川大迈入新的发展期，川大青年也迈向了新征程。为完成新民主主义革命的遗留任务，川大青年毅然奔赴征粮剿匪的前线，为巩固新中国作出了重要贡献。同一时期，川大青年协助军代表顺利接管国立四川大学和华西协合大学，使川大回归人民的怀抱。在这一新旧社会的交替阶段，必然要统一思想。为培养又红又专的社会主义接班人，在党团组织的领导下，川大青年开展了一系列时事学习、政治学习等活动。

新中国成立后，恢复国民经济，实现国家财政经济状况的基本好转，成为全党和全国人民的重要工作。为尽快恢复和发展生产，川大青年在党的带领下，发扬艰苦奋斗的精神，积极参加各项生产工作。川大青年努力学习专业知识，响应教育与生产劳动相结合的号召，与祖国的发展同呼吸、共命运，将建设祖国视为自己最重要的任务，积极投身祖国的建设之中。在为实现财政经济状况好转而奋斗的同时，国家安全面临着严重的外来威胁。为巩固民族独立，维护国家主权和安全，川大青年以不怕牺牲的勇气，高高举起"抗美援朝，保家卫国"的战旗。大批青年或是踊跃参军，随时准备走向战场；或是支持前线，确保战场的后勤需要，为取得抗美援朝战争的伟大胜利，贡献了青春的力量。总之，这一时期川大青年发挥积极性和创造性，以昂扬的精神、青春的活力，为新中国各项事业的发展注入了清新的气息。

第四章　改天换地，拥抱新中国

1949 年 10 月 1 日，毛泽东主席在天安门城楼上宣告新中国的成立；与之同时，人民解放军以雷霆万钧之势向大西南挺进，准备解放西南。1949 年 12 月底，拥有光荣革命历史传统的成都宣告解放，标志着成都一个旧时代的正式结束，一段崭新航程从此开启。川大青年为成都的解放作出了不容忽视的贡献。从解放战争后期开始，川大革命青年在党的领导下有组织地参加各种革命活动，为迎接解放注入了青春的力量。成都解放后，大批川大青年走上街头，手持标语，高呼口号，欢迎解放军入城，庆祝成都改天换地、获得解放。在新中国的光辉照耀下，川大团组织也逐渐开始进行重建，恢复工作，川大青年运动也在共产党和青年团的领导下步入了一个新的历史时期。

第一节　川大青年喜迎解放

1949 年底，人民解放军挺进大西南，成都解放在即。为迎接解放的到来，川大青年爱国热情高涨，在地下党和党的外围组织的领导下，有组织地参加各种革命活动。他们深入农村开展农运，建立人民武装，策反国民党武装。在革命斗争中，川大青年一方面矢志不渝、不畏艰难，经受了血与火的洗礼，迅速成长；另一方面他们用青春和热血为新中国的解放事业作出了不可磨灭的贡献。

一、人民解放军进军西南

渡江战役后，国民党不甘心失败，他们组织残余力量退往华南、西南、西北及台湾等地区，企图在这些地区建立基地，负隅顽抗。其中，西南地区是国民党要保住的重点区。为了保住西南地区这个所谓的"反共堡垒"，蒋介石将胡宗南集团布防在西南地区。

为进一步解放中国，1949 年 10 月 19 日，中央军委主席毛泽东发出关于进军西南的指示。毛泽东明确指出，"西南重心是四川，我二野主力必须于十二月占领叙州、泸州、重庆一带，贺率十八兵团则于一月占领成都一带，并迅速扩占全川"①。同时，中共中央决定组成以邓小平、刘伯承、贺龙为第一、第二、第三书记的中共中央西南局，统一领导西南的全面工作。

11月1日，解放军第二野战军司令员刘伯承、政治委员邓小平率主力和第四野战军一部向西南进军，担负起解放大西南的重任。第二野战军根据中央军委"对西南各敌，均取大迂回动作，插至敌后，先完成包围，然后再回打"②的方针进行部署。11月15日，人民解放军解放川东，30日解放重庆。此时，国民党西南军政长官公署副长官胡宗南部由陕西、甘肃南部向成都撤退。

12月9日，国民政府西康省政府主席刘文辉和西南军政长官公署副长官邓锡侯、潘文华等分别于四川彭县、雅安等地宣布起义。他们的部下和西康省高级行政人员也随即发出拥护起义的通电，西康省和平解放。

12月初，国民党西南军政长官公署所属兵团退集成都地区。11日，解放军第二野战军司令员刘伯承、政治委员邓小平指挥第三、第五兵团自川东、川南西进，迅速解放简阳、大邑、邛崃、蒲江、眉山等地。21日，刘伯承、邓小平发出进行"成都战役"的命令。同时，刘伯承、邓小平向西南国民党军政人员提出四项忠告，主要内容是：（1）国民党军队应立即停止抵抗，停止破坏，听候改编。（2）国民党政府机关政治、经济、文化、教育工作等人员，应即保护原有机关和学校财产、用具、档案，听候接收。（3）国民党特务人员，应即痛改前非，停止作恶。（4）乡保人员，应即在解放军指示下，维持地方秩序，为人民解放军办差事，有功者奖，有罪者罚。③四项忠告起到了分化瓦解国民党军、推进战争迅速胜利的积极作用。

在解放军的军事压力和政治争取下，国民党川鄂边区绥靖公署副主任董宋珩及第十六兵团副司令官曾苏元于21日率部在什邡、广汉、金堂一带起义；第十五、第二十兵团司令官罗广文、陈克非于24日率部在郫县、温江、彭县地区起义；第七兵团司令官裴昌会于25日率所部在德阳地区起义。

12月24日晚，解放军在邛崃、蒲江、新津、双流一带发动新攻势，并逐步紧缩包围圈，被围困于成都地区的国民党军第五兵团司令官李文率7个军约5万余人向雅安方向突围。解放军于李文部向西突围时，乘势发起全面攻击，战斗持

① 中共中央文献研究室：《毛泽东年谱：1949—1976》（第一卷），北京：中央文献出版社，2013年，第21页。
② 肖永银、李开湘：《回忆解放战争中的"成都战役"》，《人民日报》1982年10月4日，第5版。
③ 《中国人民解放军通鉴》编辑委员会：《中国人民解放军通鉴：1927—1996》，兰州：甘肃人民出版社，1997年，第1490页。

续至 26 日黄昏，李文部主力已完全丧失战斗力，被迫在邛崃西南约 20 公里的地方停止下来。27 日，李文所部官兵向解放军投降。同日，胡宗南部第十八兵团司令官李振部、第三十军（缺二十七师）军长鲁崇义部、第九十军六十一师及第三十六军第一、第二、第三师等部亦分别在成都以东地区及西郊罗家碾一带起义。至此，"成都战役"结束。集结成都地区的以胡宗南集团为主体的 30 余万国民党军队，大部起义，余部被歼，只有极少数溃散逃往西昌地区。1949 年 12 月 30 日，贺龙、周士第、李井泉等率解放军第十八兵团机关及第六十军部队进驻成都，并举行了隆重的入城式。成都宣告解放。①

二、成都解放中的川大青年

随着解放战争的节节胜利，国统区的反蒋爱国学生运动不断高涨。相应地，国民党也加强了对革命力量的镇压与反扑。1949 年春，根据形势的发展，中共成都市委向川大党组织传达了关于"储蓄力量，迎接解放"的指示。从 3 月起，川大党组织开始进行撤退、转移的准备。川大党组织决定："凡在斗争中已暴露的民协、火星社成员应即撤退；已被敌人注意的进步同学，也应说服并帮助他们撤离。"②

这次革命力量的转移前后分若干批次，从 4 月至 9 月先后撤退民协成员约二百人。在党组织的安排下，民协成员分别前往中江、江油、梓潼、渠县、广安、大竹、大邑、邛崃、遂宁、蓬溪、泸州、自贡、富顺、通江、南江、巴中、平昌、万县、沐川、马边、重庆、西康、广汉、金堂、青神、简阳、彭县等地。例如，党组织派了一批在川大进入了"黑名单"的青年学生到川西工作，这些青年大多数是民协成员，少数是共产党员。③ 民协作为中国共产党领导下的革命青年秘密组织，其成员在当地党组织的领导下，在全川几十个县进行了各种形式的革命活动："有的到农村去开展农运，建立人民武装，开展游击战，配合解放军围歼国民党溃军；有的在城镇做职工工作；有的在当地学校做青年学生的工作；有的通过统战工作，策反国民党武装力量。"④ 除上述地区外，还有一些民协成员

---

① 成都市地方志编纂委员会：《成都市志·大事记》，北京：方志出版社，2010 年，第 705 页。

② 《四川大学史稿》编审委员会：《四川大学史稿》（第一卷），成都：四川大学出版社，2006 年，第 277 页。

③ 李维嘉：《解放战争时期的川西农民运动和武装斗争》，载中共云南省委党史研究室、中共湖南省委党史研究室：《解放战争时期第二条战线·农民运动和武装斗争卷》（下册），北京：中共党史出版社，2003 年，第 1439 页。

④ "民协"概述编写组：《川大"民协"革命斗争历程》，载当代口述史丛书编委会：《青史留真》（第 2 辑），成都：四川人民出版社，2015 年，第 139 页。

回到了自己的家乡，为迎接解放作出了自己的努力。

9月以后，人民解放军势如破竹挺进大西南，从南北两个方向对成都形成夹击，刘文辉宣布起义。国民党的溃军从各方退到成都，准备向西撤往川西地区。此时的川大与华大，青年学生思想激烈动荡，进步青年欢欣鼓舞，反动分子惶惶不安，还有一部分中间派处于疑虑徘徊之中。根据这种情况，两校党组织和民协，扎根系级，团结广大师生，做好宣传工作和思想工作。针对中间群众受反共宣传而产生的疑虑，着重向他们阐明党的政策和主张，稳定民心；同时教育他们提高警惕，防止王陵基进行破坏和屠杀。对共产党员和民协成员，则教育他们克服轻敌麻痹思想和骄傲自满情绪，谦虚谨慎地继续战斗，努力学习知识、业务，精通本行，为建设新中国服务。

川大党组织和民协还关心同学生活，从多方面开展服务活动。民协干事会支持和批准农经系民协成员发动全系同学协助裴锡光教授办起四川大学师生消费合作社，集资储粮，安定群众生活。民协干事会还加强了对四川大学基督教学生公社的领导，广泛开展为同学服务的工作。该社免费借蚊帐给贫苦同学，筹办营养食堂，开展借阅书报和文娱活动。

为了迎接解放，川大党组织和民协干事会发动各系民协小组，开展深入细致的调查研究工作。内容包括：各系教职工的政治态度和情况；敌特、国民党、三青团组织的名单和情况；学校的图书、设备、仪器以及各种档案资料的数目和情况。同时协助校方清理校产，帮助图书馆职工封存图书，派人轮流值班守夜巡逻。这对于人民解放军和平接管川大起了积极作用。成都解放初期，川大各系各级的接管清点小组大多数由民协成员负责。[①]

此外，华大民协发动和组织了400多名师生暑期不回家，留下来保护学校，其中200多人还组成暑期医药服务团。医药服务团的基本成员以高年级的学生和医科团契、药学团契成员为主，还吸收了医科、牙科、药学系以外的学生。他们到学校周围去服务群众并宣传党的政策，改善学校和群众的关系。他们在西起武侯祠、柳荫街，东到致民路、十二街，南自华西坝、府河两岸一带，北至旧皇城坝贫民区一带的地区，为居民防病治病，宣传保护城市，为迎接解放发挥了重要作用。[②]

① 《四川大学史稿》编审委员会：《四川大学史稿》（第一卷），成都：四川大学出版社，2006年，第285页。

② 唐开正：《记一九四九年华西大学的暑期医药服务团》，载《华西坝风云录》编辑组：《华西坝风云录：纪念民主青年协会成立六十周年》，内部编印，2004年，第179—180页。

三、开展护校斗争

1949 年 4 月，中国人民解放军发布了"保护一切公私学校"的要求。9月，中共上海局钱瑛被派回四川，深入成都、重庆等地，传达了"保存力量，保护城市，配合接管"的指示，要求各校积极开展护校工作。[①] 四川教育界的广大师生在四川地下党组织的领导下，成立护校队，投入到了护校斗争之中。成都各校的护校斗争，是在四川民协等革命青年组织的发动和组织下进行的。

此时，即将溃败的国民党反动组织，不甘心失败，四处制造谣言，煽动师生离校，以达到破坏学校的目的。在这种情况下，华大民协决定立即行动起来，揭破谣言，安定人心，劝导同学坚持上课和考试。针对反动派的阴谋，民协成员及进步青年学生，分头深入各学舍，劝告同学不要离校。各系级、各宿舍青年学生分别派出代表，要求学校明确宣布：学校没有做出提前放假的决定，所谓停课、停考、提前放假纯系谣言。[②]

华大是一所私立教会大学，四川解放前难免人心浮动。民协通过向师生宣传党的宗教政策，争取教会中的进步人士的支持，开展爱国教育活动，帮助学校师生进步。当解放军挺进大西南之际，华大纽约托事部也赞成保护学校，并成立了地下党员、民协成员参加的"华大护校委员会"。[③] 为取得护校斗争的合法领导权，华大地下党支部及民协先是发动一切关系选出了进步学生杨秀逸作为学生自治会主席，并选派了民协成员协助学生自治会工作，然后动员校内的著名学者向学校当局提出成立师生护校组织，之后又推动成立护校指挥部。[④] 暑假期间，为了进一步做好护校斗争的工作，基督教青年协会和基督教学生公社对生活困难的留校学生予以救济补助，成立了经济伙食团，安排好留校同学的生活。[⑤]

同时，华大以民协和进步社团成员为骨干，按年级、宿舍编成护校小分队，配以棍棒等，轮流值班，日夜守护。此外，民协还通过上层统战关系，让学校买来机枪、步枪、手枪共 30 多支，组成武装护校队，由学生会主席杨秀逸任队长。地下党员、民协总干事唐开正与许多民协成员都参加了武装护校队，他们

---

① 成都市地方志编纂委员会：《成都市志·大事记》，北京：方志出版社，2010 年，第 696 页。

② 唐开正：《黎明前的战斗——回忆华大的护校斗争》，载《华西坝风云录》编辑组：《华西坝风云录：纪念民主青年协会成立六十周年》，内部编印，2004 年，第 182－183 页。

③ 涂文涛：《四川教育史》（上册），成都：四川教育出版社，2007 年，第 556 页。

④ 何志明、徐鹏：《红日东升：征粮剿匪运动中的川大英烈》，成都：四川大学出版社，2021 年，第 134 页。

⑤ 唐开正：《黎明前的战斗——回忆华大的护校斗争》，载《华西坝风云录》编辑组：《华西坝风云录：纪念民主青年协会成立六十周年》，内部编印，2004 年，第 183 页。

迅速成为核心骨干，领导护校工作，严防国民党反动派逃窜进行的破坏和骚扰。[1] 在最后停课护校的一个多月里，武装护校队还将贵重物资、仪器专门保管起来，全校女同学集中在化学楼（武装护校队队部）住宿，以防备突发事件。[2] 校长方叔轩等也关注护校队，还给他们送去慰问品。在学校附近的武侯祠、建国中学一带，将要逃窜的国民党胡宗南部队与已起义的刘文辉部队之间发生激战，枪炮彻夜轰鸣。学校师生闻变不惊，秩序井然，校中少数特务、反动分子也不敢妄自行动，使学校安然回到人民的怀抱。[3]

成都解放前夕，国民党军政警宪人员溃逃。川大校长黄季陆随国民党逃往台湾后，川大教授、国文系主任、文学院院长向楚由教授会推选为代理校长。此时，传来了王陵基"血洗川大"的消息。党组织和民协决定立即将各院系师生中的大部分疏散到安全地方，同时留下必要人员组成护校队，保卫学校。向楚积极配合成都地下党组织，领导全校进步师生进行护校斗争，粉碎了国民党反动势力破坏学校的计划。[4] 负责留守工作的杜德培，也组织人员有秩序地守卫学校。他对当时还驻扎在校内的国民党部队进行了策反工作，动员他们也来看守学校、保护学校。[5] 在川大党组织的领导下，川大青年也开展了一系列保护学校的运动，直至成都解放。

成都解放的前一天，川大党组织和民协举行紧急会议，通知各系同志立即返校，布置迎接解放的工作，组织欢迎解放军进城的活动。12 月 27 日，中国人民解放军先遣队入城。成都盐市口五星红旗随风招展，川大青年举着校旗热烈欢迎解放军入城。12 月 30 日，解放军举行入城式，川大青年敲锣打鼓和全市人民一起沉浸在胜利的欢乐中，唱着《解放区的天是明朗的天》《没有共产党就没有新中国》等革命歌曲，跳着欢乐的秧歌舞，庆祝成都的解放。[6]

---

①《四川大学史稿》编审委员会：《四川大学史稿》（第四卷），成都：四川大学出版社，2006 年，第 170 页。

② 唐开正：《记一九四九年华西大学的暑期医药服务团》，载《华西坝风云录》编辑组：《华西坝风云录：纪念民主青年协会成立六十周年》，内部编印，2004 年，第 181 页。

③《四川大学史稿》编审委员会：《四川大学史稿》（第四卷），成都：四川大学出版社，2006 年，第 170 页。

④ 重庆市地方志编纂委员会总编室等：《重庆辛亥革命时期人物》，内部编印，1986 年，第 53—54 页。

⑤《四川大学史稿》编审委员会：《四川大学史稿》（第一卷），成都：四川大学出版社，2006 年，第 284—285 页。

⑥《四川大学史稿》编审委员会：《四川大学史稿》（第一卷），成都：四川大学出版社，2006 年，第 284—285 页。

第二节　新中国成立之初的川大青年

随着成都解放，川大青年团组织的重建工作开始被提上日程，四川大学和华西协合大学进行了民协转团工作，相继在校内成立了新民主主义青年团，并向社会公开。青年团组织重建以后，川大青年工作有了崭新的领导。青年团组织川大青年学生协助学校开展接管工作，为学校回归人民怀抱贡献了力量，为学校在新的历史时期的发展奠定了重要基础。

一、民协转团与川大团组织的再建

"中国新民主主义青年团，是在中国共产党的政治领导之下坚决地为新民主主义而斗争的先进青年们的群众性团组织"①。为更大地发挥青年群众在解放战争中与新民主主义国家建设中的积极性与创造性，1949 年元旦，中共中央正式发出《中共中央关于建立中国新民主主义青年团的决议》，同时还公布了《中国新民主主义青年团团章（草案）》，决定"在中国普遍建立新民主主义青年团的组织"。②

成都解放后，1950 年 1 月 12 日，成都市举行革命青年会师大会。会后，成都市团工委开展了转团工作，其对象主要是原民协成员。市团工委派出"转团建团工作组"进入川大，把民协、民主青年同盟（简称"民青"）、新民主主义青年社（简称"新青"）、火星社四个地下党外围组织的成员转为中国新民主主义青年团员。同时，工作组还把一批从新中国成立前起一贯表现进步的师生发展成为团员。其后，中国新民主主义青年团四川大学总支委员会宣告成立，由张月华任书记，孙淑云任副书记。在团总支下按照文、理、法、农、工、师范六个学院成立六个团支部。③ 6 月 2 日，川大青年团总支正式公开活动，团员 250 人，其中转团者 130 人，新入团者 120 人。"公开出面的新民主主义青年团显得很权威、很活跃"④。8 月以后，张、孙二人调出学校，上级团委和学校党支部共同决定由

---

① 《中共中央关于建立中国新民主主义青年团的决议》，载中国人民解放军政治学院党史教研室：《中共党史参考资料》（第 18 册），内部编印，1986 年，第 477 页。

② 《中共中央关于建立中国新民主主义青年团的决议》，载中国人民解放军政治学院党史教研室：《中共党史参考资料》（第 18 册），内部编印，1986 年，第 477 页。

③ 崔赛云、胡家蓉：《激情燃烧的岁月——访离休干部黄桂芳》，载史冰川：《濯锦录——名宿与旧事中的百年川大》（第一卷），成都：四川大学出版社，2013 年，第 77 页。

④ 《四川大学的政治运动》，载邱远猷：《八十春秋》，北京：首都师范大学出版社，2012 年，第 24 页。

团总支的宣教委员黄桂芳担任书记。9 月底，四川大学成立了成都地区第一个基层团委。10 月 15 日，经川西区团委决定，四川大学团总支扩大为四川大学团委，由黄桂芳任书记，孙慈任副书记，和彭克伟、张凤山、王文素五人共同组成团委常委会。

1950 年 1 月 30 日，青年团华西协合大学总支部委员会成立，拥有团员 60 余人，党支部负责人兼民协总干事唐凯恒被推选为团总支书记。同时，各学院开始建立青年团支部。青年团组织在 1950 年庆祝"五四"青年节时向群众公开，这时的团员数已由 60 余名发展到 300 多名。① 1953 年，华大成立团委，由刘报晖任团委书记。

华大党委成立以后，加强了对学校群众团体的领导工作，明确了学校青年团组织的主要任务：（1）协助党对学生和青年教职工进行思想政治工作，加强共产主义道德品质教育；（2）协助党保证教学、行政任务的完成；（3）指导学生会工作；（4）开展多种多样的文化体育活动；（5）加强团的建设。

华大青年团组织在学校党组织的直接领导下，在青年中开展了许多卓有成效的工作，团结广大学生和青年教职工，发挥了党的助手作用和后备军作用。团的队伍有了很大发展，到 1956 年 9 月已有团员 2070 人，其中学生团员 1739 人，占学生总数的 53.4％。②

1952 年，国家开始了全国高等院校院系调整工作。西南军政委员会"决定 1952 年学年度开始，在泸州川南工业专科学校暨川南行署原址设立化学工业性质的高等院校一所，定名为四川化学工业学院"。1952 年 11 月 17 日，四川化学工业学院正式成立，由四川大学和重庆大学等 9 所学校的化工系科调整组成。③同月，青年团四川化学工业学院临时委员会成立。

二、协助人民政府接管校园

1950 年 1 月 7 日，中国人民解放军成都军事管制委员会派出军事代表组接管川大。他们一方面依靠学校教职员工，抓紧开学前的准备工作；另一方面积极进行清查工作，组建临时校务委员会负责学校的日常事务，迈出了接管、改造川大

---

① 华西校史编委会：《华西医科大学校史：1910—1985》，成都：四川教育出版社，1990 年，第 192 页。

② 《四川大学史稿》编审委员会：《四川大学史稿》（第五卷），成都：四川大学出版社，2006 年，第 31 页。

③ 该校后于 1954 年更名为成都工学院；1978 年，更名为成都科学技术大学（即成都科技大学）；1994 年，与四川大学合并为四川联合大学。

的第一步。川大青年积极参与各项工作，为接管与改造川大贡献自己的力量。

时任成都市军管会文教委员会主任的杜心源尤为重视对川大的接管。他亲自派出文教接管委员会副主任曹振之与鲁光、杨明甫，由他们组成军代表组于1950年1月7日进驻川大。不久后，又派出由高平、杜冠华等组成的青年同志工作组进驻川大，配合军管会工作。

军代表曹振之（2月后的军代表为戴伯行）、鲁光、杨明甫进驻川大，即与学校的党员及民协、火星社、民青成员等150多人举行了见面会。当天，川大还举行了有3200多名师生员工参加的，庆祝成都解放和欢迎军代表的盛大晚会。

1月14日，在军代表小组的领导下和青年同志工作组的协助下，四川大学教职员工联合会宣告成立；1月23日，四川大学学生会宣告成立。1月26日，为了做好对川大的全面接管，成立清点委员会，由军代表曹振之任主任；28日，清点委员会主任曹振之向参加清点工作的同志报告清点的意义、政策与方法；2月2日，正式展开清点。工作一连进行了十天，将全校十几年来集存的文件、档案、图书、仪器、校具、账目以及其他资产全部清点造册，以便向新的校政当局进行移交。① 2月9日，由30人组成的四川大学临时校务管理委员会成立，"委任谢文炳为主任委员兼文学院院长，任命刘绍禹为副主任委员兼教务长，李景清为副主任委员兼总务长，罗鬋渔为副主任委员兼生活辅导委员会主任。上述正、副主任与法学院院长彭迪先教授、师范学院院长普施泽教授、理学院院长曾远荣教授、农学院院长程复新教授、工学院院长林启庸教授以及秘书室主任倪受禧组成常务委员会，其余二十一名委员均是从教职工和学生中推选出来的。四川大学新的行政领导机构即由此而诞生，随即，各院（系）也分别成立临时院（系）务委员会。"②

1月12日，成都市军事管制委员会执行《中国人民解放军布告》所规定的"保护一切公私立学校"的政策，委派以川西行政公署文教厅副厅长温宗棋为组长的军代表小组对华大实行军管监督。③

军代表组两次改组校董事会，免去其中的原国民党政府人员，补充了进步人士，重组了校务委员会。④ 采取正确的接管政策保证了接管的顺利进行，而此前地下党组织及其外围组织积极开展的各种准备工作也有力推动了新政权对华大的

---

① 四川农大校史编写组：《四川农业大学史稿：1906—1990》，内部编印，1991年，第46页。
② 江英飒：《校史文化与"川农大精神"》，成都：四川大学出版社，2013年，第134页。
③ 《四川大学史稿》编审委员会：《四川大学史稿》（第五卷），成都：四川大学出版社，2006年，第3—6页。
④ 涂文涛：《四川教育史》（上册），成都：四川教育出版社，2007年，第70页。

顺利接管。与此同时，华大自身也积极按照中央人民政府"对私立学校采取保护维持，加强领导，逐步改造的方针"和"肃清封建的、买办的、法西斯的思想，树立为人民服务的思想"的要求，实施了"民族的、科学的、大众的"新教育。① 3月，根据政务院《关于处理接受美国津贴的文化教育救济机关及宗教团体的方针的决定》，华大正式被接收，完全享受公立学校待遇。10月6日，根据教育主管部门的安排，华西协合大学正式改名为华西大学。至此，华大从一所私立的教会大学转变成了社会主义的公立大学，为日后发展成为国内著名的新型多科性医科大学奠定了基础。

在这有条不紊地接管下，国民党长期统治下的川大和华大终于完整地回到了人民手中，川大和华大由此翻开新的历史篇章，走上新的发展历程。

三、青年团四川大学第一届代表大会的召开

1953年，党中央提出过渡时期的总路线和总任务，我国随即开始实施发展国民经济的第一个五年计划。同时，团一届三中全会和团的二大鲜明地提出青年团在过渡时期的任务，以及青年团在学校中的工作方针和任务。在这样的背景下，1954年2月24日，中国新民主主义青年团四川大学第一届代表大会正式召开。

这次大会根据党在过渡时期总路线的精神和校党委的指示，检查和总结了川大团组织一年半来的工作。在团一届三中全会以后，川大青年团组织进行了一系列的工作，把团的工作比较及时地转向了学习，扭转了部分团员和同学的"工作为大家，学习为自己"的错误思想，并协助党和学校行政克服了妨碍学习正常进行的混乱现象。团中央第三次学校工作会议以后，川大团委又在全体团员中进行了一次关于团的作风的教育，有效地纠正了存在于部分团员中的粗暴急躁、脱离群众的作风，进一步树立了关心群众、热爱群众、耐心地为群众服务的观点，大大地密切了团员和群众的联系。在总路线学习和专业思想教育中，川大团委注意教育团员，自己带头学好，并以自己的实际行动去影响同学，因而在提高思想觉悟的基础之上，对青年团全国第二次代表大会的决议精神和毛泽东主席关于青年人要做到"身体好、学习好、工作好"的指示，有了进一步的领会。青年团员在这一系列的活动中，都提高了对自己的要求，团的组织也获得了进一步的巩固。但是，根据总路线的精神来检查，团的工作也存在着不少缺点，因此，如何根据

---

① 《四川大学史稿》编审委员会：《四川大学史稿》（第五卷），成都：四川大学出版社，2006年，第3页。

当时的形势和团的具体情况，来加强团的思想建设和组织建设的工作，从而更好地发挥党的助手和后备军作用，成为这次大会研究和解决的中心问题。

参会的代表们着重研究了如何协助党动员和教育团员，团结全校同学一道，继续深入学习党在过渡时期的总路线，并把总路线的精神贯穿到团的全部日常工作和团员的实际行动中去；研究了如何进一步贯彻团的二大的决议精神，加强团的教育工作，提高团员的社会主义觉悟，加强团员的组织性和纪律性，巩固团的组织；研究了如何更紧密地和学生会配合，密切联系群众，在学生中以系为单位进行团的工作，团结同学更好地贯彻毛主席的"三好"指示，努力把自己培养成为全面发展的社会主义建设人才。这次大会还明确提出在学校党组织和上级团委领导下，团结全校青年，不断提高社会主义觉悟，积极锻炼身体，努力学习科学文化知识，协助党培养全校团员和青年成为德才兼备、体魄健全的社会主义新人，在团结全校师生员工努力完成教学任务中起好党的助手作用。此外，大会选举产生了青年团四川大学第四届委员会，由李安澜任书记，黄桂芳、吕敦品任副书记。

最后，青年团四川大学第一届代表大会在它的决议中号召全校团员团结起来，在总路线的指示下，在党的领导下，为实现大会所确定的任务而努力，与全校师生员工一道，向着社会主义的美好前途奋勇前进。①

---

① 《团川大第一届代表大会胜利闭幕》，《人民川大》1954 年 3 月 8 日，第 3 版。

第五章　思想引领，争做全面发展好青年

在社会生活发生重大变革的时候，青年人尤其需要思想的武装。川大党团组织十分重视对青年的共产主义道德品质教育，采取了正面示范、耐心说服、表扬鼓励和树立榜样的方法，引导青年学习党的政策，参加教学改革和各项社会改革运动，响应毛泽东主席关于青年人要做到"身体好、学习好、工作好"的号召。同时，根据青年的特点和要求，大力开展文化体育活动，深受川大青年欢迎，收到了实效。由此，川大青年的政治觉悟大大提高，得到了全面发展。

第一节　接受思想政治洗礼

为响应上级号召，培养又红又专的川大青年，川大开展了一系列思想建设活动，如学习"总路线"，学习毛泽东著作，学习雷锋同志，以加强对川大青年的思想引领。在教学方面，重视对川大青年展开时事学习、政治学习和新民主主义改造，加强对川大青年的思想政治工作，取得了良好的成效。这一时期，川大青年积极响应号召，努力改造思想，主动接受思想政治的洗礼。

一、学习总路线

新中国成立之初，毛泽东曾用"一穷二白"来形容当时我国的状况。为迅速改变"一穷二白"的面貌，中国共产党在经过探索和酝酿之后，于1953年12月提出了过渡时期的总路线，指出："从中华人民共和国成立，到社会主义改造基本完成，这是一个过渡时期。党在这个过渡时期的总路线和总任务，是要在一个相当长的时期内，逐步实现国家的社会主义工业化，并逐步实现国家对农业、对手工业和对资本主义工商业的社会主义改造。"

党有号召，团有行动。为了使广大团员立即投身到宣传、贯彻过渡时期总路线的工作中，为顺利完成社会主义改造任务作出贡献，团中央于1953年12月13日发出《关于学习和宣传国家在过渡时期总路线的指示》，"要求团的各级组织，在党的领导下，组织好全体团员和全国青年学习与宣传过渡时期总路线，并

作为青年团当前和今后长时期最根本的思想建设任务来抓"①。由此，在全国掀起了学习、宣传和贯彻总路线的热潮。川大青年也在这股热潮中集中地开展了总路线的学习。

川大团委要求全体团员进一步领会党在过渡时期的总路线和总任务，号召全体青年"在学习中自觉地联系我们的思想实际和学习实际，特别是对待专业的学习态度。只有这样，我们才能明确我们的努力方向和具体任务，才能把我们自己的学习和国家的总路线联系起来，才能把祖国的需要和个人的志愿结合起来，也才能使我们在学习上获得在爱国主义思想基础上所产生的强大的、持久的动力"②。针对青年团员不了解总路线和总任务，甚至还不知道总路线是什么的情况，川大团委要求全体青年团员按照学校关于学习过渡时期总路线的学习计划，反复领会其精神实质。同时，要求全体青年团员注意阅读与总路线有关的重要文件及重要报道。③

根据上级党团组织的指示，川大青年广泛开展了多种形式的学习和宣传活动。例如，经济系的学生组织了学习总路线的座谈会，众人在会上交流自己的思想情况、心得感悟，帮助彼此改正学习上的不足，共同进步。同时，座谈会总结了开展总路线学习以来所呈现的新气象，指出"同学们开始以总路线的要求来检查自己，一种强烈的要求改造、要求进步的情绪，在各方面都表现了出来：学习劲头加大了，时事学习、政治学习加强了。大家随时谈论着自己在学习中的心得和体会，都想把自己的收获变为大家的收获"。④ 川大青年开展的学习总路线活动取得了显著的成效，在 1954 年 2 月 15 日至 20 日召开的四川省学生联合会第一次代表大会上，川大学生代表围绕如何宣传总路线在大会上向全省参会学校进行了经验分享。⑤ 此外，川大还通过真人真事、真情实感来宣传总路线的学习。如 1954 年 2 月 25 日，《人民川大》刊登了龙斯曼同学《总路线照亮了我的全部生活》一文。龙斯曼结合自己的亲身经历，讲述了自己通过学习总路线，逐渐将国家建设和个人学习生活相联系，并在总路线的指示下不断克服自己在学习中遇

---

① 李玉琦：《中国共青团史稿（精编）》，北京：中国青年出版社，2012 年，第 198 页。

② 《认真学习国家的总路线和总任务 正确贯彻毛主席的"三好"指示》，《人民川大》1953 年 11 月 13 日，第 3 版。

③ 《青年团员应当关心国家大事 认真地进行政治时事学习》，《人民川大》1953 年 11 月 24 日，第 2 版。

④ 《在总路线的光辉照耀下前进——记经四总路线学习中的一次座谈》，《人民川大》1954 年 1 月 8 日，第 4 版。

⑤ 共青团四川省委青年运动史研究室：《共青团四川省委志》，成都：成都科技大学出版社，1996 年，第 67 页。

到的困难的事迹。①

结合过渡时期总路线的学习，川大对全体学生进行了思想教育，以解决当时学生的学习思想与过渡时期总路线的要求不相适应的矛盾。一方面，国家工业化和社会主义改造需要高校有计划地培养出各种合格的专门人才；另一方面，学生中又存在着种种不利于学好成才的思想问题。专业思想教育主要从认识上解决问题，反复讲清道理，坚持正面教育，使川大青年明确过渡时期总路线对各种专门人才的全面要求，进一步认识所学专业在国家社会主义建设中的地位和作用，从而热爱所学专业，按照教学计划安排，学好功课，努力做到"三好"。

这次专业思想教育的收获是比较显著的，90%以上的川大青年在不同程度上受到教育，达到了预期目的。主要收获包括四个方面：首先，通过学习，川大青年认识了过渡时期总路线的实质，认识了新的历史时期对青年学生的要求，90%以上的学生迫切要求进步；其次，川大青年认识到国家培养人才要有很好的计划，懂得了各个专业在国家建设中都有其地位与作用，不满意所学专业的思想问题得到了初步解决；再次，懂得了新中国的建设人才必须全面发展，要能做到"三好"，认识到教学计划的整体性、各课程之间的联系性和基础课的重要性，认识到偏废就学不好；最后，学习的急躁情绪得到了初步的解决。②

二、学习毛主席著作

1958年6月2日至8月13日，中国共产主义青年团召开了历时73天的共青团三届三中全会，会议通过了《共青团三届三中全会关于组织广大青年学习马克思列宁主义、学习毛泽东著作的决议》，"号召共青团员和青年们，自觉地参加马克思列宁主义、毛泽东著作的学习运动，在青年中广泛地组织马克思列宁主义和毛泽东著作的学习小组，掀起一个由千百万青年参加的学习马克思列宁主义、学习毛泽东著作的热潮"。③ 各地团组织按照决议的要求，采取各种形式，组织广大青年学习马克思列宁主义、毛泽东著作，在青年中兴起了学习毛主席著作的热潮。

8月13日，共青团四川省委员会作出了《关于组织青年学习毛主席著作的

① 龙斯曼：《总路线照亮了我的全部生活》，《人民川大》1954年2月25日，第3版。
② 《四川大学史稿》编审委员会：《四川大学史稿》（第二卷），成都：四川大学出版社，2006年，第14页。
③ 《共青团三届三中全会关于组织广大青年学习马克思列宁主义、学习毛泽东著作的决议》，载何东昌：《中华人民共和国重要教育文献：1991—1997》，海口：海南出版社，1998年，第841页。中国新民主主义青年团于1957年更名为中国共产主义青年团，此后人们开始更多地使用共青团来称呼团组织。

决定》。该文件要求"在全省青年中掀起一个学习毛主席著作的热潮"。该文件明确指出了学习毛主席著作的目的是：农村青年要立下为建设社会主义新农村而奋斗的志向；青年工人应立足高速度创造世界上最先进、最优等产品的志气；知识青年要立足又红又专，攀登科学技术尖端的志气。① 该文件下发后，全省广大青年参加了学毛主席著作的活动。

四川省青年学习毛主席著作运动首先在重庆各大学和川大展开。川大团委十分重视学习毛主席著作，要求"各团支部根据团委的工作计划，把组织引导青年学习毛主席著作作为经常工作之一，学习取决自愿，形式灵活方便，组成小组可以，个人自学也行；提倡认真读书，用心思考，不要贪多求快要注重消化；注意培养骨干，建立学习核心"②。各级团组织积极地贯彻校团委指示，进行了不少工作，积累了一些组织学习毛主席著作的经验。

川大青年自觉学习毛主席著作的热情迅速高涨，一些学习小组还制订了学习计划。如数学系二年级丙班的女同学们组织了"毛选学习小组"，坚持每周进行一次集体学习。《人民川大》曾以《一个自觉组织起来的毛选学习小组》专题报道了这个小组的事迹。

同样是川大的前身之一，成都工学院前后两次掀起学习毛主席著作的高潮。从 1959 年下半年起，全院在社会主义革命不断深入和社会主义建设不断推进的新形势下，结合学习《列宁主义万岁》等三篇文章，掀起了群众性学习毛主席著作的热潮，在短时间内建立起 717 个学习小组，写出心得体会 8000 多篇。1964 年，成都工学院在"向雷锋同志学习"等活动中，提高了全院师生学习毛主席著作的积极性，再一次掀起了轰轰烈烈的群众性学习毛主席著作的热潮，成立了 759 个学习小组。

学习毛主席著作运动，是新中国成立后学习毛泽东思想、学习马克思主义中国化成果的重要组成部分。经过对毛主席著作的学习，川大青年接受了一次"精神洗礼"，有力地推动了川大青年不畏艰难险阻，踊跃投身社会主义建设。正如有论者曾指出的，"运动中各地树立了大批先进典型，注重从劳动人民中培养理论队伍，促进了毛泽东思想和马克思主义的传播与普及，营造了读书学习特别是学理论的浓厚氛围，提高了广大干部群众的认识水平和思想觉悟，增强了中国人

---

① 共青团四川省委青年运动史研究室：《共青团四川省委志》，成都：成都科技大学出版社，1996 年，第 82—83 页。

② 《真正把毛主席思想学到手 做无产阶级的革命接班人——校团委召开学习毛主席著作、学习雷锋收获座谈会》，《人民川大》1963 年 11 月 29 日，第 2 版。

民艰苦奋斗、战胜困难的勇气和信心。"①

三、"向雷锋同志学习"

1963年初，由共青团发起，经中共中央领导人的倡导和推动，在全国范围内兴起了学习雷锋活动的高潮。2月15日，共青团中央发出《共青团中央关于在全国青少年中广泛开展"学习雷锋"的教育活动的通知》，指出团的组织要引导青少年着重学习雷锋同志的好品质："（一）忠实于党，忠实于社会主义事业的无产阶级立场；（二）自觉地服从祖国的需要，以人民利益为重，做一个'永不生锈的螺丝钉'，全心全意为人民服务的精神；（三）关心同志、助人为乐、毫不利己、专门利人的共产主义风格；（四）坚忍不拔、勇于克服困难的意志和克勤克俭、艰苦朴素的作风；（五）坚持又红又专的方向，下苦功夫，努力学习毛主席著作，刻苦钻研业务技术，模范地完成工作任务"②。3月2日，《中国青年》刊载毛泽东"向雷锋同志学习"的题词。3月5日，《中国青年报》发表了毛泽东"向雷锋同志学习"的题词。3月7日，《中国青年报》又发表了刘少奇、周恩来、朱德、邓小平等中共中央领导人的题词。3月15日，共青团四川省委作出在全省青少年中广泛地开展学习雷锋活动的安排，学雷锋的活动在四川各地青少年中迅速掀起了高潮。四川各大中小学普遍开展了"向雷锋学习，做毛主席好学生"的活动。

1963年2月，川大团委号召全校共青团员和其他青年，认真阅读《毛主席的好战士——雷锋》《伟大的普通一兵》《雷锋日记摘抄》等三篇文章，学习雷锋坚定的无产阶级立场和忘我的革命精神，毫不利己、专门利人的高尚风格，刻苦钻研、不畏困难的顽强精神。川大团委要求全体团员和青年应以雷锋的光辉事迹鞭策自己，时时刻刻做到：坚定无产阶级立场，坚定社会主义方向，正确认识和处理政治与业务、个人与集体、民主与集中、自由与纪律的关系，养成高尚的道德品质；牢固树立为祖国而学习的目的，培养刻苦、踏实的学习风气，不断提高学习质量；坚持锻炼身体，积极参加各种健康的文娱体育活动，增强体质，像雷锋那样做一个模范的共青团员、又红又专的知识分子。③

为积极响应"向雷锋同志学习"的号召，川大青年广泛开展和参与了多种活

---

① 李雪梅：《1960年初学习毛泽东著作运动研究》，《当代中国史研究》2016年第6期，第47页。

② 《共青团中央关于在全国青少年中广泛开展"学习雷锋"的教育活动的通知》，载王俊刚：《力量的源泉：新世纪共青团干部必读（文献卷）》，太原：山西教育出版社，2006年，第241页。

③ 共青团四川大学委员会：《向雷锋学习，做又红又专的战士》，《人民川大》1963年2月20日。

动。1963 年 3 月，川大团委召集部分青年教职工和学生代表 50 余人举行了"学习雷锋同志高贵品质"的座谈会。会上大家畅谈了学习雷锋的心得体会和收获，表示了自己今后的决心和打算。例如，物理系学生陈显祯说："雷锋有非常广阔的胸襟，十分远大的理想和抱负。他所着眼的，不是自己一个人，而是全人类；他日思夜想的，是党，是我们的社会主义和共产主义事业。当他自己在新社会的阳光下过着幸福生活的时候，他还随时想到世界上还有三分之二的人民没有得到解放。我们都应该有这种真正伟大而崇高的理想，为祖国的社会主义建设事业而努力学习。"[①] 5 月，川大团委和学生会举办了"我校青年学习雷锋好人好事展览"，展示川大青年在学雷锋活动中所涌现出来的好人好事。川大文工团配合学习雷锋活动，赶排话剧《雷锋》在校内演出。[②]

　　四川医学院[③]同样开展了向雷锋、王杰、欧阳海、焦裕禄等英雄模范人物学习的活动，在青年学生中涌现了许多好人好事。在成都工学院，化工系的曾昭才同学为学雷锋，还把自己的名字"昭才"改为"学锋"（即学习雷锋）。[④]

　　"文化大革命"结束以后，共青团四川省委于 1977 年 1 月 28 日进一步开展"向雷锋同志学习"活动的号召。为了响应团省委号召，川大团委于 3 月 25 日召开了团委扩大会议，通过了《关于进一步开展学习雷锋运动的决议》。该决议要求广大团员和青年要像雷锋那样，把马列主义、毛泽东思想当作"粮食""武器""方向盘"，用钉钉子精神刻苦攻读马列著作和毛主席著作，并用它来武装头脑。该决议还提出，要以雷锋为榜样，有爱憎分明的阶级立场，"对待敌人像严冬一样残酷无情"。要以雷锋为榜样，正确处理红与专、政治与业务的关系，永葆工农本色，努力学习科学文化知识，勇攀科学文化高峰。要以雷锋为榜样，树立全心全意为人民服务的思想，"把有限的生命投入到无限的为人民服务之中去"。要不为名，不为利，不怕苦，不怕死，尽力为人民、为集体做好事，使助人为乐，公而忘私的共产主义风格大发扬。决议还要求各级团组织在党的领导下，把学雷锋作为政治生活的一项重要内容，宣传学雷锋的伟大意义，使每个团员、青年自觉"学雷锋精神，走雷锋道路，做雷锋式的无产阶级革命事业接班人"。川大团委还决定开展多种形式的学雷锋活动，要求各级团组织做出切实的安排，通过参观雷锋事迹展览、赛诗、文娱活动以及誓师会、座谈会、经验交流会等，使

　　① 《怎样向雷锋同志学习　团委邀集部分青年座谈》，《人民川大》1963 年 3 月 8 日，第 2 版。
　　② 《校园简讯》，《人民川大》1963 年 5 月 9 日，第 4 版。
　　③ 1953 年，全国院系调整，华西大学经调整后更名为四川医学院。
　　④ 吴少霖等：《大学生的挚友和诤友》，载共青团中央组织部：《新时期的"青年之友"——优秀团干部的故事》，上海：上海人民出版社，1983 年，第 3 页。

学雷锋活动深入持久地开展下去。同时，川大团委还要求各级团干部要带头学雷锋，发扬理论联系实际的革命学风，言行一致的革命精神，做学雷锋的模范。①

四、学生思想政治工作

这一时期，川大青年高度重视时事学习，川大团委还组织了时事测验，不仅对时事学习起了一定的推动作用，更进一步提高了川大青年的思想政治觉悟。如外文系的一位同学说："我看见了祖国各方面的成就，读到了志愿军英雄的事迹，感觉满身都是劲。报纸是一本活的教科书，它鼓舞着我，使我明白生活在这样的现实中，自己该做些什么。"②

为了解团员关心国家大事，学习时事政治的情况，1953 年川大团委在部分总支、支部进行了时事测验，发现"全体团员中有半数左右读报时只看大标题；有百分之五经常不读报"，甚至"部分团的干部对政治时事学习也不重视"。为此，川大团委号召青年团员"应认真地学习政治时事，把自己的生活目标和国家人民的命运结合起来，使自己成为目光远大、胸襟开阔、有着饱满的政治热情、富有理想和创造精神的人"。③

华大自 1953 年起，就基本做到了按计划对学生进行思想政治教育工作。一方面在马列主义理论课教学中，注意联系学生思想实际，引导学生树立坚定、正确的政治方向，培养共产主义道德品质；另一方面组织时事政策学习，注意纠正不良倾向，从而使学生的政治觉悟大为提高。1954 年，四川医学院在班级中实行以班长、团支部书记、学生代表为核心的"班三角"制度。"班三角"是学生中的核心组织，它的任务是团结同学，培养集体主义思想，培养学生自己管理自己的能力。1955 年，为了对学生进行劳动教育，培养热爱劳动、热爱劳动人民与艰苦朴素的优良品质和作风，四川医学院组织青年学生到农村拜访农民，开展参观、访问、宣传、服务等活动。1956 年，在社会主义改造高潮中，四川医学院组织学生学习有关农业合作化和对资本主义工商业改造的方针、政策，提高了学生的认识。④

这一时期，高等学校政治理论课的根本任务是用毛泽东思想武装青年，培养

---

① 青锋：《校团委扩大会议通过决议要求各级团组织响应党委号召　立即掀起学雷锋运动的高潮》，《四川大学校刊》1977 年 3 月 28 日，第 2 版。

② 《重视并抓紧经常的时事学习》，《人民川大》1952 年 12 月 2 日，第 1 版。

③ 《青年团员应当关心国家大事　认真地进行政治时事学习》，《人民川大》1953 年 11 月 24 日，第 2 版。

④ 华西校史编委会：《华西医科大学校史：1910—1985》，成都：四川教育出版社，1990 年，第 228 页。

又红又专的工人阶级知识分子，培养坚强的革命接班人。为此，成都工学院为全校几千名学生开设了三门政治理论课。1957 年以后，成都工学院配合国际国内形势，运用群众路线的教育方法，对学生进行专题教育。这些专题教育在实际开展中密切结合了学生的思想实际，对端正学生的政治方向，提高学生的阶级觉悟，起到了立竿见影的效果。[①]

1962 年"五四"前后，川大集中开展了一次革命传统教育活动。川大团委邀请参加过红军长征的老团员吴永福同志来校作报告。吴永福不计较个人得失，一心一意追随革命的精神，使全校团员和青年深受教育。许多团员表示要向革命前辈学习，做共产主义事业的接班人。此外，川大各级团组织也开展了不同形式的活动。有团总支邀请老团员李逯同志来校座谈。许多总支通过广播、板报、墙报和剪报对青年进行革命传统教育。不少系开展了"做一个好团员""为集体做一件好事"的活动。川大团委还经常向青年推荐红色书籍，并邀请党委宣传部副部长谭洛非同志作了两次关于"红岩"的报告。通过以上革命传统教育活动，川大青年更加刻苦学习、团结友爱、要求上进。[②]

第二节 开展各类文体活动

为丰富川大青年学生的课余生活，川大在坚持政治性的基础上，开展了多种形式的文艺活动，使学生在文艺活动中受到深刻的教育。同时，为贯彻毛泽东同志关于"三好"的指示，川大关注学生身体健康，试行劳动制，以增强学生体格。川大青年积极参与体育活动，在各类比赛中取得了优异的成绩。

一、开展多种形式的文艺活动

1962 年，为庆祝一二·九运动 27 周年，川大积极开展各种纪念活动。川大团委和学生会联合举办了"一二·九革命运动展览"，用大量图片和剪报，展现了中国青年学生在党的领导下同国民党反动派英勇斗争的光荣历史。多个系、级和小班也积极筹办了形式多样的纪念活动。中文系、外文系、物理系、生物系出版了"一二·九运动纪念专刊"，以及各种墙报、板报、剪报和大字报。无线电系三年级七班筹备了革命故事演讲会和革命诗歌朗诵会。哲学系和化学系举行了

---

① 政治教研组：《十年来政治理论课的教学工作》，载成都工学院：《成都工学院建院十周年纪念专刊：1954—1964》，内部编印，1964 年，第 18—19 页。

② 王平：《团组织开展革命传统教育活动》，《人民川大》1962 年 6 月 13 日。

纪念会，邀请革命前辈讲述艰苦斗争的故事。① 这些一二·九运动纪念活动，不仅丰富了青年们的课余生活，更使广大青年受到了一次革命传统的教育。

在向雷锋同志学习的活动中，川大学子创作了大量文艺节目，体现了川大青年饱满的政治热情和创作热情。哲学系学生创作并演出了话剧《我是解放军》，生物系学生创作并演出了舞蹈《伟大的战士》，中文系学生创作并演出了清音《雷锋颂》，历史系学生创作并演出了川剧《雷锋颂》。② 1963 年 11 月底，四川大学文工团自排自演的话剧《年青的一代》自正式演出以后，受到广泛喜爱，半个月重演 6 场，观众超过六千人次。许多同学认为《年青的一代》是具有深刻教育意义的话剧，观看这一话剧是在接受社会主义思想教育。③ 此外，川大还在大礼堂放映电影。如 1957 年 3 月，为师生放映《45 号地区》《孤星血泪》《上甘岭》《刘巧儿》等电影。④

华大师生也编演了很多文艺节目。如由一对热恋中的同学自编自演的《先爱祖国后爱他（她）》，反映了一代大学生的风貌，被传为佳话。又如口腔系副教授邓述高和章添、唐开正共同导演了曹禺新编话剧《明朗的天》。该剧以一所教会大学在迎来解放后的变化为背景，描写一位细菌学教授和他的学生们在抗美援朝，反对美帝细菌战的斗争中的思想变化和实际表现。⑤ 1955 年一二·九运动 20 周年时，举行全校营火晚会，500 名青年组成的合唱团表演了"学生运动大联唱"等激动人心的节目。⑥

成都工学院党团组织同样关注学生课余生活。在党团组织的领导下，学校成立了学生俱乐部，以丰富多彩的活动吸引了全院学生。在学生俱乐部，革命的歌声、先辈斗争的故事、揭露阶级压迫的"罪恶地主庄园"的图片，以及各种书刊，熏陶和感染着青年的心灵。学生俱乐部经常举办小型音乐会，教唱革命歌曲，印发歌单，为同学们代购有教育意义的戏剧或歌舞门票；还组织象棋比赛，以及小提琴、笛子、口琴等教学讲座以指导同学们业余爱好的发展。学生俱乐部成立以后，在党团组织的关怀和支持下不断发展壮大，深受川大学子的欢

---

① 《我校广泛川展活动纪念"一二·九"》，《人民川大》1962 年 12 月 8 日，第 1 版。

② 《五四文艺汇演受到同学欢迎》，《人民川大》1963 年 5 月 21 日，第 1 版。

③ 《全校同学都看了"年青的一代"》，《人民川大》1963 年 12 月 24 日，第 1 版。

④ 《三月份电影信息》，《人民川大》1957 年 2 月 28 日，第 1 版。

⑤ 《四川大学史稿》编审委员会：《四川大学史稿》（第五卷），成都：四川大学出版社，2006 年，第 10 页。

⑥ 《四川大学史稿》编审委员会：《四川大学史稿》（第五卷），成都：四川大学出版社，2006 年，第 32 页。

迎，有力促进了川大青年在德、智、体等方面的全面发展。①

二、积极进行体育锻炼

1951 年 8 月 6 日，中央在《政务院关于改善各级学校学生健康状况的决定》中明确指出："增进学生健康，乃是保证学生完成学习任务，并培养出有强健体魄的现代青年的重大任务之一。各级人民政府教育行政部门及各级学校必须严肃注意这一问题，立即纠正忽视学生健康的思想和对学生健康不负责任的态度，切实改善各级学校的学生健康状况。"②

当时，中国正处在学习苏联的热潮之中，政治、经济、文化等各个方面都以苏联为师。因此，苏联的劳卫制体育给中国体育提供了一个样板。经过三年的调研、试点，按照政务院会议批准的 1954 年体育工作计划要点，我国投入了很大力量学习借鉴苏联的教育经验和体育教育理论。此后，全国掀起了一股"劳动与卫国"体育锻炼的热潮。

1954 年 5 月 25 日，川大团委响应号召，作出《关于加强团在试行劳动制中工作的决定》。该文件指出了试行劳动制的重大意义，强调川大团组织和全体团员应在学校党委领导下，配合学生会进行工作，以保证劳动制很好地试行。该文件要求：全校团员首先应该认真学习劳动制的有关文件，深刻认识试行劳动制的重大政治意义和团员应起的作用，从而自觉地积极地参加锻炼；认识劳动制的每一锻炼项目对于增强体质、培养社会主义道德品质所起的作用及其相互关系，从而切实按照规定标准，认真地循序渐进地进行全面的经常的锻炼。同时，团的组织应经常教育团员在劳动制锻炼中充分发挥作用，成为体育运动的积极参加者、宣传者和组织者。③ 劳动制的试行提高了川大学子的锻炼热情。川大学子认识到"劳动制的施行，是党和政府对我们青年的健康的重视和关怀的表现；劳动制不仅可以锻炼体质，提高技术，并且还可以培养优良的道德品质"④。

华大的体育活动在国家提出的"发展体育，增强体质"的方针指引下得到发展。除体育课外，华大还设有每天 30 分钟的晨操和午后一小时的课外活动。在

---

① 《深受同学欢迎的俱乐部》，载成都工学院：《成都工学院建院十周年纪念专刊：1954—1964》，内部编印，1964 年，第 62 页。

② 《政务院关于改善各级学校学生健康状况的决定》，载何东昌：《中华人民共和国重要教育文献：1991—1997》，海口：海南出版社，1998 年，第 99 页。

③ 《青年团四川大学委员会作出决定　加强团在实行劳动制中的工作》，《人民川大》1954 年 6 月 2 日，第 4 版。

④ 《同学们体育锻炼热情很高》，《人民川大》1954 年 6 月 2 日，第 4 版。

1951 年举行的第一届全国运动会，华大有 6 名学生参加了西南代表队。同年举行的全国篮球、排球比赛成都区预选赛，华大男女队均获冠军。华大女生李自初赛跑成绩突出，被选拔出国参加世界青年运动会和世界青年联欢节。[1]

1959 年 3 月，成都工学院学生彭光辉在国家裁判正式主持下，以 4 小时 55 分 10 秒 2 毫秒的成绩完成了 50 公里竞走，高出国家规定的健将水平 4 分 49 秒 3 毫秒。在 5 月举行的成都工学院第五届运动会上，电机系廖杰在 3000 米比赛中以 9 分 46 秒 8 毫秒的成绩破四川省纪录；蓝定体、周志孝在推举比赛中分别以 98 公斤、97.5 公斤的成绩破成都市纪录；杨长能和缪家玉在 5 公里竞走中以 25 分 30 秒和 25 分 33 秒 5 毫秒的成绩破成都市纪录，另外还有 28 人次破院纪录。学校有 1 人达到一级运动员标准，25 人达到二级运动员标准，144 人达到三级运动员标准。[2]

1960 年，在成都市第二届大学生田径举重体操运动会上，成都工学院获得团体总分第二名；在单项比赛中，取得 19 个第一名、9 个第二名、14 个第三名。在成都市等级射手个人冠军赛中，成都工学院学生在"3+10"项目比赛中，分别以 93 环、90 环的成绩获得第一、第二名。成都工学院足球队代表四川省到贵阳参加了全国足球乙级联赛，获得第三组第一名，并被评为"六好红旗队"。在国防体育活动中，成都工学院成立了射击、摩托、航模、无线电四个队，射击、摩托两队运动员曾代表四川省出席全运会，并三次破省记录。在高校射击运动对抗赛中，成都工学院获团体总分第一名，夺得流动红旗一面。[3]

---

① 《四川大学史稿》编审委员会：《四川大学史稿》（第五卷），成都：四川大学出版社，2006 年，第 10 页。

② 《四川大学史稿》编审委员会：《四川大学史稿》（第三卷），成都：四川大学出版社，2006 年，第 59 页。

③ 《四川大学史稿》编审委员会：《四川大学史稿》（第三卷），成都：四川大学出版社，2006 年，第 70 页。

第六章　激情似火，投身社会主义革命与建设

新中国成立后，川大青年继续发扬光荣的革命传统，投身社会主义革命与建设事业。他们毅然参与到征粮剿匪的工作之中，为新中国成立初期巩固新中国、稳定社会秩序作出了卓越贡献。他们义不容辞、奔赴"抗美援朝，保家卫国"的战场，用热血和青春铸就了伟大胜利。为尽快改变中国贫穷落后的面貌，在党和政府的动员下，川大青年积极参加生产劳动，将专业理论与生产实践相结合，涌现出一批批优秀的栋梁之材。在探索中国自己建设社会主义道路过程中，川大青年充当起社会主义建设的突击队，战胜艰难险阻的生力军，积极投身到社会主义建设的各项事业中。

第一节　征粮剿匪运动中的川大青年

西南解放初期，面对近在眼前的征粮剿匪工作，川大青年在党团组织的动员下，革命热情高涨，坚定不移地奔赴征粮剿匪工作一线。他们配合南下干部推动征粮工作顺利开展，同时充分发挥学生富有"亲和力"的独特优势，刺探敌情，为剿匪任务的完成作出不可磨灭的贡献。在革命过程中，川大青年既在实践中获得了锻炼，也加深了对社情民情的理解，切身体会到中国共产党领导的正确性。同时，一些川大青年在征粮剿匪过程中壮烈牺牲，他们砥砺奋斗和无私奉献的精神，值得今天每一名川大青年纪念和学习。

一、征粮剿匪在川大的动员

1949 年，随着解放战争的推进，西南地区成为国民党反动派在大陆的最后据点。国民党不甘失败，在逃离大陆前，在西南地区有计划地训练大批特务。这些国民党残余势力与当地恶霸地主、反动会道门组织及土匪相互勾结，招兵买马，扩充实力。他们烧杀抢掠、组织暴乱，企图推翻新生的人民政权，给国家经济建设和社会秩序安定造成威胁。针对西南的情况，中央作出指示："大西南解放后，各部队要用相当长的时间，集中主要精力，进行一段剿匪斗争。"①

---

① 当代云南编委会：《当代云南简史》（上册），北京：当代中国出版社，2004 年，第 68 页。

粮食问题同样是西南地区面临的一个重大问题。封建地主的剥削和战争的影响，使得当时西南地区的农业生产力很低。不仅如此，西南地区还要向上海等大城市支援粮食，这无疑使西南地区面临极大的压力。加之当时西南地区共有 60 万人民解放军，50 万公教人员和国营企业职工，90 万起义、投诚和被俘的国民党官兵，[①] 他们都需要人民政府供应粮食。因而，粮食问题日益严重。1950 年，时任西南军政委员会副主席邓小平向中央人民政府报告："如果不好好解决这两百万人的吃饭、穿衣问题，势必大乱。"[②] 1950 年 1 月 12 日，川西北临时军政委员会发布《关于征粮工作的指示》，指出："成都解放，川局初定，摆在我们面前的任务很多，但最中心而又最重要的就是粮食供给，迅速的征到粮食，就是我们当前最严重的政治任务。"[③]

由于长期受到国民党反动宣传的影响，在征粮剿匪运动开展之初，部分川大青年对于中国共产党、新中国仍然存在较大的怀疑，并不愿意为革命事业奋斗。尤其是华大曾经是教会学校，不少学生家境殷实，对社会疾苦了解不深，且深受资产阶级思想的影响，他们中的一些人不愿意走出家庭和学校的舒适区。因此，要想积极响应国家号召，促使川大青年行动起来为新中国初期社会建设出智出力，就要改造川大青年的思想，并以动员的方式号召川大青年参加征粮剿匪运动。

1950 年 2 月 7 日，青年团川西区工委和成都市工委遵照中共川西区党委的指示，依靠原中共晋绥分局青干校的骨干和中央团校毕业来川的同志，在当时的成都江汉路荫唐中学旧址举办了在川西区青年运动史上有着重要作用的"川西区青年干部培训班"。[④] 培训的对象主要来自地下党在成都 6 所大专院校和 33 所中学领导成立的民协、民青、火星社等革命组织，共 217 人，其中包括川大和华大的青年。虽然他们多数出生于非劳动人民家庭，但都是经过地下斗争锻炼，由地下党审查推荐的进步青年，政治立场坚定，革命热情很高。在受训期间，这些进步青年主要学习了《社会发展史》《中国革命和中国共产党》《论人民民主专政》等著作，同时听取了贺龙等领导同志的报告，并通过联系自身的思想实际，进行思

---

① 共青团四川省委青运史研究室等：《中国新民主主义青年团西南工委史》，成都：电子科技大学出版社，1993 年，第 80 页。

② 邓小平：《关于西南工作情况报告》，载中国人民解放军政治学院党史教研室：《中共党史参考资料》（第 19 册），内部编印，1986 年，第 123 页。

③ 四川省地方志编纂委员会：《四川省志・粮食志》，成都：四川科学技术出版社，1995 年，第 18—19 页。

④ 《纪念"五四"71 周年暨青训班结业 40 周年》，载共青成都市委员会：《战斗青春友谊》，内部编印，1991 年，第 3 页。

想改造，树立阶级观点、群众观点、实事求是的观点、理论联系实际的观点。参加青训班的青年们结业后纷纷奔赴农村，参加政权建设，为川西地区征粮剿匪运动的开展贡献力量。

2月，全国学联在第十四届执委会扩大会议上号召全国学生热爱劳动、热爱祖国、加强学习、努力建设新中国。① 川大学联和华大学联在全国学联的号召下，大力唤醒部分对政治革命和社会建设麻木的川大青年，动员川大青年积极参与包括征粮剿匪在内的西南区社会革命，呼吁大家融入新中国，建设新社会。

2月22日，川西区党委书记李井泉同志到川大和华大举办的寒假学园作报告，讲述四川解放后的短短时间里，国民党潜伏下来的特务勾结地方封建势力组织土匪叛乱，严重破坏生产，残害人民。一部分派到地方的军管人员和征粮工作人员惨遭杀害，有的县因征粮工作人员牺牲过多，开展工作十分困难，急需补充干部力量，他号召同学们积极参加征粮剿匪运动。当天晚上，川大与华大校内的民协、民青、民盟等进步组织也分别召开了动员大会。第二天，川大青年热情高涨，纷纷报名，要求投身革命。② 李井泉同志的讲话直接点燃大学生们心中革命的烟火，拉开了川大青年跟随南下干部等参加征粮剿匪运动的帷幕。24日，李井泉等人主持召开了征粮剿匪誓师大会。誓师大会后，不少热血的川大青年在川西区党委的号召下，加入川西各地的革命队伍，协助南下干部，完成各地征粮剿匪运动。③

二、川大青年参与征粮剿匪

川大和华大均位于成都，考虑到交通距离、方言等因素，两校学生大部分都是按照就近原则被动员到诸如新繁、温江、双流、华阳等成都周边地区参与征粮剿匪运动。

在征粮剿匪工作中负责剿匪任务的主要是党领导的人民军队，川大青年主要担负征粮任务，但是征粮过程中难免出现遭遇土匪阻挠的情况。为了保护参与人员的人身安全，为了征粮工作的顺利开展，相关机构对参与行动的人员进行了政治训练和军事培训。当接受完政治形势教育和军事培训之后，两校的学生便分别与南下干部组成征粮工作组，每个小组一般来说不超过十人。由于南下干部成员

---

① 《学联执委扩大会闭幕》，《川西日报》1950年2月25日，第2版。
② 熊敬笃、汪海澜、向仁杰：《记1950年春到新繁工作的大学生》，载中国人民政治协商会议四川省新都县委员会文史资料委员会：《新都文史》（第16辑），内部编印，2000年，第29页。
③ 何志明、徐鹏：《红日东升：征粮剿匪运动中的川大英烈》，成都：四川大学出版社，2021年，第44页。

革命工作经历更加丰富，实践能力更强，所以组长往往由南下干部担任，川大青年则协助南下干部开展工作。川大青年凭借自己的方言和知识优势，在征粮剿匪工作中承担以下具体任务。

第一，宣传动员。新中国成立初期，虽然川西地区已经解放，但是由于反动派的长期经营，农村的地主、袍哥和乡保长依旧掌握着地方武装，土匪集聚，盗贼横生，加之四川解放前敌特分子曾长期开展反动宣传，老百姓们对中国共产党的公粮政策仍存有顾虑，这一切都不利于农村革命工作的开展，因此对征粮剿匪工作的宣传刻不容缓。川大青年凭借自身知识分子身份和熟悉四川地方方言等优势，担负起征粮剿匪工作中宣传的重责。他们对党的方针政策的解释，对社会主义理论的宣传，成功化解了农民的顾虑。他们尽可能地动员一切可以动员的力量，团结一切可以团结的对象，孤立反动的敌特分子和地主土匪。川大青年在各种场合大力宣传党的主张，这必然引起敌人的注意和仇视，部分川大青年因此遭到杀害。

第二，刺探敌情。尽管有当地工作人员的介绍，但无论是川大青年还是南下干部，并不都在征粮剿匪所在地区生活，加之土匪和敌特分子善于藏匿，所以短时间内征粮工作组难以全面掌握当地的匪特具体情况。长期在当地生活的百姓深受土匪的欺凌和压迫，手里掌握着土匪动静的一手信息，但他们往往持明哲保身的态度不愿意提供消息，这就需要征粮工作人员深入群众内部，获取百姓信任，从而获得土匪和敌特分子的最新动态。川大青年凭借着本土口音和学生身份接近当地群众，积极解释党的方针政策，成功赢得了乡亲们的信任，从而打探出关键情报，为剿匪工作的顺利开展立下汗马功劳。

第三，上传下达。新中国成立初期，通信不便，准确汇报实际情况是川西区党委掌握全局，作出正确决策的重要前提之一，而及时下达上级命令也是具体征粮剿匪工作顺利开展的关键。川大青年不仅对人民群众进行宣传教育，还凭借知识分子身份担任着向上级汇报实际情况，向下传达上级指令的任务。

第四，参与剿匪。川大青年在征粮小组里面虽然主要承担宣传工作，但是他们当中的不少人也勇敢地拿起武器协助军队完成剿匪工作。比如熊敬笃等学生在龙桥乡吃饭的时候，听见枪声，立即放下饭碗，端起步枪，从侧面包抄土匪。①华大的王开疆同学与征粮小组凭借手中少量的弹药与土匪奋力作战，最后在马墩

---

① 熊敬笃：《回忆解放初在龙桥工作的日日夜夜》，载中国人民政治协商会议四川省新都县委员会文史资料委员会：《新都文史》（第15辑），内部编印，1999年，第177页。

子与埋伏的土匪遭遇，壮烈牺牲。①

总之，在征粮剿匪运动中，川大青年推动了任务的顺利完成，同时也把马克思主义理论与党的方针政策宣传到了农村基层。他们也在具体工作中，一方面提高思想觉悟，实现了自我改造，另一方面锻炼了实践工作能力，逐渐成长为党和国家建设所需要的人才。

三、征粮剿匪运动中牺牲的川大青年

在征粮剿匪运动中，有这样一批人，他们为了运动的顺利进行，付出了自己年轻的生命，成为川大青年的杰出代表，值得一代又一代川大青年永远铭记。他们是杨家寿烈士、曾廷钦烈士、庹世裔烈士、刘则先烈士、王景标烈士、王开疆烈士等。

杨家寿烈士（1923—1950），又名杨含，化名杨福林，1923年出生于四川省南川县隆化镇（今属重庆）。1945年秋，杨家寿考入川大农艺系畜牧组。入学后，杨家寿先后参加了多个进步学术团体，成为这些进步社团的活跃分子。1948年3月，杨家寿加入民协。1949年4月底，杨家寿服从党的决定离校下乡，参加农运。当年6月，经上级党组织批准，杨家寿被吸收为中共正式党员。1950年元旦前后，川西各县相继解放。杨家寿被任命为邛崃平落区副区长，并带领原来的游击队组成区警队，开展征粮剿匪工作。邛崃西连大山，土匪与恶霸地主、袍哥势力勾结作乱，异常猖狂。1950年1月16日，下坝的恶霸黄名高、骆孔贤等，计划当晚杀死杨家寿。幸得群众报信，杨家寿连夜紧急转移，才使敌人阴谋落空。然而，22日，土匪在全县发动暴乱，邛崃县城被围。杨家寿等率领的队伍被土匪包围在邛崃南河乡土地坡一带，杨家寿在回城与解放军联系的途中因外地口音被察觉抓去，当天就被土匪残杀在孔明乡金店子，时年26岁。杨家寿被土匪抓到后，大义凛然地说："我就是杨家寿，是共产党员，是平落区副区长。"同时，他向土匪讲形势，讲政策，斥责土匪是"一小撮小毛虫，翻不起大浪"。他要土匪"考虑后果，只有缴械投降，立功赎罪，才有出路"。他是在斥责土匪时惨遭杀害的，表现得极其英勇。1951年人民政府镇压了杀害杨家寿的土匪，杨家寿被追认为革命烈士。②

---

① 广安市志编纂委员会：《广安市志：1993—2005》（下册），北京：中央文献出版社，2012年，第1646页。

② 参见何志明、徐鹏：《红日东升：征粮剿匪运动中的川大英烈》，成都：四川大学出版社，2021年，第76—80页。

　　曾廷钦烈士（1923—1950），乳名清容，别名曾纹，四川井研人，1923年农历2月出生在一个破落的封建家庭中。1945年秋，曾廷钦考入了川大农学院蚕桑系。曾廷钦通过与农学院进步女同学的接触，逐渐加入到革命学生队伍中来，成为川大进步学术团体"川大文艺研究会"的会员，并积极投身"助学运动"、声讨"四九"血案等学生运动中。1949年夏天，川大党组织根据川康特委的指示，有计划地转移了一部分党员和民协成员到农村去发展群众、组织群众、迎接解放。此时已大学毕业的曾廷钦被组织派到沐川马边河据点去工作，以高笋乡小学教员的身份为掩护。1949年9月，民协在沐川舟坝师范学校建立了干事会，曾廷钦是高笋地区的民协联系人。经过群众工作的实践和考验，曾廷钦提高了觉悟，被吸收为中共党员。1950年2月中旬的一天，沐川县四区征粮队在高笋乡进行征粮工作，曾廷钦所在的工作队成员被暴乱的土匪绑架。工作队的同志们都表现得非常英勇，毫无畏惧，义正词严地怒斥匪徒。恼羞成怒的匪首下令先把工作队中的两个外地同志杀害了丢在坑里。接着，匪首又对曾廷钦和高静培施行威逼利诱，妄图使他们屈服。曾廷钦大义凛然，面对屠刀无所畏惧，大声地说："共产党领导人民解放了全中国，人民的江山稳如泰山。"并且正告匪徒们："只有向人民缴械投降才是出路，血债要用血来偿还。"面对坚强的共产党员，匪徒技穷了，终于下了毒手，将曾廷钦、高静培残暴地杀害。曾廷钦牺牲时年仅27岁，她死得十分壮烈，被称为"川大的丁佑君"，人民的好女儿。①

　　庹世裔烈士（1927—1950），1927年出生在四川省广安县代市镇农村。他于1945年秋考入川大经济系。大学时期，庹世裔对人热情谦逊诚恳直爽，有"公正人"的美称。庹世裔同情弱者，憎恶反动派，1948年至1949年，先后参加了"尊师运动""保障人权运动""四九运动"等。1949年秋，庹世裔从川大经济系毕业，同年12月，广安解放。庹世裔急切盼望着投入革命工作，于1949年12月30日毅然报名参加了中国人民解放军。在二野军政大学三分校四总队经短期培训，他被编入中国人民解放军第12军征粮大队第21中队，开赴合川县开展剿匪征粮工作。1950年2月15日，庹世裔所在的部队开赴合川县利泽区古楼乡剿匪征粮。当征粮队走到一个山沟里时，突然有几百名土匪从四面八方包围过来。敌人前堵后截，两边山上又有敌人用机枪疯狂扫射，庹世裔他们进退不得，突围已不可能。十几名剿匪征粮的英雄战士，凭着几支步枪，同数十倍于己的敌人进行着英勇悲壮的搏斗。庹世裔与另外两位战友掩护队伍撤退，终因寡不敌众，不

---

　　① 参见何志明、徐鹏：《红日东升：征粮剿匪运动中的川大英烈》，成都：四川大学出版社，2021年，第81—84页。

幸被土匪抓去。残暴的敌人对英雄们施以酷刑，百般折磨，三天后把英雄们拉到隆兴乡一个叫半截沟的地方枪杀，然后捆上大石头沉入深水幽里。庹世裔牺牲时年仅23岁。敌人沉尸灭迹，妄图逃脱人民的严惩。但是，天网恢恢，疏而不漏，残暴的土匪没有逃脱人民的严惩，庹世裔的遗骸也在16年后重见天日，于1966年5月入葬。为了表彰庹世裔等人的英勇行为，人民政府授予庹世裔革命烈士称号。①

刘则先烈士（1908—1950），又名刘蜀平、刘述平，四川省富顺县城关人。刘则先于1928年加入共青团。当年秋天，他考入公立四川大学外国文学院英语系学习，积极参加学校党团组织领导的进步学生运动。经过两年的斗争考验，1930年，他加入了中国共产党。在组织的安排下，刘则先先后赴瑞金和延安工作和学习。1939年1月，中共川康特委选派刘则先为彭山、仁寿、华阳特区书记，在华阳县付家坝付氏宗族小学以教书为掩护开展党的工作。1939年8月，中共川康特委调派刘则先任汉源县委书记。1940年3月后，因局势变化，刘则先失掉了党的关系，1942年4月，刘则先回到富顺老家坚持斗争。1949年7月，曾在汉源工作的陈树堂（即任治荣）受党组织的派遣来仁寿、华阳、彭山一带组建游击队。战友相逢，分外高兴。陈树堂向他传达了党的指示，要他发动群众，组建地下武装，迎接解放。由于刘则先有较好的群众基础，组织游击队的工作进行得比较顺利。1950年1月，华阳县刚解放，刘则先立即与县委取得联系。县委任命刘则先为永安乡乡长。刘上任后，立即进行复市、复工、复课的工作，建立了永安乡的社会治安新秩序。1950年2月15日，双流县黄甲乡一带的土匪突然蠢动，袭击公兴乡公所。华阳县委调刘则先与刘章志到公兴、永安、黄龙一带了解暴乱土匪的潜在活动情况。20日，二人通知有关人员到永安召开治安会议。这时，永安邻近的顺河、佛洞的土匪开始暴乱，暴乱土匪攻进场镇，将刘则先捆绑起来，直向府河边推。久经斗争考验的党的老战士刘则先，早已置生死于度外。他一边走一边高呼："中国共产党万岁！""中华人民共和国万岁！"最后，他来到府河边的小塔旁，土匪问他还有什么话讲。他坚毅地说："为人民大众而死，死何足惜！随后，暴乱土匪杀害了刘则先。②

王景标烈士（1919—1950），又名王慰锬，福建福州人。1945年，他不远千

---

①　参见何志明、徐鹏：《红日东升：征粮剿匪运动中的川大英烈》，成都：四川大学出版社，2021年，第85—90页。

②　参见何志明、徐鹏：《红日东升：征粮剿匪运动中的川大英烈》，成都：四川大学出版社，2021年，第91—93页。

里，考入川大外文系。在川大求学期间，王景标与民协干部唐思明结识，接受进步思想影响，因而倾向革命，并在唐的介绍下参加了民协。1949 年 10 月经唐思明联系介绍，王景标和中文系的吴晗、外文系的王蕴华、王大林等同学参加川康边人民游击队，随即被分配到仁简支队，去仁寿、简阳一带参加反蒋武装斗争。1949 年 11 月 30 日重庆解放，解放军迅即开到成都外围。仁寿解放后，征粮任务十万火急，军队和游击队合组成征粮工作队立即开展工作，王景标被任命为府河乡征粮建政工作队副队长，参加了支援前线、清匪反霸和保卫新生人民政权的斗争。1950 年 2 月中旬，由于起义部队新十二军在新津叛乱，潜伏在府河乡的土匪勾结叛军蠢蠢欲动，妄图杀害我征粮工作队队员和人民武装骨干。在此危急时刻，王景标积极果断，毫无畏惧，同队长一起沉着机智地指挥，带领全体队员作好应战准备，为抵御土匪进攻赢得了时间。1950 年 2 月 19 日，他到籍田区公所汇报工作后于次日凌晨返回府河乡。路经黄龙溪时，当地群众对他说："王队长，你不能回府河乡去了，土匪已经暴动了，回去危险！"王景标想到上级指示要及时传达贯彻，工作队需要他指挥领导，全乡人民的生命财产安危正在遭受匪徒的践踏，他不能为了个人的安危而影响工作，便坚持回去。当走到离府河乡半里路远的贾家巷时，他突然被隐藏在那里的匪徒四面包围。可王景标毫无畏惧，半步不退，他沉着地向匪徒宣传我党政策，命令匪徒放下武器投降。但嗜杀成性的匪徒悍然向王景标开枪射击。王景标身上多处中弹，壮烈牺牲。约一小时后，籍田区武装工作队配合解放军消灭了这股匪徒。王景标的遗体被运回区公所所在地籍田镇安葬，后转葬仁寿城区北门水库烈士墓地。①

王开疆烈士（1925—1949），1925 年出生于四川广安。1946 年中学毕业后，王开疆考入了华大先修班。抗战胜利后，在人民革命斗争的大潮中，他毅然放弃了学业，与同班好友张泽石等赶到北平，并决定到解放区去参加人民军队。北上后，他一时未能有机会前去解放区学习和工作。留在北平期间，通过吴晗的介绍，他进入朝阳学院经济系一年级学习。其间，他参加了"朝大剧社"的演出活动，将一批来自延安的新剧引入剧社，以满腔的热情组织演出了许多进步节目，利用戏剧开展对敌斗争。经过考验，他光荣地加入中国共产党。1947年，党组织将王开疆送到晋察冀解放区去学习，把他调到位于河北沧县的中共华北局城市工作部学习。1948 年，学习结束后，王开疆被派到成都，这时候中共中央南方局遭到敌人的严重破坏，他无法接上党组织关系，便先进入华大学习。

---

① 参见何志明、徐鹏：《红日东升：征粮剿匪运动中的川大英烈》，成都：四川大学出版社，2021年，第 95—98 页。

不久，他与民协接上了头，积极参加民协领导的"牛津团契"。1949年底，成都和平解放，为巩固新政权，王开疆参加了征粮工作队，被分配到土匪集中、斗争形势极其严峻的大邑、邛崃交界的韩场工作。1950年2月4日，川西爆发了大规模的匪特暴乱。敌人有组织地向各乡镇的征粮小分队发动了袭击。韩场被绰号为"杀人魔王"的恶霸地主刘占魁的"反共救国军"层层包围，王开疆和几位解放军战士被困在一个靠山崖的草屋中。他们凭借手中的弹药，奋力作战。土匪久攻不下，便用火枪点燃了草屋。王开疆等人被迫突围，后在马墩子又与埋伏的土匪遭遇。在敌人密集的枪弹中，王开疆等人全部壮烈牺牲。牺牲时王开疆年仅25岁。[①]

第二节　抗美援朝战争中的川大青年

1950年6月25日，美帝国主义悍然发动侵略朝鲜的战争，并派第七舰队封锁台湾海峡，威胁我国安全，阻挠我国实现统一。面对蔓延至鸭绿江边的战火，为保障新中国的主权和人民生命财产的安全，中央政府决定"抗美援朝，保家卫国"。广大青年积极响应号召，或是踊跃参军，奔赴战争的最前线；或是积极捐款捐物、进行反帝宣传，参加国内的抗美援朝运动。川大青年掀起了"抗美援朝，保家卫国"的热潮，投身各项抗美援朝运动中，以自己的行动为抗美援朝战争贡献力量。同时，在战争中涌现出了一批维护正义、捍卫和平、保卫新生的人民政权的川大青年。

一、川大青年投身抗美援朝

当朝鲜战争爆发的消息传到成都时，川大青年表示出极大的愤慨。他们忧心如焚，时刻留意着抗美援朝战争的动态。同时，川大青年在党团组织的领导下，积极开展反帝宣传、捐款捐物、慰问军属等爱国运动，以实际行动支持抗美援朝，在后方掀起了保家卫国的热潮。

（一）响应号召支援前线

朝鲜战争爆发以后，川大青年纷纷举起"抗美援朝，保家卫国"的旗帜。1950年10月起，川大青年多次举办揭露美军暴行的图片展览。12月10日，川大教职工及学生3000余人，在成都桂溪、石羊场、胜利、沙河堡等地向群众进

---

① 参见何志明、徐鹏：《红日东升：征粮剿匪运动中的川大英烈》，成都：四川大学出版社，2021年，第95—98页。

行反帝爱国宣传，接受宣传的群众达 5000 人次。华大教职工及学生也和全国人民一道立即掀起了反美爱国的热潮。川大和华大青年普遍组织了读书小组，订立学习公约，讨论时政，召开座谈会、报告会、控诉会声讨美军罪行。① 例如，12月 11 日，华大、华美女中等 10 所原由教会创办的学校学生 2000 余人举行抗美爱国大会，愤怒地控诉美帝国主义以"办学"为幌子，进行文化侵略的罪恶事实。② 华大学生会主席卢登秀代表学校全体学生发言，揭露曾在该校任教和传道的美国特务施德孙等勾结该校国民党特务吴自抑、姚必德等迫害该校进步学生的情形。她说："蓝登静、肖德孚等四位同学，就是被他们陷害而逮捕的。同学们！这就是奥斯汀所谓的'友谊'！"卢登秀更进一步拆穿了奥斯汀所谓"用美国金钱在中国办学"的把戏，她说："解放后，该校教士私设所谓'助学金'，企图收买同学。我校凌光蕙同学，就因为参加了暑假青年学园而受到停止'助学金'的恐吓。"她号召大家，斩断与美帝国主义的经济联系，积极参加抗美援朝运动。③通过以上活动，各校教职工及学生普遍增强了爱国主义热忱，自觉清理媚美、崇美、恐美等奴化教育思想的影响。

1951 年，抗美援朝的教育在祖国大地广泛开展着，各地召开了各种代表会议，讨论、制订了全年普及和深化抗美援朝运动的计划，订立爱国公约。川西区各大、中学校密切地根据各校的具体情况，制订了相应计划。川大制订了到农村去向农民宣传抗美援朝、农业生产、土地改革以及镇压反革命等政策的计划；部分川大师生制订了争取在当年向一百万群众进行宣传的计划。④ 华大青年同样展开了宣传工作，《新华大》的一篇文章描述了华大青年组织抗美援朝宣传的概况："我们的宣传对象是 6 区的 70 个居民小组，包括了将近一万的居民，当学生会划分了各科系负责的区域之后，指明了每一个同学需要负责宣传 10 个左右的居民……各科系的负责同学马上到他们分担的区域去了解情况，访问了居民委员"⑤。

2 月，在响应政府号召、向朝鲜人民捐款方面，川大师生共捐献 1579. 95 万元。在向志愿军捐献慰问金方面，川大师生共募集了 2605 万元，另有银元 346

---

① 王金玉：《揆文奋武：抗美援朝战争中的川大英烈》，成都：四川大学出版社，2021 年，第 9 页。
② 共青团四川省委青年运动史研究室：《共青团四川省委志》，成都：成都科技大学出版社，1996年，第 76 页。
③ 《广州成都各教会学校师生指控美帝利用教会学校进行文化侵略间谍活动》，《人民日报》1950 年12 月 19 日，第 3 版。
④ 《使每一个人都受到抗美援朝的教育！各地扩大抗美援朝运动　纷纷讨论制订全年计划订立爱国公约》，《人民日报》1951 年 4 月 16 日，第 1 版。
⑤ 王金玉：《揆文奋武：抗美援朝战争中的川大英烈》，成都：四川大学出版社，2021 年，第 10 页。

元，金饰 2 两 8 钱 1 分 6 厘又 4.47 克。10 月 23 日，毛泽东在全国人民政治协商会议第一届全国委员会第三次会议上发出"增加生产，厉行节约，以支持中国人民志愿军"① 的号召，华大青年学生以节约伙食零用费、义卖和参加勤工俭学来支援前线。此外，考虑到志愿军在冰天雪地中没有吃的，也不能只吃炒面，川大农化系办了一个加工厂，系主任组织专家和学生给志愿军做代饭粉，在一定程度上改善了前线战士的生活水平。华大部分学生还义务生产药棉、固体碘酊以支援前线。②

（二）爱国公约和拥军优属

1951 年 2 月 2 日，中共中央发出《关于进一步开展抗美援朝爱国运动的指示》，向全国人民发出号召，要求发起爱国公约运动。6 月 1 日，党中央向全国人民发出推行爱国公约、捐献飞机大炮和优待烈属军属的号召，"全国所有各界人民，各工厂、企业、学校、街道和农村，工厂中的各个车间、生产组和学习组，乡村中的各种生产互助组、学习组，机关中的各个工作部门，学校中各个院系或班、组，以至各个家庭和其他各种生产工作单位等都按照自己的业务，围绕着抗美援朝运动，订出具体的爱国公约，或增订原来的公约"③。四川青年积极响应，普遍订立或修改了爱国公约。许多青年积极带头，成为爱国公约的积极宣传者和模范执行者。川大青年对爱国公约采取普遍号召、重点订立、充分酝酿、庄严宣誓的步骤。他们在爱国公约中一致表示，要把爱国热情贯彻到日常学习、生活和工作中去，以实际行动支援抗美援朝。在复习考试中，川大青年严格执行爱国公约所订内容，认真复习功课，彼此帮助，使考试成绩普遍提高了 20%。④ 例如，川大青年认识到体育锻炼的重要性，认为拥有健康的身体既是祖国建设的要求，更是保家卫国的需要，"搞好身体健康就是爱祖国"。因此，川大各个锻炼小组纷纷自动订出"不迟到不早退""服从领导"等公约。⑤ 川大青年不仅在锻炼时间认真锻炼，甚至晚自习后也在进行锻炼，以实际行动支持抗美援朝。

1950 年 12 月下旬，在紧张的期末复习中，川大青年开展了给前线志愿军和

①　《中国人民政治协商会议第一届全国委员会第三次会议的开会词》，《人民日报》1951 年 10 月 24 日，第 1 版。

②　《抗美援朝的动员——时任川大团委书记黄桂芳访谈》，载王金玉：《揆文奋武：抗美援朝战争中的川大英烈》，成都：四川大学出版社，2021 年，第 244-245 页。

③　《中国人民抗美援朝总会关于推行爱国公约、捐献飞机大炮和优待烈军属的号召》，载刘金质、杨淮生：《中国对朝鲜和韩国政策文件汇编》，北京：中国社会科学出版社，1994 年，第 179 页。

④　共青团四川省委青年运动史研究室：《共青团四川省委志》，成都：成都科技大学出版社，1996 年，第 78 页。

⑤　《同学们，积极参加冬季体育锻炼，准备着保卫祖国，建设祖国！》，《人民川大》1953 年 1 月 14 日，第 1 版。

朝鲜人民军战士写慰问信的活动，收集了大量慰问信、慰问金以及面巾、牙膏等慰问品。① 1953年寒假，川大学生会号召川大青年响应抗美援朝总会的号召，搞好春节拥军优属工作。川大组织了春节宣传队，号召参加春节宣传队的同学们发挥高度的积极性，广泛地向群众宣传人民军队的优越性、人民战士的英雄事迹、军烈属的模范事例，加深人民群众对自己军队和军烈属的热爱。同时，川大学生会号召川大青年做好对荣誉军人、军烈属的慰问，并揭露帝国主义者破坏和平的新阴谋，提高人民群众的警惕性。川大青年在宣传中和人民群众一道接受一次又一次深刻的抗美援朝的思想教育。川大还号召学生在春节期间，可以大量写信给解放军、志愿军及军烈属，向他们致以慰问和鼓励，以增强他们的斗志、提高他们的政治积极性。通过这些活动，川大青年学习了解放军与志愿军高度的爱国主义与国际主义的精神，也极大地增强了学习的动力。②

二、奔赴战场保家卫国

新中国成立初期，我国的海军、空军刚刚组建，炮兵也很弱，需要大量的知识青年参与建设。尤其是在抗美援朝的战场上，我军伤亡较大。因此，团中央和全国学联号召全国知识青年参加军事干部学校，经过培训后补充到军队中去。最初，虽然有些学生出于对美国的恐惧和对家庭、个人前途的顾虑，报考军干校的积极性不高，但仍有200多人报名。③ 针对这种情况，为进一步动员川大学子参军的积极性，川大与华大开展宣传、动员活动，逐步得到青年师生的热烈响应，成百上千的决心书、申请书交到了学校党团组织。例如，川大学生周存政写下决心书："我自愿到国防的最前线，为消灭美帝国主义和蒋介石匪帮而献出自己的一切，包括我的生命在内。要是考不起空军海军和其他兵种，我坚决要求保送我做人民军队的炊事员。"④ 1950年11月，川大学生会、团委等部门还联合给毛主席写了一封公开信，向毛主席表决心，要求上战场保家卫国。⑤ 据邱远猷回忆，当时川西区人民行政公署教育厅厅长张秀熟曾到川大动员参军，川大学生听了他的动员讲话后，心潮涌动。⑥ 12月1日，中央人民政府人民革命军事委员会

---

① 王金玉：《揆文奋武：抗美援朝战争中的川大英烈》，成都：四川大学出版社，2021年，第19页。
② 《同学们在春节里做好拥军优属工作，并积极参加全省体育运动大会》，《人民川大》1953年2月12日，第1版。
③ 王金玉：《揆文奋武：抗美援朝战争中的川大英烈》，成都：四川大学出版社，2021年，第13页。
④ 《血的决心书》，《人民川大》1950年12月21日，第1版。
⑤ 王金玉：《揆文奋武：抗美援朝战争中的川大英烈》，成都：四川大学出版社，2021年，第14页。
⑥ 《四川大学的政治运动》，载邱远猷：《八十春秋》，北京：首都师范大学出版社，2012年，第25页。

和国务院，发布了《关于招收青年学生青年工人参加各种军事干部学校的联合决定》。川大青年学生经过时事学习和抗美援朝运动，政治认识普遍提高，纷纷把抗美援朝的决心贯彻到实际行动中去，热烈响应中央号召。在上述决定发布之后，川大有学生七百余人决定报名参加。① 此外，12 月 17 日，学校还组织师生召开响应参加军干校号召的座谈会，鼓舞青年参加军事干部学校。会上，谢文炳指出："今天的教育应该服务于国防建设，因为祖国需要具有高度的政治觉悟、掌握现代科学技术和文化知识、体魄健全的青年去从事国防建设"，"参加军干校是爱祖国爱人民的表现"。② 通过宣传员，在 12 月下旬的军干校征召中，川大学生热情高涨，几天之内即有 1585 人报名，其中 403 人为女生。③

在抗美援朝战争中，语言差异给战斗带来了不少困难。川大青年积极响应号召，利用自己的专业知识，奔赴抗美援朝战场，从事翻译工作。其时，西南地区组建第三兵团支援前线，急需英语翻译。11 月 18 日，经总政治部批准，第三兵团从地方高校招收志愿英语翻译人才。川西军区组建的第 60 军政治部主任李哲夫，亲自从川大、华大、光华大学三所高校中招收英文水平高又自愿参军的师生到部队任翻译。三校共招收了翻译 23 人。其中，华大通过初、复试入选者有 14 人，他们是詹振声、刘开政、张光宇、王仕敬、廖运掌、王克武、王华英、陈单特、熊光复等。这是三校中向部队输送翻译人员最多的。④ 川大外文系四年级学生、共青团员袁守诚，放下他即将完成的大学学业，离别年老的父母和挚爱的未婚妻，毅然投笔从戎，奔赴抗美援朝前线。除袁守诚外，川大的林学遒、张泽石、姚文彬、边世茂、雷顺田、李嘉犹等人也应征参加了翻译工作。这些川大青年克服了体力差、营养差、没有战斗经验的困难，以大无畏的革命热情，投身于保家卫国的抗美援朝战争中，完成了翻译、教士兵简单的英语、押送管理战俘、传递信息等工作。

三、抗美援朝中牺牲的川大青年

在抗美援朝战争中，以林学遒、袁守诚、詹振声等为代表的川大青年，为战

---

① 《华东西南等地青年学生青年工人　要求保送参加军事干部学校　用实际行动抗美援朝》，《人民日报》1950 年 12 月 11 日，第 3 版。

② 《跨上爱国青年的光荣岗位！——记川大师生员工响应参加军干校号召座谈会》，《人民川大》1950 年 12 月 21 日，第 1 版。

③ 《四川大学史稿》编审委员会：《四川大学史稿》（第二卷），成都：四川大学出版社，2006 年，第 13 页。

④ 党跃武、陈光复：《川大记忆——校史文献选辑（第四辑）》，成都：四川大学出版社，2011 年，第 362 页。

争的胜利付出了自己年轻的生命，践行着"保家卫国"的铮铮誓言。

林学逋烈士（1930—1952），1930 年 2 月 13 日生于四川乐山。他是新中国第一代大学生和第一代共青团员。1949 年夏天，林学逋考入川大外文系学习。刚刚入学的林学逋毫不犹豫地参加了学校党组织领导的进步学生的护校活动，积极迎接新中国的成立。1950 年 6 月 25 日，朝鲜战争爆发。1950 年 10 月，富有爱国传统的川大校园里掀起了参军热潮。林学逋积极响应，要求报名参加中国人民志愿军，他和外文系其他要求参加志愿军的同学一样朴素而坚定地说："我会用英语喊话，瓦解敌人。"1951 年 3 月 21 日，林学逋随中国人民志愿军入朝作战，在中国人民志愿军第 60 军 180 师政治部对敌工作科担任英语翻译。在硝烟弥漫的战火中，他很快就加入了中国新民主主义青年团。在第五次战役的第二阶段作战中，林学逋所在的 180 师担任穿插任务，势如破竹，直趋敌后。但是敌人凭借高度机械化的装备，把 180 师隔绝起来。180 师被敌隔绝后，陷入了敌人的重重包围中，与上级指挥机关失去了联系。经过三天三夜的拼死厮杀，在半夜突围时，又累又饿的林学逋摔下山崖，在毫无抵抗能力的情况下，和伤员们一起被美军俘虏。

在被美军俘虏期间，林学逋和他的战友们奋起与敌人作不屈不挠的抗争，表现了中华儿女大义凛然、威武不屈的民族气节和视死如归的硬骨头精神。林学逋曾撰写了一首诗，抒发了坚贞不渝的高尚情怀："一心抗美当英雄，不幸疆场作楚囚。身陷虎穴心向党，甘洒热血壮神州。"1952 年 4 月，敌人在各战俘营对坚持回国的人员进行"甄别审查"（名为"甄别"，实为阻止志愿军战俘返回祖国大陆），由于林学逋斗争突出，被列为重点审查对象。4 月 8 日清晨，敌人再次"提审"集中营中七百多名爱国被俘军人，威胁他们表态不回大陆去台湾。当叛徒用匕首再次胁迫林学逋表态时，他视死如归，大义凛然，痛斥叛徒卖国贼，并明确表示"生为中国人，死是中国鬼"，坚决要求返回祖国大陆。特务李大安对林学逋进行了一个多钟头的审讯，棍棒、皮鞭、刀子已使他满身伤痕，鲜血直流，但他返回祖国大陆的意志丝毫没有动摇。审讯的敌人恼羞成怒，把匕首插进了林学逋的胸膛，林学逋高呼"共产党万岁！""毛主席万岁！"，壮烈牺牲，年仅 22 岁。林学逋烈士牺牲以后，著名作家巴金激动地以《忘不了的仇恨》为题，在《人民文学》上宣传林学逋烈士等人的英雄事迹，感动了无数的读者。1982 年 8 月 18 日，林学逋由四川省人民政府追认为革命烈士。1985 年 11 月，川大在望江校区修建了"四川大学革命烈士纪念碑"，以纪念为建立、建设新中国而英勇牺牲的川大师生，碑上刻有林学通等 40 多名革命烈士的名字。①

　　袁守诚烈士（1928—1951），出生在资中县一个破落地主家庭。1948 年，他考入川大外文系英语专业。成都解放前夕，袁守诚积极参加进步同学组织的"护校迎解放"活动。他知道参加进步活动是要冒风险的，他做好了为新中国的诞生而献身的思想准备。在他回乡探望亲人时，曾深情地对未婚妻说："现在社会太黑暗，以后很可能没有机会再见到你了。"1950 年春，袁守诚作为积极分子，在全校团组织还没有公开前，就较早地被吸收加入了中国新民主主义青年团。他积极参加团组织的各项活动。

　　在抗美援朝的热潮中，袁守诚已经进入大学毕业阶段。出于保家卫国的崇高责任感，在得知志愿军中急缺能用英语喊话的青年大学生时，袁守诚义无反顾地报名参加了中国人民志愿军。1950 年 11 月，他担任了 60 军 180 师的英语教员，旋即随军入朝。袁守诚在硝烟弥漫的战场上表现英勇，冒着连天炮火用英语向敌人喊话。在极端困难的条件下，他不顾生命危险，努力工作，成绩十分出色，多次受到嘉奖。可惜入朝作战不到 3 个月，他即不幸于 1951 年 2 月 4 日在一次激烈战斗中壮烈牺牲，把自己年轻而宝贵的生命贡献给了祖国和人类正义事业。1951 年 3 月，部队把他的血衣连同中央人民政府颁发的为革命牺牲军人家属光荣纪念证寄到资中县人民政府。在血衣的口袋里，还装着烈士双亲照片和烈士生前与未婚妻的合影。②

　　詹振声烈士（1929—1952），重庆人。1947 年，他考入华大医学院。在华大期间，他受许多进步同学和书刊的影响，不断追求进步。中国人民志愿军赴朝作战后，急需英语翻译，詹振声积极报名，应征入伍。根据部队的需要和本人的情况，包括詹振声在内的华大学生 6 人被分配到 60 军政治部。詹振声原本身体较弱，组织上曾有意撤换他，但他坚持入朝作战，最终留在军中。到了安东，当领导发现了他双腿和脸部浮肿明显时，三次劝他在国内住院治疗。他说，自己不能为一点小病而临阵退缩。随后，在部队中，他不畏艰辛，总是和大家一道蹚水、爬山、扛粮、押送战俘等。1952 年在同一线部队换防时，他明知在一线的敌工干部，特别是英语翻译伤亡的概率高，还是争着上前线。

　　在战斗中，英语翻译主要承担对敌广播、随军侦察、押送战俘等任务。1952 年 12 月，我军加强对前沿广播，詹振声的同学刘开政和上海的黄崇义奉命率第

①　参见党跃武、陈光复：《川大记忆——校史文献选辑（第四辑）》，成都：四川大学出版社，2011 年，第 349—363 页。

②　参见党跃武、陈光复：《川大记忆——校史文献选辑（第四辑）》，成都：四川大学出版社，2011 年，第 349—363 页。

七对敌广播宣传站到前沿对美军开展政治攻势。詹振声当时是 60 军政治部敌工科正排级英语翻译。得知这一情况后，詹振声再三请求与他们同去，说："眼看战争就要结束，我还未到过一线坑道，你们都在一线多次了。"经批准，三人同行。当他们下到前沿排的一个前沿班坑道时，离对面美军一个连的阵地只有 200 米左右。12 月 23 日圣诞前夕，3 人在播英语稿和英文歌曲时，前沿战士报告说美军在叽叽咕咕说些什么。为使广播有针对性，他力主摸近到能听清美军动静的地方。经批准，他带了两名战士越出阵地横壕，翻入面向美军的陡滑直壕。此时美军射来的炮弹引爆了他身旁的一箱手榴弹，他被炸得腹部弹痕累累，终因失血过多而英勇牺牲。年仅 23 岁的詹振声没能看到战争的胜利。1985 年在华西医科大学[①]建校 75 周年之时，经他大学的同班同学胡玉洁、白美栋等发起募捐，学校设立了"詹振声烈士爱国爱校奖学金"。如今在四川大学医学图书馆，悬挂着他的浮雕头像，以此来纪念这位英勇牺牲的校友。[②]

第三节　各项建设中的川大青年

新中国成立初期，我国既面临着艰巨繁重的建设任务，同时又面临着抗美援朝、保家卫国的任务。为尽快改变新中国经济落后的面貌，川大青年在中国共产党的领导下，积极响应号召开展增产节约运动，为抗美援朝战争的胜利奠定了物质基础，同时也促进了国民经济的恢复和发展。同时，在国家建设强大使命的召唤下，川大青年以建设祖国为己任，将国家发展与个人学习相结合，将自身所学运用于社会实践之中，以自己的实际行动为祖国发展添砖加瓦，展现出强烈的爱国情怀、高度的使命担当。正如川大青年写给毛主席的信中所说："为了实现伟大的共产主义理想，我们将献出自己的全部力量。"[③]

一、增产节约运动

增产节约运动是新中国成立初期在经济建设中展开的一次大规模群众运动。1951 年 10 月，中共中央召开政治局扩大会议，决定实行"精兵简政，增产节约"的方针。23 日，毛泽东在全国人民政治协商会议第一届全国委员会第三次

---

① 1985 年，四川医学院更名为华西医科大学。
② 参见党跃武、陈光复：《川大记忆——校史文献选辑（第四辑）》，成都：四川大学出版社，2011 年，第 349—363 页。
③ 《北京、天津等地高等学校一万三千多名毕业生走上建设工作岗位》，《人民日报》1953 年 8 月 27 日，第 3 版。

会议上发表题为《三大运动的伟大胜利》的讲话，发出"增加生产，厉行节约，以支持中国人民志愿军"①的号召，得到全国人民的积极响应。11 月 20 日，《人民日报》发表了题为《开展增产节约运动是国家当前的中心任务》的社论。该社论指出，"为了更进一步加强抗美援朝的力量，全国人民必须充分地支持前线，支持中国人民志愿军，在保持国内物价稳定和不过分加重人民负担的条件下，保证对前方的物资供应。这就只有努力增加生产、厉行节约。但是，更重要的，为了准备今后国家大规模的建设，积累各种建设所需要的资金，我们全国人民必须加倍努力增加生产、厉行节约。"②从此，增产节约运动在全国各条战线上蓬勃展开，对于国民经济的恢复产生了积极影响。

1951 年 12 月 1 日，《中共中央关于实行精兵简政、增产节约、反对贪污、反对浪费和反对官僚主义的决定》指出，要"依靠工人、农民和革命知识分子，发动全国各阶层的爱国增产节约运动"③。次年 2 月 12 日，川大党委积极响应中央号召，在学校召开动员大会。同时，川大成立节约检查委员会，负责推动爱国增产节约运动。川大农学院青年学生在校党委的领导下，积极投入运动，揭露贪污、浪费、官僚主义的行为。通过这些斗争实践，川大青年树立起艰苦朴素的优良作风和社会主义道德风尚。④

在川大党委的领导下，川大青年进一步认识到增产节约的重大意义，也同时体会到这是培养共产主义道德品质的一个重要方面。川大的许多学生检讨了自己以前浪费和不爱惜公物的行为。有的学生在这个基础上订出了学习计划，不让宝贵的学习时光虚度；有的学生把借出而积压的图书交还了图书馆；食堂里倾倒菜饭的现象较前大为减少；宿舍里水电的使用也较前节省。⑤物理系的学生本着切实可行、逐步提高的精神，订出了爱护公物的公约：（1）保证不损坏寝室的玻璃；（2）做实验时听老师指导，争取不损坏任何仪器；（3）节约用电，离开寝室一定关灯。川大青年还一同约定在学习上要注意不浪费时间。⑥

----

① 《中国人民政治协商会议第一届全国委员会第三次会议的开会词》，《人民日报》1951 年 10 月 24 日，第 1 版。

② 《开展增产节约运动是国家当前的中心任务》，《人民日报》1951 年 11 月 20 日，第 1 版。

③ 《中共中央关于实行精兵简政、增产节约、反对贪污、反对浪费和反对官僚主义的决定》，载中共中央文献研究室：《建国以来重要文献选编》（第 2 册），北京：中央文献出版社，2011 年，第 419 页。

④ 四川农大校史编写组：《四川农业大学史稿：1906—1990》，内部编印，1991 年，第 48—49 页。

⑤ 《增产节约运动正在全校深入开展》，《人民川大》1953 年 11 月 13 日，第 1 版。

⑥ 《我们订出了爱护公物的公约》，《人民川大》1953 年 11 月 13 日，第 1 版。

二、生产实习

1953 年 8 月，高等教育部在《全国高等工业学校行政会议关于稳步进行教学改革提高教学质量的决议》中提出了"高等教育的改革方针，是学习苏联先进经验并与中国实际情况相结合"。① 此后，四川高校以苏联高等教育模式为参照，修改教学计划，在系统学习基本理论和基本知识的基础上，开展一些新的专门化的教学环节，如答疑、生产实习等。②

根据中央人民政府高等教育部关于高等学校开展生产实习的指示，川大在依据"有条件自办"③ 的规定下，结合各系教学计划开展生产实习。1953 年，川大参加实习的学生有 1102 人，实习导师为 67 人，合计为 1169 人。大学三、四年级学生的生产实习，是川大各学院教学计划中的重要组成部分。1953 年，农学院成立了生产实习指导工作组，制定具体计划，指导全院学生的生产实习工作。为了帮助青年学生认识到参加生产实习的重要性，培养青年学生独立思考和独立工作的能力，1953 年 10 月，农学院特意举行生产实习经验交流座谈会，听取了1952 年赴京学习和参加国营农场、农业生产合作社生产实习后返校的农经系教师的汇报，总结生产实习的经验。④

为充分保证学生生产实习工作的顺利完成，川大生产实习指导委员会拟定了《四川大学学生生产实习暂行规程草案》及《学生生产实习学习计划草案》，决定在实习学生到达现场之前，组织实习师生进行一次学习和讨论，其目的在于使参加实习的同学做好思想准备，形成以下认识：（一）生产实习为教学过程中的有机组成部分，是培养合乎规格人才的必要环节，要端正参加实习的态度；（二）树立团结现场技工人员，服从实习场所的规章、制度、劳动纪律、保安工作以及保密制度的优良作风与品德，要加强组织性与纪律性，以免实习期间发生影响生产或损害国家财产的不良现象与行为；（三）了解各专业实习的具体内容和进行步骤等，从而为进行认真和切实的生产实习工作打下思想基础。⑤

---

① 《全国高等工业学校行政会议关于稳步进行教学改革提高教学质量的决议》，载何东昌：《中华人民共和国重要教育文献：1991—1997》，海口：海南出版社，1998 年，第 231 页。

② 四川省地方志编纂委员会：《四川省志·教育志》（下册），北京：方志出版社，2000 年，第 127 页。

③ 《关于高等学校院系调整计划、改订高等学校领导关系和加强高等学校及中等技术学校学生生产实习工作的报告》，载何东昌：《中华人民共和国重要教育文献：1991—1997》，海口：海南出版社，1998 年，第 211 页。

④ 四川农大校史编写组：《四川农业大学史稿：1906—1990》，内部编印，1991 年，第 59—60 页。

⑤ 《贯彻理论与实践结合的教学方针　一千一百余师生将参加生产实习》，《人民川大》1953 年 7 月 13 日，第 1 版。

　　此外，川大还派遣指导实习的教学人员随同学生前往实习场所，以便更好地帮助学生们进行生产实习工作。据《人民日报》报道，1954 年，在简阳实习的川大学生，以六天的时间完成了五百多亩耕地的测量，并保证了工作质量。在某国营农场实习的川大学生运用营养学等方面的知识，在保证牲畜健康的条件下，改进了饲料，使这个农场每年可为国家节约不少资金。有的实习学生们还帮助实习单位校核了工艺规程，使操作既符合理论要求，又适应设备的性能。川大青年从工作实践中加深了对自己所学专业的热爱。①

　　四川医学院在坚持理论联系实际的原则指导下，要求学生分别在第三学年结束后和第五年各开展一次生产实习。第一次生产实习要求学生到地方专县医院实习 4 周，使学生对医院工作有所认识，并初步建立为伤病员服务的思想。第二次生产实习即毕业实习，为期 48 周，要求学生在实习中掌握系统的专业理论知识，培养扎实的专业技术技能。②

　　在川大各级党组织的领导下，川大青年积极开展生产实习，充分证明了教学与实践相结合、专业知识与工作能力相结合的教学改革的成功。同时，开展生产实习体现了在理论与实践结合、教育与生产结合方针的指导下，新民主主义的高等教育对培养合乎一定规格的高级建设人才的要求，既推动了国家建设事业的发展，更助力了川大青年的成长成才。

　　在生产实习中，还有一项重要的内容，那便是毕业实践。1954 年，川大团畜四支部的青年团员们，翻越海拔三千多米的二郎山、四千多米的折多山、六千多米的雀儿山，前往高原参加毕业生产实习。他们在艰苦的高原环境中，接受对于大多数人来说是平生第一次的严峻考验。在高原，他们将大学四年在课堂上学习的知识，运用于实际问题之中。整个毕业实践期间，青年团员们严格遵守劳动纪律，爱护公共财产，坚决执行民族政策的具体要求。最终，青年团员们在互帮互助、团结友爱中顺利完成了毕业实践的内容。孙传琪是由成都到凉山彝族自治州插队的知识青年，是四川青年学习的榜样。1972 年孙传琪被推荐到四川医学院学习。上大学后，她一直保持着同彝族翻身奴隶的联系，毕业实践中还特地到凉山为彝族翻身奴隶防病治病。1975 年，她放弃留城工作的机会，坚决要求回凉山。孙传琪经过多次申请，得到所在院校党委批准，成为凉山的一名赤脚医

　　① 《西南七千多名高等学校学生开始生产实习》，《人民日报》1954 年 7 月 10 日，第 3 版。
　　② 郑尚维、石应康：《四川大学华西临床医学院·华西医院史稿》，成都：四川辞书出版社，2007年，第 79 页。

生，为凉山的医疗卫生事业作出了贡献。①

三、生产劳动

　　教育与生产劳动相结合，是马克思主义的一项重要教育原则，也是我国教育工作的优良传统之一。新中国成立以来，中国共产党和人民政府高度重视教育与生产劳动相结合，强调劳动教育是对学生进行思想政治教育的重要内容，生产劳动是教育工作的组成部分。1958 年 1 月 28 日，共青团中央发布《关于在学生中提倡勤工俭学的决定》，指出"勤工俭学是具体实现知识分子和工农相结合、脑力劳动和体力劳动相结合的一个重要途径，也可以起到移风易俗的作用。提倡勤工俭学还可以在节约国家财政开支的情况下，有利于更多的工农子女入学"②。四川各高等院校同全国一道，开展了以勤工俭学、实行教育与生产劳动相结合为中心的教育革命。③ 川大教育与生产劳动相结合的群众运动，便是从此时青年响应号召开展勤工俭学活动开始的。

　　1958 年 2 月 1 日，川大公布了《我校教职员学生参加体力劳动暂行办法》，要求体力劳动必须经常化和制度化。3 月 9 日，川大党委提出了在学生中大力开展勤工俭学活动的任务和措施。7 月 17 日，川大党委再一次提出："大力开展勤工俭学活动，贯彻教育与劳动生产相结合的方针，以实现知识分子劳动化，促进学生政治思想进步，提高教学和科学研究质量，支援建设，创造财富。勤工俭学活动以参加工、农业生产为主，除与校外工厂、农村挂钩参加生产劳动外，主要应充分利用校内各种条件，采取群众路线的办法……进一步办好农场。勤工俭学应尽可能结合专业，并统一安排学习和劳动时间，全校教职员工应积极参加和支援勤工俭学活动。"

　　从此，在川大党委的领导下，川大青年大规模的勤工俭学活动广泛开展起来。据统计，90% 以上的同学在 5 条战线上劳动着：有 1200 多人参加了工农业生产劳动；300 多人参加了结合专业性和教学辅助性的各种活动；300 多人参加了基建工程和搬运劳动；400 多人参加了手工业和各种服务性的劳动；在校外工厂和合作社劳动的还有 200 多人。在勤工俭学活动过程中，各系各专业结合各自特点，积极探索生产劳动、教学、科学研究的有机结合问题，都注意紧密结合工

---

① 《从工农中来到工农中去　四川高等院校七千多名毕业生回到三大革命运动第一线》，《人民日报》1976 年 1 月 2 日，第 2 版。
② 《中国教育年鉴》编辑部：《中国教育年鉴：1949—1981》，北京：中国大百科全书出版社，1984 年，第 467 页。
③ 涂文涛：《四川教育史》（下册），成都：四川教育出版社，2007 年，第 682 页。

农业生产的需要，同时注意改善教学条件。[①]

例如，在农业生产中，1962 年，川大哲学系三、四两个年级的一百多名学生，到农村中进行了为期一个多月的劳动锻炼和社会调查，在学业上和思想上都有了不少收获。这些学生到达农村时，正是秋收和秋种季节。他们组成不同小组，同农村的各个生产队两两组合以参加劳作。白天，他们同农民群众一起割谷、打谷、运粮，晚上就挨户访问，同农民促膝谈心。在不长的时间里，川大青年学会了三十多种农活。同时，他们还热情帮助房东做家务劳动。川大青年很快和农民打成一片，许多农民把这些大学生看作亲人一样。

四川医学院在青年中开展了勤工俭学活动，并成立了勤工俭学指导委员会。在校党委的领导下，学生们参加了校内外的多种生产劳动。例如，每年 5 月，大批师生到附近农村参加"双抢"（抢收抢种农作物）；秋季，又去参加"三秋"（秋收、秋耕、秋种）。同时，还要参加工业生产劳动，如 1961 年 1 月全校支援工业生产"开门红"，师生们到市内一些工厂参加劳动。

四川医学院为贯彻医学教育与生产劳动、群众卫生运动相结合的方针，从 1958 年开始实行"一三八"学制，即每学年放假 1 个月、劳动 3 个月、教学 8 个月，组织学生参加校内外的生产劳动，主要包括建校劳动和下乡抢收抢种。四川医学院的师生一面参加生产劳动，一面与当地广大卫生人员一起，开展以除害灭病为中心的群众卫生运动，为群众防病治病、解除疾苦。这些劳动，一定程度上改变了医学教育脱离政治、脱离实际、脱离群众的状况。[②] 1970 年 6 月，四川医学院按照上级《关于分配一部分大专院校毕业生到解放军农场去锻炼的通知》，把大部分师生派遣到昭觉、普格、甘洛等县的军队农场进行"劳动锻炼"。

新中国成立后，川大为祖国培养了无数优秀人才，他们在毕业之际充满理想，奔赴祖国各地，在建设国家的伟大事业中发光发热，为实现社会主义美好蓝图奉献自己，彰显着川大青年的风采。

[①] 《四川大学史稿》编审委员会：《四川大学史稿》（第二卷），成都：四川大学出版社，2006 年，第 60 页。

[②] 郑尚维、石应康：《四川大学华西临床医学院·华西医院史稿》，成都：四川辞书出版社，2007 年，第 80 页。

第三篇

解放思想、锐意进取：
改革开放和社会主义现代化建设新时期的川大青年

1978 年 12 月，党的十一届三中全会召开，开启了改革开放和社会主义现代化建设新时期。从此，中国共产党带领全国各族人民踏上了中国特色社会主义开创与接续发展的征程。① 改革开放和社会主义现代化建设为川大提供了新的发展契机，学校发生了前所未有的变化。

改革开放和社会主义现代化建设新时期，共青团解放思想、锐意进取，团结带领广大团员青年发出团结起来、振兴中华的时代强音，为祖国繁荣富强开拓奋进、锐意创新。顺应时代发展和青年变化，在经济社会深刻变革中引领青年思想、服务青年成长，努力探索社会主义市场经济条件下开展青年工作、加强自身建设的路径方法，团的工作贡献度持续提升。②

这一时期，川大分别经历了两次并校改革。1994 年 3 月 16 日，国家教委、四川省政府正式批准四川大学、成都科技大学合并组建四川联合大学，1998 年 12 月，四川联合大学更名为四川大学。2000 年 9 月 29 日，经教育部和四川省人民政府报国务院批准，原四川大学与原华西医科大学实现强强合并，定名为四川大学。③ 新四川大学是由原四川大学、原成都科技大学、原华西医科大学三个全国重点大学，"历经两次强强合并组建而成"④。党的十一届三中全会以来，原四川大学、原成都科技大学和原华西医科大学"努力适应经济、科技和社会发展的需要，始终坚持党的基本路线，全面贯彻党的教育方针，按照邓小平同志提出的教育要'面向现代化，面向世界，面向未来'的要求，努力探索建设有中国特色的社会主义大学的新路子"⑤。

这一时期，一批又一批川大青年在改革开放中积极投身于祖国的社

---

① 本书编写组：《中国近现代史纲要》（2021 年版），北京：高等教育出版社，2021 年，第 237 页。

② 共青团中央书记处：《中国共青团的百年奋斗征程和历史启示》，《人民日报》2022 年 5 月 5 日，第 12 版。

③ 党跃武：《海纳百川 有容乃大：四川大学校史读本》，成都：四川大学出版社，2013 年，第 64—65 页。

④ 谢和平：《大学文化：大学精神与川大精神》，《四川大学报》2004 年 3 月 19 日，第 2 版。

⑤ 党跃武：《海纳百川 有容乃大：四川大学校史读本》，成都：四川大学出版社，2013 年，第 57 页。

青年坚定信念，深入学习思想政治理论，加强思想政治引领，为思想政治建设注入活力；为解放和发展生产力，川大青年积极探索，勇于开拓创新，在科技领域发光发热，为科学技术的发展做出努力；为服务社会，川大青年无私奉献，开展志愿服务活动，充分发挥志愿服务精神，为祖国和人民贡献青春。这一时期，川大青年自觉承担起历史的重任，成为走在时代前列的开拓者，为社会主义现代化建设不懈奋斗。在改革开放和社会主义现代化建设的过程中，无论是理论学习，还是科技创新，抑或是志愿服务，川大青年"勇作改革闯将，开风气之先，为改革开放和社会主义现代化建设贡献了青春、建立了重要功勋"①。

① 习近平：《在庆祝中国共产主义青年团成立 100 周年大会上的讲话》，《人民日报》2022 年 5 月 11 日，第 2 版。

第七章　坚定信念，拨正思想航向

进入改革开放和社会主义现代化建设新时期后，川大的青年运动与青年工作得到进一步恢复并取得一定发展，为这一时期各项工作的顺利开展打下了坚实的基础。这一时期，川大青年通过开展学雷锋、"五讲四美三热爱"等活动，坚定理想信念，进一步增强了自身的组织认同感、政治责任感和时代使命感。在川大积极进行思想政治理论课教学改革、强化专业教师队伍建设等一系列实际行动的引领下，川大青年紧跟时代的发展，组织成立"学生邓小平理论研究会"等各个研究会，积极开展各类研讨会，进一步营造了理论学习的思想氛围，为川大青年进行"四化建设"创造了重要的思想政治条件。

第一节　川大团学工作的恢复和发展

党的十一届三中全会以后，在川大党委、上级团组织的正确领导及学校其他部门的支持配合下，川大共青团及时调整、恢复了相关工作，并采取完善团学组织、发展学生骨干队伍等一系列措施来推进和加强共青团工作，不断增强共青团的后备军作用，积极发挥共青团对川大青年的引领作用，为川大青年积极开展各项活动奠定了坚实基础。在此基础上，川大青年积极参与各项团学工作，锤炼本领，成就自我。

一、重塑团学组织

1978 年 6 月，川大经过拨乱反正，建立了新的党政领导班子后，党委当即明确由一位副书记分管学生工作，并设立党委青年工作部（1984 年改名为学生工作部），主管学生思想政治工作，还负责共青团和学生会的工作。[①] 川大党委一直以来都十分重视加强学校共青团的工作，认真选派年轻得力的党员干部担任校团委负责人。党的十一届三中全会以来，在党委领导下，川大团委"围绕把学生培养成德智体全面发展的合格人才，开展多方面的教育活动，发挥党的助手和

---

① 《四川大学史稿》编审委员会：《四川大学史稿》（第二卷），成都：四川大学出版社，2006 年，第 263 页。

后备军作用"①。1985 年 3 月，川大团委参照中央《关于整党的决定》等文件精神，进一步加强团的思想建设和组织建设，活跃团支部组织生活，健全团委工作制度。在团的长期工作中逐步建立起一整套工作制度和管理条例，要求共青团的各级干部"政治要坚强""学习要刻苦""工作要勤奋""作风要扎实""品德要高尚"，要做团员和青年的表率。同时进一步实现活动的规范化、制度化，增强团组织的战斗力。通过团校和业余党校对团员和团干部进行政治培训，向党组织推荐入党积极分子，1983—1993 年，经过团组织推荐，即有 1800 余名共青团员加入共产党，为壮大党组织队伍，发挥了党的后备军作用。② 在此过程中，川大青年积极参与团学培训，成为增强团组织战斗力的坚实力量，追求政治进步，源源不断成为党的新鲜血液，为团学组织的完善和发展贡献青春力量。

华大在学校党委和上级团组织的领导下，于 1985 年至 2000 年间不断加强共青团的基层组织建设。华大团委"严格按照团章的要求，进行每三年校团委委员换届选举的工作。历次团代会都以上级党、团的重要会议精神为指导，认真总结工作，勾画新时期共青团工作蓝图"③。1988 年 10 月 19 日，华大团委成立业余团校，团校日常工作由校团委办公室办理，很快 11 月就开始了第一期团校培训。1997 年 10 月，华大第十九次团代会在逸夫楼学术报告厅隆重举行，选举产生第十九届团委会委员 25 名，常委会选举产生书记和副书记各 1 名。从 1988 年开始，华大团委为每一个基层团支部建立活动档案，发放支部手册。团支部开展组织生活、发展新团员以及团员评议等活动均记录在活动手册中。1998 年，华大团委开展"五四红旗团支部"创建活动，对于支部生活开展好、支部学风好、团员整体素质高的支部，予以奖励。同时，每一年还开展"优秀团组织生活"观摩活动，这些活动有效地促进了基层团组织的建设，加强了团支部的凝聚作用。④

合校前后，各校团委在党的领导下，一手抓巩固、一手抓创新，进一步加强了共青团的组织建设，以党建带团建，开展团干培训，注重团学干部的学习和交流。这一时期，川大青年积极投身团组织建设，完善自我，服务同学，进一步促进自身的全面发展。2000 年，川大团委构建了"一体两翼"的组织格局，充分

---

① 《四川大学史稿》编审委员会：《四川大学史稿》（第二卷），成都：四川大学出版社，2006 年，第 329 页。

② 《四川大学史稿》编审委员会：《四川大学史稿》（第二卷），成都：四川大学出版社，2006 年，第 330 页。

③ 《四川大学史稿》编审委员会：《四川大学史稿》（第五卷），成都：四川大学出版社，2006 年，第 287 页。

④ 《四川大学史稿》编审委员会：《四川大学史稿》（第五卷），成都：四川大学出版社，2006 年，第 287 页。

发挥共青团联系川大青年的纽带作用，"强化了校、院（系）两级共青团组织建设，保证了共青团组织机构的单独建制，并加大了对团组织生活的指导与管理，完善了推优入党的业余团校等过去已有的制度手段和组织手段，加强了对学生会、研究生会的指导，强化了两会的服务功能"①。一方面，重点加强组织建设，做好团的日常工作。"坚持'抓基层、抓实事、抓落实'方针，把团的工作重点放在基层，加强对分团委（团总支）的指导。"② 另一方面，当好助手后备军，把好推优入党关。"转接新生、毕业生团组织关系万余人次，各支部开展组织生活 5000 余次，荐优入党推荐优秀团员 1300 余人，党组织考核发展 1000 余人。"③ 2006 年，川大团委"加强团干培训，开展团干考核，分别于 2 月、7 月和 8 月举办春、夏、秋季干部培训会，学习党、团重要指示精神，对各阶段学生工作重点做布置；分别于 5 月和 10 月举办了两次低年级团支部书记培训，对团的基本知识和校团委工作情况进行讲解和介绍"④。川大青年通过团干培训，掌握了一定的团的基本知识，进一步提升了团学干部开展各项团务工作的能力。除此之外，川大青年积极开展团组织生活，紧紧抓住团组织生活这一核心，推进各项团建工作的不断完善。

同时，川大团委也高度重视基层组织建设。2007 年，川大团委积极促进学校基层团组织建设，在各学生社团设立团支部。随着团组织建设工作的深入开展，学校基层团组织更加完善、团组织覆盖面更宽、组织建设创新点更多、团组织在团员青年思想政治教育工作中发挥的作用日益突出。⑤ 2008 年，川大团委以学校第十二次团代会的胜利召开为契机，进一步加强基层团组织建设，充分发挥团组织的战斗堡垒作用，激发学校基层团组织的活力。川大团委在全校范围内贯彻"加强基层团组织建设和基层工作"会议精神，起草《四川大学加强基层团组织建设若干意见（草案）》。为进一步规范学校各级团组织的各项工作，校团委牵头对《四川大学五四红旗团委评比细则》进行修订。川大团委通过筹备关于加强基层团组织建设的研讨会，创新工作思路，加强基层组织建设，强化对学生组织的管理和引导，完善了学生组织中的团建工作，加强团组织的战斗力和凝

①　四川大学校长办公室：《四川大学年鉴（2000）》，成都：四川大学出版社，2001 年，第 279 页。
②　四川大学校长办公室：《四川大学年鉴（2000）》，成都：四川大学出版社，2001 年，第 277 页。
③　四川大学校长办公室：《四川大学年鉴（2000）》，成都：四川大学出版社，2001 年，第 277－278 页。
④　四川大学党委办公室、四川大学校长办公室：《四川大学年鉴（2006）》，成都：四川大学出版社，2007 年，第 398 页。
⑤　共青团四川大学委员会：《共青团四川大学委员会 2007 年度工作总结》。

聚力。①

这一时期，川大青年不仅积极参与共青团的组织建设，还加强理论学习，全面提高自身政治思想素质。2001 年，川大团委进一步加强队伍建设，加强理论培训及交流，进一步激发川大青年的政治热情。川大青年积极开展理论学习，"通过党校培训班、学生干部培训班及业余团校，加强了思想理论的学习，取得良好的效果。"② 2010 年，川大团委通过编撰出版《高校团组织建设创新与实践》一书，实施"共青团建设"学生科研项目及"青年马克思主义培养工程"，表彰先进人物，树立优秀典型等方面的工作，进一步加强共青团组织建设，进一步提升川大学子的精神风貌和思想素质。③ 川大青年认真学习有关理论，积极参与科研项目，努力提升综合素质，展现川大青年的风采。

二、发展学生骨干队伍

四川省学联，是中国共产党领导下的四川省高等学校学生会、研究生会和中等学校学生会的联合组织。1979 年，四川省学联恢复运行。1979 年 10 月，四川省学联第三次代表大会在成都召开，出席会议的代表来自全省 45 所大专院校。川大等五所高校学生会、班委会代表在会上发了言，介绍了各自工作的成果和经验。大会选举四川大学、重庆大学、西南师范学院、成都电讯工程学院等 20 所院校学生会为委员单位，组成了四川省学联第三届委员会。在全体委员单位代表第一次会议上，川大学生会被推选为主席单位，成都电讯工程学院、四川医学院等六所院校学生会被推选为副主席单位。四川省学联第四次代表大会于 1983 年 12 月 4 日至 7 日在成都召开，出席会议的正式代表 210 人。川大代表孙力代表四川省学联第三届委员会向大会作了题为《以爱国的赤子之心，以建国的真才实学在振兴中华的历史上谱写新篇章》的工作报告。大会选举产生了由四川大学、西南民族学院、重庆大学、成都石室中学等 53 所学校学生会组成的四川省学联第四届委员会，川大当选为主席单位。④

四川大学与成都科技大学合并为四川联合大学之后，校团委重视加强学生干部队伍的建设。1996 年，在学期之初，四川联合大学团委对院系学生会主席、

① 共青团四川大学委员会：《共青团四川大学委员会 2008 年度工作总结》。

② 四川大学校长办公室：《四川大学年鉴（2001）》，成都：四川大学出版社，2002 年，第 175 页。

③ 四川大学党委办公室、四川大学校长办公室：《四川大学年鉴（2010）》，成都：四川大学出版社，2011 年，第 454 页。

④ 共青团四川省委青年运动史研究室：《共青团四川省委志》，成都：成都科技大学出版社，1996 年，第 92 页。

团支部书记、班长及校学生会、研究生会的学生干部进行了轮训，帮助他们正确认识学校的形势和面临的重要任务，锻炼工作能力，鼓励他们求实创新、刻苦努力、勤奋工作、团结奋进、全面发展、健康成才，使他们感到党组织对他们的关心和厚望，增强了他们的责任感和使命感，也因此增强了他们工作的主动性与积极性。[①]

在川大对学生会、研究生会的骨干队伍进行大力培养下，川大青年积极加入学生会、研究生会，认真做好两会工作，锻炼自身实践能力。随着学校研究生规模不断扩大，川大团委于1983年在全国高校中率先建立研究生分会和研究生分团委，还设立研究生工作部，不仅把研究生的课余文体活动组织开展起来，还有计划地组织研究生在学生中举办知识讲座，扩大学生的视野。川大团委把培养学生成为德智体全面发展的合格人才作为团工作的主要任务，"以学习为中心，三好为目标"，在学生中开展评先选优的活动，从1983年起每年在团员中评选"优秀团员""优秀团干部""先进团支部"，并同学生会一道在学生中评选"三好学生""优秀学生干部"，进行表彰奖励，对推动团员和青年学生德智体全面发展起了积极的作用。[②]

2000年，原四川大学与原华西医科大学合并，定名为四川大学。2001年4月，经过严格筛选，合并后的四川大学第一届学生会成立。川大学生会作为川大党委领导和川大团委指导下的学生群众组织，下设主席团、办公室、宣传部、学习部、科技部、编辑部、生活部、实践部、文艺部、体育部、治安管理委员会、女生工作委员会，按照民主集中制的组织原则，依照国家法律、学校规章制度和学生会组织章程，独立自主地开展工作。"在日常管理中，校学生会继续落实鲜明的文化理念，确保学生会的活力；继续提升各项活动的品牌效应，增强活动竞争力；进一步团结各学院学生会，增强学生会的凝聚力；继续强化宣传意识，节约宣传成本；进一步优化学生会资源等。"[③] 2009年，川大学生会继续加强各方面工作：一是广泛开展丰富多彩的理论学习教育活动；二是加强组织制度建设，为进一步提升管理水平，进一步加强校、院学生会联系机制建设，制定了《四川大学学生会学生干部考评机制》《四川大学学生会财务管理制度》《四川大

---

①　四川联合大学校长办公室：《四川联合大学（四川大学·成都科技大学）年鉴：1996—1997》，成都：四川大学出版社，1998年，第57页。

②　《四川大学史稿》编审委员会：《四川大学史稿》（第二卷），成都：四川大学出版社，2006年，第329页。

③　四川大学党委办公室、四川大学校长办公室：《四川大学年鉴（2004）》，成都：四川大学出版社，2005年，第387页。

学学生会主席团选举办法》《四川大学学生会主席联席会制度》等相关制度，并进一步完善了《四川大学十佳学生会评比细则》。[①]

第二节 筑牢理想信念根基

川大一直以来十分重视对学生的理想信念教育，始终将理想信念教育贯穿于思想政治教育工作的全过程。这一时期，在川大党委的领导下，在川大团委的指导下，川大青年坚持长期深入开展学雷锋活动，传承和弘扬雷锋精神；开展"五讲四美三热爱"活动，积极投身"四化建设"；根据不同时期的形势变化，开展各类主题教育活动，主动树立正确的世界观、人生观和价值观。在此基础上，川大青年的理想信念进一步坚定，川大青年的信仰之基进一步筑牢。

一、掀起学雷锋热潮

1977 年 3 月，川大党委发出"关于深入开展学习雷锋活动"的号召，川大青年广泛开展学雷锋活动，好人好事不断涌现。1978 年 5 月，川大党委青年工作部和团委召开了学雷锋先进集体和先进个人表彰大会，要求同学们把主要精力和时间用在为国家实现四个现代化而刻苦学习科学文化知识，作为学雷锋的最好的实际行动[②]，不断推进学雷锋活动的长期开展。

共青团四川省委于 1980 年 5 月发出了组织全省团员青年向"学雷锋树新风模范青年"学习的指示。从 1981 年开始，全省各级团组织于每年 3 月组织青少年开展"学雷锋 树新风"活动。[③] 川大青年积极开展学雷锋活动，以实际行动来弘扬雷锋精神。1985 年，华大公共卫生学院成立学雷锋活动小组，秉承"奉献爱心，收获真诚"的宗旨，开展敬老、爱幼、提供社会服务、关注社会焦点等方面的活动，取得很好的成绩；1992 年，该小组被中宣部、解放军总政治部联合授予"学雷锋先进集体"；1993 年和 2000 年，获得国务院颁发的"全国先进集体"称号；1994 年被团省委授予"青年文明号"；1997 年、1998 年蝉联成都

---

① 四川大学党委办公室、四川大学校长办公室：《四川大学年鉴（2009）》，成都：四川大学出版社，2010 年，第 434 页。

② 《四川大学史稿》编审委员会：《四川大学史稿》（第二卷），成都：四川大学出版社，2006 年，第 278 页。

③ 共青团四川省委青年运动史研究室：《共青团四川省委志》，成都：成都科技大学出版社，1996 年，第 92 页。

市"优秀青年志愿者组织"称号。2000 年，该小组改名为华西爱心俱乐部。① 在四川联合大学团委的号召下，川大青年于 1995 年 3 月 5 日在全校范围进行"学雷锋日"活动，开展形式多样的志愿服务活动，发扬榜样作用：全校 14 个学院 4000 多名学生全面出动打扫卫生，校园面貌为之一新；物理系家电义务维修小组、研究生会家电义务维修小组等志愿者队伍也纷纷展开活动，现场为同学们维修电器；历史系组织 40 多名学生去桂溪乡看望孤寡老人，他们这项活动已经坚持了 13 年，四川电视台现场采访了他们的活动情况；校团委教师带领 20 多名学生走上街头擦洗栏杆，深受行人好评。②

川大青年以"学雷锋日"作为起点，带动学校学雷锋活动的开展。2006 年 3 月 5 日，以"弘扬雷锋精神　志愿服务社会"为主题的学雷锋宣传活动在江安校区青春广场展开。川大青年围绕"学雷锋，做好事"的宗旨，展开了丰富多彩的宣传活动。华西临床医学院和口腔医学院的学生为同学们进行义诊，体现了医学生的独特风采；建环学院、水电学院和材料学院的失物招领，别具一格，为同学办实事；志愿者总队则举办了为残联捐书活动，让更多的同学参与进来，献上自己的一片爱心。③ 川大青年以身作则，从身边的小事做起，继承和弘扬雷锋精神，进一步弘扬乐于助人的传统美德。2012 年，川大青年以传承和弘扬雷锋精神为主题，加强雷锋精神学习研究，加强工作机制建设，在全校学生中广泛进行了雷锋事迹、雷锋精神和雷锋式模范人物的宣传教育，普及爱国、敬业、诚信、友善基本道德规范，积极开展学雷锋实践活动和社会志愿服务活动。④

二、宣传"五讲四美三热爱"

改革开放以来，我国不断推动精神文明建设，开创了社会主义精神文明建设的新局面。"五讲四美三热爱"是我国在 20 世纪 80 年代为推动精神文明建设开展的活动，"五讲"指讲文明、讲礼貌、讲卫生、讲秩序、讲道德，"四美"是指心灵美、语言美、行为美、环境美，"三热爱"是指热爱祖国、热爱社会主义、热爱人民。

---

① 《四川大学史稿》编审委员会：《四川大学史稿》（第五卷），成都：四川大学出版社，2006 年，第 288 页。

② 四川联合大学校长办公室：《四川联合大学（四川大学·成都科技大学）年鉴：1994—1995》，成都：四川大学出版社，1996 年，第 153 页。

③ 张璞、程兆晶：《弘扬雷锋精神　志愿服务社会》，《四川大学报》2006 年 3 月 28 日，第 3 版。

④ 四川大学党委办公室、四川大学校长办公室：《四川大学年鉴（2012）》，成都：四川大学出版社，2013 年，第 433 页。

　　"五讲四美三热爱"活动是人民群众在建设社会主义精神文明伟大实践中发展出来的新创举。它的兴起，反映了社会客观的需要和人民群众的愿望。1981年2月25日，全国总工会、共青团中央、全国妇联、中国文联、中央爱国卫生运动委员会、全国学联、全国伦理学会、中国语言学会和中华全国美学学会九个单位，为响应中共中央关于加强社会主义精神文明建设的号召，向全国人民特别是青少年倡议：开展以讲文明、讲礼貌、讲卫生、讲秩序、讲道德和心灵美、语言美、行为美、环境美为内容的"五讲四美"文明礼貌活动，使我国城乡社会风气和道德面貌有一个根本的改观。以上组织单位发出的《关于开展文明礼貌活动的倡议》指出，加强社会主义精神文明建设，是在新的历史条件下发扬革命传统和中华民族优良传统，促进经济调整和社会安定的重要保证。2月28日，中宣部、教育部、文化部、卫生部、公安部联合发出《关于开展文明礼貌活动的通知》，要求各级宣传、教育、文化、卫生、公安等部门，积极支持各群众团体开展文明礼貌活动，把它作为当前建设社会主义精神文明的一件大事抓好。[1]"五讲四美"活动，不仅推动了社会风气的转变，还使我国社会主义精神文明建设持续巩固发展，进一步推动了良好社会风尚的形成。在四川，广大团员、青少年，人人争做优质服务标兵，个个争当树新风的先锋，把"五讲四美"的春风吹遍巴山蜀水，把"为您服务"的温暖带给广大群众。各级团学组织注意把思想性、教育性贯穿于思想教育活动的始终，把各种活动当成思想教育的课堂，让广大青少年在活动中受到共产主义道德、理想的熏陶。[2]

　　1983年1月，中宣部等20多个部门又提出，在"五讲四美"活动中，开展"三热爱"教育活动，这两项活动被统称为"五讲四美三热爱"活动。中共中央充分肯定此项活动，同时规定每年三月为全民文明礼貌月。"全民文明礼貌月"活动是一项移风易俗、改造社会的群众性实践活动。这项活动是在一年多来群众性"五讲四美"活动的基础上开展的，其声势规模之大，社会效果之好，群众影响之深，都是多年来少有的。这次活动取得了明显的效果，活动结束后，许多城市、行业开始根据本地区、本行业的特点，建章立制，确立规范，逐渐把活动朝着经常化、规范化、制度化方向发展。[3] 在1982年的第一个文明礼貌月中，全国

---

　　① 刘宋斌：《中国共产党文化建设史》（第3卷），哈尔滨：黑龙江人民出版社，2019年，第2006－2007页。

　　② 共青团四川省委青年运动史研究室：《共青团四川省委志》，成都：成都科技大学出版社，1996年，第94页。

　　③ 刘宋斌：《中国共产党文化建设史》（第3卷），哈尔滨：黑龙江人民出版社，2019年，第2009页。

50万个青少年服务队和学雷锋小组走上社会，广泛开展"为您服务、助人为乐"的活动，在广大群众中引起了强烈的反响。1982年3月，成都青少年在文明礼貌月中进行"为您服务"活动。

在1982年前后的一段时间，川大青年通过各种渠道，广泛开展"五讲四美三热爱"和学雷锋活动，深入社会搞宣传讲演，搞社会调查。[①]此次活动"声势较大，重点突出，动员面广，行动迅速，工作扎实，成绩显著。尤为可喜的是，大家有了一种振奋感和责任心"[②]。1982年4月10日，川大外文系日语专业80级"十五位同学利用课余时间义务到图书馆做清洁，同学们不怕脏不怕累，把二楼阅览室的门窗、桌椅、地板打扫得干干净净，同学们用他们的辛勤劳动，为全校同学提供了一个整洁清爽的学习环境"[③]。"五讲四美三热爱"活动的开展，使得川大青年的精神面貌发生了明显变化，在大力倡导了共产主义道德风尚的同时，振奋了川大青年的民族精神，展现了川大青年新的精神面貌，提升了川大青年的人际交往能力。

三、组织各类主题教育

川大在不断改进和加强学生思想政治教育工作中，十分注意通过多种途径，开展多种形式的教育活动，以坚定学生的政治信仰，激励学生的爱国热情和为实现四个现代化作贡献的事业心和责任感，使其树立正确的世界观和人生观。[④]根据形势和学生思想实际，1981年川大团委在学生中组织了以爱国主义为主题的讲演比赛，并在此基础上组织了在校内外有较大影响的中国近代史讲演活动。[⑤]为帮助自身更好地认识中国、了解国情、认识中国共产党的领导和走社会主义道路的历史必然性，川大青年积极参与演讲活动，不断提升语言表达能力，促进自身全面发展。

按照团中央、团省委、团市委有关要求，在川大党委的领导下，川大团委于2005年9月至12月在全校开展了"增强共青团员意识"主题教育活动，活动的开展进一步完善了共青团工作长效机制，实现了"增强团意识、健全团组织、活

---

① 《四川大学史稿》编审委员会：《四川大学史稿》（第二卷），成都：四川大学出版社，2006年，第266页。

② 文丁：《我校召开"文明礼貌月"总结表彰会》，《四川大学报》1982年4月26日，第1版。

③ 《文明礼貌月之后》，《四川大学报》1982年4月26日，第3版。

④ 《四川大学史稿》编审委员会：《四川大学史稿》（第二卷），成都：四川大学出版社，2006年，第268页。

⑤ 《四川大学史稿》编审委员会：《四川大学史稿》（第二卷），成都：四川大学出版社，2006年，第329页。

跃团工作"的目标。在此基础上，川大团委深入开展"团旗插遍主战场"活动，不断增强团组织战斗力和凝聚力。为加强团员青年自身修养及模范带头作用，提高团员干部综合素质，川大团委还组织了以"人格＋知识＋能力"为主题的团校学习活动。①

2007 年，党的十七大召开，川大团委号召和组织全校团员和青年认真学习胡锦涛同志代表第十六届中央委员会做的工作报告以及大会相关精神，开展"永远跟党走，争做新一代"主题教育活动，全校各级团组织高度重视，积极响应，广泛发动，结合实际，精心组织，开展了形式多样、内容丰富的团日活动，把广大青年的思想和行动进一步统一到党的十七大精神上来，在全校范围内掀起了学习贯彻党的十七大精神的热潮。例如，历史文化学院分团委开展"关注十七大，十七大系列追踪报道"活动，水利水电学院分团委开展"学习十七大，践行十七大，和谐新水电"系列活动，电气信息学院分团委开展"十七大在我心中"系列团日活动等，这些活动很好地宣传了十七大精神，吸引和带动了更多的学生深入学习贯彻党的十七大精神。② 川大青年广泛组织开展形势政策教育活动，呈现覆盖面广、针对性强、形式生动的显著特点，取得了良好效果。在学校积极构建形势政策教育宣讲体系的引导下，川大青年通过举行各层次的主题报告会、研讨会、座谈会、演讲比赛等形式学习十七届五中全会精神，同时将"对全会精神的学习与各类社会实践活动有机结合起来。在社会实践活动中，川大涌现出'五彩石'灾后心理重建志愿团、研究生支教团、华西临床医学院（华西医院）'博士快车服务团'等一大批社会实践团队，产生了身残志坚的张林、自觉肩负扶贫责任的姜丽等一大批先进大学生典型"③。

围绕学校 2012"校园文化建设年"工作要求，川大团委积极开展系列主题宣传教育活动，以庆祝建团 90 周年和学习宣传贯彻党的十八大精神为主题，大力开展形式多样的宣传教育活动，深入发掘新媒体在促进大学生思政教育上的应用。川大团委邀请时任校党委书记杨泉明教授与学校团员青年代表座谈，学习胡锦涛总书记"五四"讲话精神，在人人、新浪、腾讯、微博等网络媒体实现同步直播。川大团委把学习贯彻讲话精神与"基层组织建设年"工作、创先争优活动、深入开展学雷锋活动、学校"校园文化建设年"活动等当前重点工作紧密结合，以扎实的工作和优异的成绩迎接党的十八大的胜利召开。此外，川大团委在

---

① 四川大学党委办公室、四川大学校长办公室：《四川大学年鉴（2005）》，成都：四川大学出版社，2006 年，第 448 页。

② 共青团四川大学委员会：《共青团四川大学委员会 2007 年度工作总结》。

③ 刘裕国：《四川大学形势政策教育覆盖面广针对性强》，《人民日报》2011 年 2 月 24 日，第 4 版。

党的十八大开幕式、建团 90 周年纪念大会、学校运动会等期间开展主题教育活动微直播、微解读，通过"零门槛"的形式将主题教育活动与学生学习生活无障碍连接。材料学院分团委的"红色青春，拥抱十八大"系列特色活动以知识问答、"祖国时间轴在我心"和"爱国徽章设计大赛"为契机，帮助学生了解更多的中国共产党成长壮大的历程和取得的辉煌成就，增进学生知党、爱党、颂党、跟党走的行动自觉，增强学生热爱祖国、热爱中国共产党的深厚情感。①

第三节　争当社会主义"四有新人"

川大从青年学子的思想实际出发，不断加强和改进新时期的青年思想政治工作，在"四化建设"的伟大实践中培养和造就了一代有理想、有道德、有文化、有纪律的共产主义新人，为更好推进改革开放和社会主义现代化建设作出了应有的贡献。这一时期，川大青年全面深入开展理论学习，用科学理论武装头脑，不断提高思想政治水平，筑牢理想信念根基，艰苦奋斗、努力拼搏，以精神文明建设促进经济建设，争当社会主义"四有"新人。

一、改革思想政治理论课程

马列主义政治理论课教学是学校政治理论教育的主渠道，是对学生进行思想政治教育的主要途径，也是同各种错误思想开展斗争的主战场。川大历来十分重视政治理论课教学，于 1978 年恢复了马列主义教研室，向全体学生开设"中共党史""政治经济学""哲学"三门课程。1980 年 7 月，教育部颁发了《改进和加强高等学校马列主义理论课的试行办法》，川大贯彻该文件的要求，对已开出的三门政治理论课的教学大纲、教材内容进行了修订和补充，强调在教学中贯彻理论联系实际的方针，坚持四项基本原则，结合教学进行爱国主义和国情教育，批判资产阶级的各种错误思潮。1985 年 8 月，《中共中央关于改革学校思想品德和政治理论课教学的通知》下达后，川大向全体马列主义教研室教师传达，并组织讨论，检查总结过去马列主义政治理论课教学的情况和经验，研究进一步改革的思路。在做了初步准备的基础上，1986 年 1 月，根据川大党委指示，川大马列主义教研室举行了政治理论课改革研讨会，进行了深入的研讨，总结了经验，增强了进一步搞好马列主义理论课教学的信心。在改革政治理论课程的过程中，川大采取"小改"的方式逐步探索，即逐步调整教学内容，充实新知

---

① 共青团四川大学委员会：《共青团四川大学委员会 2012 年度工作总结》。

识，改进教学方法，引导学生认真读原著，采取有效措施坚持理论联系实际，采取生动活泼的方式进行教学等。[①]

1982 年教育部发出《关于在高等学校逐步开设共产主义思想品德课程的通知》之后，川大即筹备建立了德育教研室，准备德育课的教学。在研究制订教学计划时，相关负责人一致认为德育课是以马克思主义为指导的思想理论教学课程，它与马克思主义政治理论课各有侧重，互为补充。川大德育课确立了以人生观、道德品质教育为中心，以做合格大学生为起点的思想品德学科体系。1984年 9 月，教育部发出《关于高等学校开设共产主义思想品德课的若干规定》。学校根据文件的要求，在德育教研室的基础上建立共产主义思想品德教研室，并按学生人数配齐专职教师队伍，还聘请数十名学生政工干部和历史、哲学、法律及政治理论课教师做教研室的兼职教师。川大把共产主义思想品德课作为学生的必修课，纳入学校教学计划，在教学中要求突出爱国主义和共产主义品德教育，以此作为一根红线，贯彻到对一年级学生的《学生守则》、法制教育，二年级学生的近代史教育，三年级学生的品德修养教育，四年级的毕业分配教育之中。[②]

成都科技大学在这一时期紧跟时代发展和形势需要，着力于马克思主义政治理论课的教学改革和思想品德课的开设和改进。1985 年，按照中共中央《关于改革学校思想品德和政治理论课程教学的通知》，成都科技大学开始将原开设的"马克思主义哲学""政治经济学""中共党史"改为"马克思主义原理""中国革命史""中国社会主义建设"三门课程。为了保证教学质量，在加强集体教研的同时，成都科技大学先由有经验的教师进行大班讲课或专题教学。为了加强马列主义政治理论课教学，并遵循国家教委新的规定，成都科技大学将马克思主义政治理论课的学时增加为 280 学时（"马克思主义原理"140 学时，"中国革命史"和"中国社会主义建设"各 70 学时）。各科都针对学生中存在的深层次理论问题，适当调整教学内容，突出马克思主义基本理论和观点，加强社会主义信念的教育。1983 年，四川省高校成立德育研究会之后，成都科技大学建立了"共产主义品德课"教研室，开设思想品德课。当时由于缺乏教材和经验，课堂教学主要是结合形势进行社会主义、爱国主义、为四化建设勤奋学习的教育。1987 年 7月，川西、川南片区德育研究会在成都科技大学成立，由成都科技大学负责承办教师培训班，共同研究德育课的建设。此后，成都科技大学德育教研室开设"大

[①]《四川大学史稿》编审委员会：《四川大学史稿》（第二卷），成都：四川大学出版社，2006 年，第269—270 页。

[②]《四川大学史稿》编审委员会：《四川大学史稿》（第二卷），成都：四川大学出版社，2006 年，第271 页。

学生思想品德修养""形势与政策""法律基础"三门必修课，以及"社会主义领导科学""社会心理学""经济法"等选修课。1990 年，为把学生思想政治教育与心理教育结合起来，成都科技大学成立了心理咨询中心。通过德育课专职教师同政工干部中的兼职教师相结合、课堂教育与经常性思想政治工作相结合、思想政治教育与心理教育相结合，学校的德育教育取得较好的成效。成都科技大学的"高校思想品德课程建设"于 1990 年获得四川省首届优秀教学成果奖二等奖。①

　　为了适应社会主义市场经济建设大潮对高校学生思想政治工作的影响和要求，华大党委和行政部门于 1995 年再一次联合制订了《中共华西医科大学委员会、华西医科大学关于进一步加强和改进德育工作的实施意见》，深化马克思主义理论课、思想品德课和军事训练课改革，强调"三课"是对学生进行爱国主义、集体主义、社会主义和世界观、人生观、价值观教育的主渠道和基本环节，必须切实改进和加强。②

　　2005 年，川大进一步贯彻落实《中共中央国务院关于进一步加强和改进大学生思想政治教育的意见》和《中共中央宣传部教育部关于进一步加强和改进高等学校思想政治理论课的意见》的文件精神，以迎接教育部本科教育教学评优为契机，推进思想政治理论课教学改革，增强思想政治理论课教学的实效性。学校还进一步探索并实施了四大教学模式，即"四化三结合"教学模式、理性与情感双向激活教学模式、思想道德教育教学与心理健康教育相结合模式、第一课堂与第二课堂相结合模式；同时，全面启动公共思想政治理论课教学新方案工作，制定了实施思想政治理论课新方案的具体意见。③ 2012 年，学校加强形势与政策课建设，充分发挥其作为思想政治教育重要载体的作用：加大对形势与政策教师支持和监督，增强课程的针对性和实效性；为每位教师征订《时事报告》杂志社推出的"形势与政策"专题讲稿及光盘；统一下发《高校"形势与政策"教育教学要点》以及相应教学计划；完善形势与政策教学骨干小组成员教师根据教学计划集体备课制度，制定每学期形势与政策课程的参考课件。④ 通过不同时期的思想政治理论课程改革，川大青年的理论学习进一步加强，逐步树立了正确的世界

　　① 《四川大学史稿》编审委员会：《四川大学史稿》（第三卷），成都：四川大学出版社，2006 年，第 196－197 页。

　　② 《四川大学史稿》编审委员会：《四川大学史稿》（第五卷），成都：四川大学出版社，2006 年，第 280 页。

　　③ 四川大学党委办公室、四川大学校长办公室：《四川大学年鉴（2005）》，成都：四川大学出版社，2006 年，第 448 页。

　　④ 四川大学党委办公室、四川大学校长办公室：《四川大学年鉴（2012）》，成都：四川大学出版社，2013 年，第 433 页。

观、人生观、价值观。

二、强化专业教师队伍

1985 年，川大认真贯彻《中共中央关于教育体制改革的决定》的精神，培养德智体全面发展的"四有"新人。鉴于既有学生政工干部队伍的素质同所担负的工作任务还不完全相适应的状况，川大党委制订了《关于加强学生政工队伍的意见》，提出逐步建成一支新型的思想政治工作骨干队伍，使他们既有一定的业务水平，又掌握思想政治教育专业理论，不断提高思想水平和实际工作能力，以应对高等教育形势发展的客观趋势和要求。川大党委决定：有步骤地安排专职政工干部攻读思想政治教育专业或课程；成立思想政治工作研究会，有计划地研讨新时期青年思想政治工作的特点、规律、形式和方法；不断培养一批富于献身精神的、素质较高的、密切联系群众的新型思想政治工作者。[1] 川大青年教师马克思主义理论读书班（第一期）于 1992 年结业，其时有 35 名青年教师（干部）参加了四周的脱产学习。读书班（第一期）完成了预定的教学计划，全部学员最后进行了"个人总结"，填写了"考评表"，并按要求撰写了心得论文。这次读书班为学校分期分批地组织青年教师（干部）系统学习马列主义著作开了好头。[2]

一支富有战斗力的德育教师和政工干部队伍是学生思想政治工作顺利开展的必要条件，川大历来重视德育教师和政工干部队伍的建设，为此做了许多有益的工作。1988 年，川大第六次党代会决定加强思想政治教育队伍的建设，计划每年选送二至三名政工人员和其他自愿从事思想政治教育工作的人员报考第二学士学位或硕士研究生，并着力解决他们的生活待遇问题，使其能专心致志地从事思想政治教育工作。1992 年川大党委制订了《关于加强我校政工干部队伍建设的决定》。该文件从确定编制、配齐人员，政工干部来源，加强政工干部培养和管理，合理解决政工干部有关待遇等几个方面，深入地规划了学校德育和政工干部队伍建设工作。除了规划建设以外，开展德育和政工干部评优和表彰也是加强队伍建设的重要工作。[3]

加强思想政治理论课师资队伍建设是学校思想政治教育工作的一项重要内容。2005 年，川大继续实施思想政治理论课学术和学科带头人制度，以及青年

---

① 《四川大学史稿》编审委员会：《四川大学史稿》（第二卷），成都：四川大学出版社，2006 年，第 266 页。

② 四川大学校长办公室：《四川大学年鉴（1992）》，成都：四川大学出版社，1993 年，第 122 页。

③ 《四川大学史稿》编审委员会：《四川大学史稿》（第五卷），成都：四川大学出版社，2006 年，第 280－281 页。

教师培养"一对一"指导教师制度；鼓励和支持思想政治理论课教师参加各级学术会议，鼓励和支持思想政治理论课教师在职攻读硕士、博士学位；聘请了多位全国知名专家、学者担任学校思想政治理论课教学兼职教授，邀请了多位全国知名学者来校讲学。[①] 2007 年，学校认真落实《四川大学政治学院师资队伍建设规划》，进一步健全教学科研激励机制：按照"内培外引"原则，对学术及学科带头人及后备人选进行培养；补充完善了思想政治理论课骨干教师档案，以进行有针对性的重点培养；继续实施思想政治理论课青年教师培养"一对一"指导教师制；鼓励在职思想政治理论课教师参加了四川省邓小平理论研究会、四川省德育研究会等单位组织的各类学术交流会议，选送了 10 多名教师参加各级各类培训班；对外聘请了多位全国知名专家、学者作为思想政治理论课方面的名誉教授，邀请了多位全国知名学者来校讲学。同时，继续做好作为"四川省高校'两课'师资培训和科研中心"所担负的对全省思想政治理论课教师的培训工作。[②]为加强思政教师的理论学习和业务知识学习，学校鼓励和支持思政教师理论结合实践开展科研工作，设立了"四川大学大学生思想政治教育研究基金"，制订了《四川大学大学生思想政治教育研究基金管理办法》，并顺利完成了 2007 年度的项目申报、评审和立项工作。[③]

2012 年，川大建成了"四川大学思想政治理论教育中心"实验室和"四川大学思想政治理论课在线"网站，举办了 10 期"思想政治教育大讲堂"；召开了研究生思想政治教育工作座谈会，制定了《加强和改进研究生思想政治教育工作的实施意见》，逐步形成了导师、辅导员、学生骨干三支队伍紧密配合、和谐联动的研究生思想政治教育新机制；开展思政干部队伍交流培训活动 40 余次，进一步加强辅导员队伍建设。[④]通过强化专业教师队伍建设，使川大教师更具专业能力，成为川大青年的引路人，促进川大青年成长成才。

三、组建各类思想政治研究会

在川大不断加强思想政治理论课程改革和强化专业教师队伍的同时，川大青

---

① 四川大学党委办公室、四川大学校长办公室：《四川大学年鉴（2005）》，成都：四川大学出版社，2006 年，第 449 页。

② 四川大学党委办公室、四川大学校长办公室：《四川大学年鉴（2007）》，成都：四川大学出版社，2008 年，第 426 页。

③ 四川大学党委办公室、四川大学校长办公室：《四川大学年鉴（2007）》，成都：四川大学出版社，2008 年，第 428 页。

④ 四川大学党委办公室、四川大学校长办公室：《四川大学年鉴（2012）》，成都：四川大学出版社，2013 年，第 153 页。

年高度重视青年学生群体间思想的互动交流，积极组建并参与"学生邓小平理论研究会"和"'三个代表'重要思想研究会"等理论研究学生社团。1998 年，川大内部成立了"学生邓小平理论研究会"，这是西南地区高校中第一个由学生组成的邓小平理论研究会。通过开展演讲、辩论等活动，川大青年积极地学习邓小平理论。通过这些活动，川大青年进一步增强了学习邓小平理论的自觉性、积极性、思想教育工作也取得了明显的实效性。[①] 2001 年，川大团委利用团的组织生活、主题团日等活动，全面深入学习邓小平理论，努力用邓小平理论武装团员青年，不断提高团员青年的思想政治素质。通过主题团日活动，开展面对团章"问三问"的专题活动，进一步加强青年学生入团后的再教育。[②]

　　紧跟时代发展，川大青年加强了对"三个代表"重要思想的学习研究，在全校范围内发起了对"三个代表"重要思想的学习高潮。2001 年 9 月 5 日，川大在西部学校中率先成立了第一个团员"三个代表"学习研究会，得到团中央、团省委、团市委的高度评价。[③] 该研究会的总体任务是：号召、团结广大同学，用邓小平理论、"三个代表"重要思想武装头脑，并紧密结合专业学习及综合素质的提高，自觉成为"三个代表"重要思想的学习者、研究者、宣传者、贯彻者与实践者，从而不断将学校"三个代表"学习活动引向深入。[④] 2002 年，川大团委充分发挥学生党员"三个代表"研讨会在学习"三个代表"重要思想中的核心作用，在全校学生中兴起学习"三个代表"重要思想的热潮，学生提交有关学习实践"三个代表"重要思想的论文 100 余篇，其中公共管理学院研究生吴宇同学代表学校参加了全省经验交流会。[⑤] 各类思想政治研究会进一步坚定川大青年的政治信仰，激励他们的爱国热情，川大青年用理论武装头脑，以理论指导实践。

[①] 四川大学党委办公室、四川大学校长办公室：《跨越：1997—2002》（上卷），成都：四川大学出版社，2003 年，第 321 页。

[②] 四川大学校长办公室：《四川大学年鉴（2001）》，成都：四川大学出版社，2002 年，第 175 页。

[③] 四川大学党委办公室、四川大学校长办公室：《跨越：1997—2002》（上卷），成都：四川大学出版社，2003 年，第 321 页。

[④] 彭晖：《我校成立西部高校首家大学生"三个代表"学习研究会》，《四川大学报》2001 年 9 月 10 日，第 1 版。

[⑤] 四川大学党委办公室、四川大学校长办公室：《四川大学年鉴（2002）》，成都：四川大学出版社，2003 年，第 309 页。

第八章　开拓创新，勇攀科创巅峰

改革开放以来，在党和国家的重视下，我国科技事业取得重大成就。这一时期，川大积极推进科研工作创新发展，学校各项科研工作取得显著成绩。川大青年积极参与科研创新，充分展现青年勇于创新、敢于拼搏的精神风貌。学校通过开展以科技为主题的社会实践活动以及各类科技创新活动，包括不同主题的科技实践建设营、学生科技节等活动，举办大型创新创业论坛和讲座，搭建川大青年的创新创业平台，培养川大学子的创新精神。在中国青年科技创新行动中，川大青年充分挖掘自身潜能，积极参与自主创业行动以及各类创新创业大赛，展示了川大青年的科技热情。

第一节　迎来"科学的春天"

科技兴则国家兴，科技事业的发展关乎国家的未来。1978 年 3 月，全国科学大会在北京隆重召开，中国科技事业开始全面复苏。会议期间，邓小平同志发表了重要讲话，我国迎来了科学事业的春天。改革开放以来，在党和国家领导人的重视下，在党和全国各族人民的共同努力下，那年春天播下的种子已经硕果累累，我国科技事业得到飞速发展。作为我国中西部重要的高校之一，四川大学引导一批又一批川大青年积极参与科研创新，投身于祖国的科技事业。

一、党和国家领导人对科研工作的重视

改革开放和社会主义现代化建设新时期，党在领导我国科技事业发展的过程中，先后提出"科学技术是第一生产力""科教兴国战略""走中国特色自主创新道路"，无不体现了对科技事业的高度重视，对知识分子和科研人员的亲切关怀。

1977 年 9 月 18 日，《中共中央关于召开全国科学大会的通知》发布，全国各地和科技界积极响应，欢欣鼓舞。中国科学院在首都体育馆召开了万人大会，勉励科学工作者和青少年向科学技术现代化进军。一股学科学、用科学、向科学技

术现代化进军的热潮迅速在全国范围内兴起。① 10 月 8 日，成都科技大学全校举行了认真学习、坚决贯彻《中共中央关于召开全国科学大会的通知》精神，以实际行动迎接全国科学大会召开的大会，号召师生员工"向科学技术现代化进军"。②

全国科学大会于 1978 年 3 月 18 日在北京人民大会堂隆重开幕。出席会议的 5586 名代表中，科技人员共有 3478 名。邓小平在开幕式上作了重要讲话，提出了对我国科技事业具有划时代意义的指导思想，明确而深刻地阐述了"科学技术是生产力"这一马克思主义的重要观点，论述了科学技术对推动经济社会发展的重要作用和科学技术现代化在实现四个现代化中的关键地位。他指出，四个现代化，关键是科学技术的现代化。社会生产力的发展，最主要的是靠科学的力量、技术的力量。没有现代科学技术，就不可能建设现代农业、现代工业、现代国防。没有科学技术的高速度发展，也就不可能有国民经济的高速度发展。③ 会上提出了科技工作的 10 项具体任务：整顿科学研究机构，建成科学技术研究体系；广开才路、不拘一格选人才；建立科学技术人员培养、考核、晋升、奖励的制度；坚持"百家争鸣"；学习国外的先进科学技术，加快国际学术交流；保证科学研究工作时间；努力实现实验手段和情报图书工作的现代化；分工合作，大力协同；加强科学技术成果和新技术的推广应用；大力做好科学普及工作。在全国各族人民向着农业、工业、国防和科学技术现代化进军的过程中，党和国家把科学技术工作提到十分重要的地位，标志着中国科学技术事业发展进入一个兴旺发达的崭新阶段。在全国科学大会闭幕式上，以《科学的春天》为题的发言振奋人心，"我们民族历史上最灿烂的科学的春天到来了"。大会举行了隆重的授奖仪式，表彰了中华人民共和国成立以来的 7657 项科研成果，奖励了 862 个先进集体和 1192 名先进个人。大会期间，还在北京举办了全国科研成果展览会，展出重大科研成果 600 多项。④

1995 年 5 月 6 日，《中共中央、国务院关于加速科学技术进步的决定》全面总结了中华人民共和国成立以后特别是改革开放以来中国科学技术发展的实践经

---

① 中华人民共和国科学技术部：《中国科技发展 70 年：1949—2019》，北京：科学技术文献出版社，2019 年，第 70 页。

② 《四川大学史稿》编审委员会：《四川大学史稿》（第三卷），成都：四川大学出版社，2006 年，第 106 页。

③ 中华人民共和国科学技术部：《中国科技发展 70 年：1949—2019》，北京：科学技术文献出版社，2019 年，第 70 页。

④ 中华人民共和国科学技术部：《中国科技发展 70 年：1949—2019》，北京：科学技术文献出版社，2019 年，第 73 页。

验，提出了"科教兴国"的伟大战略，进一步明确了新时期科技工作的大政方针和战略部署。1995年5月26日至5月30日，全国科技大会在北京召开。这次会议总结了新时期科技事业发展的经验，讨论了如何贯彻落实5月6日颁布的《中共中央、国务院关于加速科学技术进步的决定》。这是中共中央、国务院召开的一次重要会议，对于中国科技事业以及整个社会主义现代化事业将产生深远的影响。[①] 会上，江泽民发表重要讲话，号召全党、全国人民进一步全面落实"科学技术是第一生产力"的指导思想，投身于实施"科教兴国"战略的伟大事业，加速全社会的科技进步，为胜利实现中国现代化建设的战略目标而努力。江泽民在会上强调指出，创新是一个民族进步的灵魂，是国家兴旺发达的不竭动力。一个没有创新能力的民族，难以屹立于世界先进民族之林。作为一个独立自主的社会主义大国，必须在科技方面掌握自己的命运。[②]

2006年，党中央、国务院召开全国科学技术大会，胡锦涛同志发表重要讲话，部署实施《国家中长期科学和技术发展规划纲要（2006—2020年）》，动员全党全社会为建设创新型国家而努力奋斗。这次大会提出，走中国特色自主创新道路，要坚持"自主创新、重点跨越，支撑发展、引领未来"16字指导方针。[③] 2012年7月6日至7日，全国科技创新大会在北京举行，胡锦涛总书记在会议上发表重要讲话，强调"进一步深化科技体制改革，着力解决制约科技创新的突出问题，充分发挥科技在转变经济发展方式和调整经济结构中的支撑引领作用，为全面建成小康社会进而建设世界科技强国奠定基础"。胡锦涛的讲话，为建设服务型政府和更加高效的科技管理体制指明了方向。[④]

二、开展科研创新实践

在各项方针、政策的指引，川大这一时期的各项科研工作得到快速发展，科技成果不断转化。学校硕士研究生林炜、博士研究牛肖龙、穆畅道等川大青年积极参与科研创新，取得了丰硕的成果。

成都科技大学重视科技成果转化和推广，1992年"通过多渠道争取到的科技总经费达3978万元，比上年增长127%，首次超过该校国家教育事业费拨

---

① 中共中央党校理论研究室：《历史的丰碑：中华人民共和国国史全鉴》，北京：中央文献出版社，2005年，第377页。

② 中华人民共和国科学技术部：《中国科技发展70年：1949—2019》，北京：科学技术文献出版社，2019年，第130页。

③ 田广清：《中国领导思想史》，上海：上海交通大学出版社，2007年，第442页。

④ 井玉平：《科技创新探索之路》，银川：阳光出版社，2013年，第293页。

款"，大大增加了该校的科研活力。成都科技大学水利工程系范景伟教授主持的"二滩坝基岩稳定性评价及可利用岩体质量的研究"成果，获 1992 年国家科技进步一等奖；皮革工程系张铭让副教授 1991 年荣获国家、部委、省市各级科技成果奖励共计 6 项。由于这些成果实用性强，很受社会欢迎，大多数都实现了成果转化。成都科技大学精细化工研究所邹明国研究员等研制成功的"聚乙烯醇复合膜（袋）及成套技术"，在 1992 年乐山全国新技术新产品展销会上转让拍卖，以252 万元成交"①。

"挑战杯"大学生学术科技作品大赛，是高校共青团组织重要的育人载体。它以崇尚科学、追求真知的导向性，勤奋学习、锐意创新的示范性，以及普遍的参与性，激励着一批又一批大学生发展个性、提高自身的综合素质。1997年，第五届"挑战杯"大赛期间，技术成果转让签约总额为 900 多万元，其中，川大青年林炜的参赛作品新型鞣剂以 700 万元的"天价"转让给重庆农药化工集团公司，成为本次大赛最大的热门话题。林炜的故事被海内外媒体广泛宣传。② 在川大皮革与化学工程专业求学期间，林炜在同学中间是出了名的勤奋。蛋白质腐烂与化学品混合散发的味道十分难闻，别人恨不得躲得远远的，为了课题研究，她却习以为常。正是凭着这股执着的劲头和对专业的热爱，1997 年正值研二的她获得了第五届全国大学生"挑战杯"竞赛一等奖。谈起这件事，林炜称："是导师张铭让教授的指导和'挑战杯'把我带到了新起点，激励着我不断前行。"自此，林炜立志在绿色皮革化学工程领域进行深入研究，探索更多对行业可持续发展行之有效的方法。

仅仅四年之后，2001 年第七届"挑战杯"大学生科技成果转让集中签约仪式上，四所高校 5 名学生的技术转让协议金额就突破了 7000 万。③ 其中，四川大学轻化工专业三年级博士生穆畅道发明的"利用铬革渣制备皮革复鞣剂和涂饰剂"成果，以技术入股形式与四川绵阳银河建化集团公司合作：该公司一次性投入 1050 万元资金成立一个新公司进行运营，由发明人穆畅道担任新公司的总工程师。④

---

① 罗茂城：《成都科大重视科技成果转化　去年争取经费超过事业拨款》，《人民日报》1993 年 2 月17 日，第 3 版。

② 中国青少年研究中心、中国青少年发展基金会：《新学子：当代大学生研究报告》，郑州：文心出版社，2003 年，第 405 页。

③ 中国青少年研究中心、中国青少年发展基金会：《新学子：当代大学生研究报告》，郑州：文心出版社，2003 年，第 405 页。

④ 杨文斌：《企业界人士到"挑战杯"寻宝，四川大学一学生作品获千万元投资》，《科技日报》2001 年 9 月 21 日。

　　1991 年，江泽民总书记接见被团中央授予"全国优秀青年学生"称号的川大学生肖龙。川大生物工程系 90 级博士生肖龙踏实能干、充满活力。1982 年他从武汉大学生物系毕业后志愿到兰州生物制品所工作。五年间他工作出色，把原在全国同行业评比中被评为倒数第一的"百日咳菌苗"产品提高成全所五个最佳产品之一；另一个由他参与研发的产品"流脑多糖菌苗"名列全国同行业榜首。但他不满足于取得的成绩。1987 年他考入川大生物工程系攻读硕士，从导师那里接受了"生化灭鼠剂研究和应用"的课题，从此他走遍西藏海拔 4500 米的当雄县高寒牧场，三进青海高原牧场，六到川西北高原，推广草原毛虫病毒杀虫剂的运用和进行生化灭鼠剂的现场试验，累计行程逾 25000 公里，掌握了丰富的第一手资料。[①] 他参与的"草原毛虫病毒杀虫剂"推广工作荣获 1990 年国家教委科技应用一等奖，短短 3 年创造效益 3000 万元；他主持的"生化灭鼠剂的研究与应用"课题荣获 1992 年国家教委科技进步二等奖。同时，他为引导广大同学坚持正确的政治方向做了大量的工作，于 1989 年 1 月加入了中国共产党。1991 年 9 月，他成为西南地区唯一被选入团中央组织的全国优秀大学生"在成才的道路上"报告团成员的学生。1992 年 9 月，他又荣登四川省首届"十佳青年学生"榜首。[②] 1993 年，肖龙被评为全国"优秀学生干部"标兵。

第二节　开展科技主题实践活动

　　改革开放以来，川大团委积极响应共青团中央的号召，积极开展以科技为主题的实践活动，营造了浓厚的学科学、爱科学、用科学的氛围，提升了川大青年参与科技活动的热情，促进了川大青年科学素养的提升，增强了对青年的科技教育，不仅让川大青年感悟到科学魅力，还进一步培养提升了川大青年的创新意识和实践水平。通过一系列以科技为主题的实践活动，川大青年以实际行动发挥青年主力军作用，为国家的科技发展添砖加瓦。

一、参与科技实践建设营

　　高校社会实践活动广泛出现于 1980 年代初期，随后在共青团组织的倡导和推动下，得到了党和政府的重视和支持，发展成为我国高等教育的一个重要组成

---

　　① 程青：《身边的榜样——"在成才的道路上"优秀大学生报告团引起强烈反响》，《瞭望》1991 年第 41 期，第 30 页。

　　② 四川大学校长办公室：《四川大学年鉴（1993）》，成都：四川大学出版社，1994 年，第 294 页。

部分。川大青年充分发挥专业才能，用科学技术助力发展经济，进一步推进社会实践活动的开展。1983 年，成都科技大学和四川宜宾市政府于 4 月签订了为期 8 年的科技合作协议。主要内容有：成都科技大学选派科技人员，帮助宜宾市编制科技发展规划和有关行业的发展规划，优先向宜宾市移植、推广科技成果，对投产单位进行技术指导和协作。宜宾市为合作提供必要的实验工作场所及其他有关条件，还向成都科技大学提供教学、实习场所。①

1987 年，四川省团委、四川省学联共同研究决定，暑假期间在全省大专院校和中等专业学校学生中广泛开展以"扶贫兴蜀、实践成才"为主题的社会实践建设营活动。活动的重点是科技和信息扶贫，活动的内容放在全省老、少、边、穷地区（主要是 46 个贫困县）的经济开发项目上，助力千家万户脱贫致富。② 为正确引导学生思想，成都市团委利用学校暑假，组织大中学校的学生踊跃参加以"扶贫兴蜀、实践成才"为主题的社会实践建设营活动，既为贫困地区的经济文化发展起到了促进作用，又为全面培养造就"四有"新人探索出一条新的途径。③

川大青年积极响应号召，参与各类科技实践建设营活动，运用所学专业知识，积极开展科技服务。川大青年先后组织了 4 个建设营，数十个小分队奔赴合江县、开县、古蔺县、巴中县等地开展活动，承担了 10 余个项目。生物系的学生帮助一个肉联厂进行猪副产品的开发，开发出胆红素、肝素纳、血粉合成 3 个项目，每年可创利润数万元。成都科技大学水利工程系 16 名研究生和本科生，在两名副教授的指导下，为青川县曲河电站的修建进行实地测验论证，实测面积 25 万平方米，完成了 6 张 4 等水准地形图。按国家测量有关规定计算，直接经济效益近万元。④

1988 年暑假，四川省团委根据中宣部、国家教委、团中央《关于 1988 年暑期在中专学生社会实践活动的几点意见》的精神，结合四川的实际，继续在全省大、中学生中广泛深入地开展以"扶贫兴蜀、实践成才"为主题的社会实践活动。⑤ 川大青年继续响应号召，进一步深入开展以"扶贫兴蜀、实践成才"为主

———————————

　　① 黄文福：《用科学技术帮助中小城市发展经济　成都科技大学和宜宾市政府签订八年科技合作协议》，《人民日报》1983 年 5 月 28 日，第 3 版。

　　② 共青团四川省委青年运动史研究室：《共青团四川省委志》，成都：成都科技大学出版社，1996 年，第 98—99 页。

　　③ 《成都年鉴》编辑部：《成都年鉴：1989》，成都：成都出版社，1989 年，第 56 页。

　　④ 四川省地方志编纂委员会：《四川省志·党派团体志》（下册），成都：四川人民出版社，2001 年，940 页。

　　⑤ 共青团四川省委青年运动史研究室：《共青团四川省委志》，成都：成都科技大学出版社，1996 年，第 103 页。

题的为振兴四川经济办实事、作贡献的社会实践建设营活动。四川大学 2000 余名师生组建了 38 个分团和小分队，赴省内 27 个市县的 200 多个单位开展活动，兴办经济管理、外语、中小学师资、无线电维修技术、计算机原理、微生物技术运用、技术精细化工酒类分析等 46 个培训班，培训人员达 5700 余人，完成科技服务、成果转让项目 208 个，创造直接和间接经济效益 450 万元以上。成都科技大学转让科技成果 5 项，承接科技开发项目 9 个。[①] 1988 年，四川大学团委、成都科技大学团委等 11 个单位获全国大中专学生社会实践活动先进单位荣誉称号。

华大团委积极响应中宣部、国家教委、团中央号召，以"科技实践建设营"活动为主题，组织学生参加了"科技下乡、科技支农"的社会实践活动；与川大等五所大学及成都晚报联合举办了"大学生走向社会——新知、实践、变革、征文竞赛"活动；与教务处联合举办美术班、音乐班等。1997 年暑期，为推进全员素质教育，拓展学生综合素质，努力探索社会实践新途径，华大团委共组织了八支小分队分赴成都市锦江区、四川省巴中市、新疆克拉玛依大油田等地，以"科技兴川、实践成才"为主题，与当地"希望工程"相结合，积极开展社会实践活动。华大及华大巴中小分队分别被中宣部、国家教委、团中央授予"97 暑期学生社会实践活动先进单位"和"中国大学生志愿者暑期文化、科技、卫生'三下乡'活动"优秀志愿服务队荣誉称号。[②] 在这些活动中，川大青年勇担青年使命，发扬青年精神，以实际行动投身我国"四化"建设。

二、举办学生科技节

多年来，川大高度重视大学生科研训练计划和课外学术科技活动节，以培养创新人才为目标，培养川大青年的科研实践能力。川大于 2004 年开始在第一课堂大力实施大学生科研训练计划，使川大青年在本科阶段就能接触和参加科学研究，以增强了他们的科研意识和动手能力。在第二课堂，川大鼓励青年学子参加以科技创新创业为主题的社会实践活动，高度重视川大青年课外学术科技创新创业活动的开展，每年定期举办"四川大学学生课外学术科技活动节"，并成立专门的组委会负责全面工作。同时，川大专门下发文件确保川大青年学术科技活动开展的政策和经费支持，逐步把学术科技创新创业工作纳入学校和院系的整体工

---

① 共青团四川省委青年运动史研究室：《共青团四川省委志》，成都：成都科技大学出版社，1996 年，第 104 页。

② 《四川大学史稿》编审委员会：《四川大学史稿》（第五卷），成都：四川大学出版社，2006 年，第 288 页。

作中，确保科技节各项活动有条不紊地开展。每一届科技节，学校都特聘相关专业的资深专家、教授担任学生各项科技创新活动的指导教师。他们用自己丰富的专业知识和教学经验为学生们做指导，与川大青年的积极参与形成了良性互动。①

学生科技节是营造校园科技文化氛围的重要载体，川大青年通过组织和参与科技节活动，坚定信念、崇尚学术、知难而进，进一步弘扬创新精神，勇攀科技高峰。② 1992年底，在成都科技大学团委的动员下，川大青年开展了首届学生科技文化节，主要活动有学术论文评比及讲座，优秀课程设计、毕业设计、综合实验报告和作业展览，诗歌朗诵比赛和校园歌手卡拉OK大奖赛，书法、美术、摄影展览，"科大杯"足球赛、拔河比赛，等等，进一步推动了校园学生科技文化活动的开展。1990年以来开展的以"热爱科大，建设科大，从我做起"为主题的"争先创优"活动，以"伟大的党、光荣的团"和"科大风貌你和我"为主题的知识竞赛和征文活动，由学生自己编印的内部刊物《科大人》等也都丰富、活跃了的校园生活，促进了学生综合素质的提高。③

川大团委于2000年10月至12月开展以"第三届学生科技节"为重点的学生课外学术科技创新活动。该届科技节共设置了5项活动，即"课外学术科技作品竞赛、电脑网络竞赛、创业计划竞赛、展望新世纪主题创意竞赛"等4项竞赛和1项"学术科技系列讲座"。电子信息学院最终以1010分的优秀成绩荣获本届科技节的团体冠军，高分子材料系和法学院获得二等奖，计算机学院、工商管理系、制造学院获三等奖。在"天府之光"成都市首届大学生科技节中，从第三届学生科技节选拔出来的优秀作品代表川大参赛，取得了8个一等奖中的4个，并以团体总分遥遥领先的绝对优势荣获团体冠军。④

为配合学校实施大学生综合素质教育与素质拓展发展计划，川大青年积极参与学校推出的"2127"工程，同时积极参与每两年举行一届的"四川大学科技节和文化技术节"及全校各学院推出的各具特色的各项科技文化活动。通过这些活动，川大青年努力使四川大学的校园文化建设结构渐趋优化，影响面更大，效果更显著。2001年，在学校广泛动员的基础之上，川大青年积极参与学生科技节，共交出作品270余件。同时，川大青年积极参加由共青团中央、全国学联、

① 庞国伟、姜利寒、龙柯：《高校第二课堂建设：以立德树人和人才培养为中心》，成都：四川大学出版社，2019年，第67—68页。
② 赵昱辉、来德辉：《弘扬创新精神　勇攀科技高峰　我校举行"挑战杯"总结表彰大会暨科技活动节开幕式》，《四川大学报》2007年4月26日，第3版。
③ 《四川大学史稿》编审委员会：《四川大学史稿》（第三卷），成都：四川大学出版社，2006年，第199—200页。
④ 四川大学校长办公室：《四川大学年鉴（2000）》，成都：四川大学出版社，2001年，第278页。

中国科协举办的第七届"挑战杯"竞赛，其中有 1 项作品获特等奖，两项作品获三等奖，穆畅道博士的作品项目转让金额达 1500 万元，是当届签约作品中金额最高的。《中国青年报》特刊对此作了专门报道。10 月 17 日，四川大学"挑战杯"参赛总结暨学生课外学术科研活动研讨会由校团委主持召开，与会领导专家就学校如何开展学术科技活动，如何营造科研氛围等问题展开了积极讨论，为此校团委向学校提交了进一步加强课外学术科技活动工作的建议。① 学生科技节的各项活动，进一步激发了川大青年的学习热情，进一步拓展了创新人才培养的途径，推动了川大青年素质教育的发展。

2002 年以来，科技创新和创业活动呈现新局面。围绕学校构建创新人才培养体系这一核心工作，川大团委于 2007 年 3 月启动"挑战杯"四川大学 2007 年学生科技活动节，包括仿真机器人足球比赛、结构设计大赛、废弃资源循环再利用大赛等 7 个项目。② 2009 年，川大青年踊跃参与四川大学 2009 年学生课外学术科技节，人数达到 9 万人次，举办科技学术讲座 200 多场，编辑出版《四川大学学生学报》2 期、《四川大学学生科技报》4 期，吸引更多同学参与到科技创新之中，为同学提供了学术成果交流平台，探索出学生"自我管理、自我服务、自我激励"的学生学术科技创新的新模式。在第二届全国大学生节能减排社会实践与科技竞赛中，川大青年取得了一等奖 1 项、二等奖 2 项的优异成绩。在第三届全国大学生结构设计竞赛和第二届全国大学生软件创新大赛中，川大青年分别获得一等奖和三等奖。这些无疑都极大地激发了川大青年参与各类学术科技活动的热情，为科技创新活动在学校的繁荣发展奠定下坚实的基础。③ 2012 年，在"挑战杯"四川大学 2012 年学生课外学术科技活动节中，共开展了课外学术科技作品竞赛、创业计划竞赛、节能减排社会实践与科技竞赛等 34 项校级竞赛，以及口腔医学院"林则杯"口腔技能大赛等 143 项院级特色科技创新活动。学校还举办了"学术大讲堂"等校级大型学术讲座、报告会 35 场，吸引 1.4 万余人次参与。各学院举办特色学术论坛、报告会 198 场，吸引了 5 万余人次参加，切实增强了川大青年的专业认同感和学习兴趣，提升了川大青年的专业知识和学术能力。④ 川大青年积极参加学生科技节的一系列活动，大力提高了科研实践能力，培养了人文健康素质和科研创新精神，促进了综合素质的全面发展。

---

① 四川大学校长办公室：《四川大学年鉴（2001）》，成都：四川大学出版社，2002 年，第 176 页。
② 共青团四川大学委员会：《共青团四川大学委员会 2007 年度工作总结》。
③ 共青团四川大学委员会：《共青团四川大学委员会 2009 年度工作总结》。
④ 四川大学党委办公室、四川大学校长办公室：《四川大学年鉴（2002）》，成都：四川大学出版社，2003 年，第 310 页。

第三节 培养创新创业意识

1998 年，团中央推出以培养青年的创业精神、实施青年创业培训计划、开展"挑战杯"大学生创业计划竞赛等为基本内容的"中国青年创业行动"。这一时期，在团中央的号召下，川大团委积极开展青年科技创新行动，川大青年积极参与，共同开创创新创业新天地。一系列的创业实践活动，培养了川大青年的创新意识，促进了川大青年的成长。川大青年在历届"挑战杯"中国大学生创业计划竞赛中均取得优异成绩，2008 年，第六届"挑战杯"中国大学生创业计划竞赛在四川大学成功举办，更是在校内营造了浓厚的创新创业氛围。

一、投身"中国青年创业行动"

提升大学生创业就业能力、培养创新创业人才是高等教育的重要使命。进入 21 世纪以来，川大创新以"双实双业"（实习、实训、创业、就业）为核心的创业教育体系，以"实训促创业，创业带就业"为工作理念全面推进国家大学生创业就业"示范区"建设，通过强化政策引导，注重典型引路，营造浓厚的校园创新创业氛围；同时整合资源，构建大学生创业就业服务平台和服务体系，创新大学生创业教育体系，提升大学生就业创业能力，创业就业工作成效显著。[①]

作为国家最早批准建设的 15 个国家大学科技园之一，四川大学国家大学科技园自创立以来，始终以"搭建先进创新平台，构筑特色服务体系"为自己的办园宗旨和目标，依托四川大学的教学、科研、人才优势实现产学研相结合，致力于"科技成果转化、高新技术企业孵化和创新创业人才培养"三大中心任务，紧紧抓住大学科技成果的转化孵化与大学生的创业就业这两个根本点，逐渐形成了具有自身特色的发展模式。通过 10 年的建设和运营，四川大学国学大学科技园取得了较大的成绩并形成了自己的特色，已经成为四川省乃至西部地区科技成果转化孵化和大学生创业服务的重要孵化平台。[②]

2001 年，在川大学工部推进学生创业行动计划、制定创业人才的培养措施和条例、继续实施创新人才培养工程等一系列行动下，川大青年充分发挥创新创业精神，积极参与科技创新活动，进一步促进创新人才成长。6 月底，学工部组

---

① 《创新学校创业教育体系，建设学生创业就业"示范区"》，《四川大学报》2012 年 4 月 24 日，第 3 版。

② 《搭建先进创新平台 构筑特色服务体系——川大科技园 10 年发展成绩斐然》，《四川大学报》2012 年 4 月 24 日，第 2 版。

织召开了四川大学优秀学生表彰会，表彰了 47 位创新人才。① 2010 年，川大青年积极参与学校举办的第一期四川大学大学生创业实践活动和"大学生职业生涯规划大赛"等各类创新创业大赛，在第七届中国（重庆）模拟联合国大会中，华西临床医学院 2007 级学生李曦和外国语学院 2008 级学生刘沁瑶获得大赛最高荣誉"杰出代表奖"。② 2011 年，在进一步完善学生创新创业教育平台建设的基础上，四川大学以 2011 级新生为起点，逐步通过课程教学、专题讲座、团队辅导、成长热线等方式，在川大青年中广泛开展生涯规划指导工作，并组建了职业生涯规划学生助理团队。③ 2012 级学生积极参与学生职业规划在线测评工作，全校 120 名就业困难学生参加第四期"青年就业辅导班"。川大青年积极参与首个在学校"实践与国际课程周"开展的"四川大学大学生创业操盘实践项目"，通过创新创业培训、方案策划、实践操盘的形式，创造更多的直面市场竞争的机会，建立起创业团队 32 支。④

在学校的一系列创新创业平台建设的帮助下，川大青年不惧艰难，开拓创新，积极投身创新创业实践。华大临床医学专业 1998 级学生刘洪宇，在 2003 年毕业后，选择到一家外资医药公司做销售，同时自主学习市场营销与管理知识。一年半之后由于销售业绩突出，获得了升职的机会，但是敏锐的刘洪宇嗅到了国际网络贸易的商机，在 2004 年底辞了工作，做起了国际网络贸易。2006 年 5 月，刘洪宇和同事投入全部身家 300 余万，不顾家人极力反对，不惧世俗眼光，不怕农村生活的艰苦，全身心投入农业事业，在家乡新都创立成都广天农业高科技有限公司，从事农业新技术、新品种的开发与应用。公司通过引进现代化技术，运用高科技手段，实现农业生产的全智能化控制和管理，建立起"公司＋基地＋农户"的种植模式，带动周边农户，解决当地农村剩余劳动力 100 余人。2007 年，刘洪宇被四川省团委授予首届"四川省十大创业新星"称号，被新都团委授予的"新都区青年创业就业之星"称号。2008 年，被成都市人事局、成都市劳动就业保障局授予"优秀创业小老板"称号，同时获得"第十六届成都市十大杰出青年"提名奖。毫无疑问，川大青年刘洪宇为青年大学生创业就业树立

①　四川大学校长办公室：《四川大学年鉴（2001）》，成都：四川大学出版社，2002 年，第 163 页。

②　四川大学党委办公室、四川大学校长办公室：《四川大学年鉴（2010）》，成都：四川大学出版社，2011 年，第 454 页。

③　四川大学党委办公室、四川大学校长办公室：《四川大学年鉴（2011）》，成都：四川大学出版社，2012 年，第 478 页。

④　四川大学党委办公室、四川大学校长办公室：《四川大学年鉴（2012）》，成都：四川大学出版社，2013 年，第 440 页。

了典范。①

川大制造科学与工程学院硕士研究生冯军帅于 2012 年读研期间开始创业，毅然离开了实习 2 年的公司，怀揣创业梦想，创立了川硕科技创新工作室，同年 1 月成立成都实唯物联网科技有限公司，开始公司化运作，专注物联网技术研发。初创阶段无疑是难熬的，资金、资源的双重困难使得团队成员几乎把生活费、奖学金都投到了公司里，但即便如此，创业也曾一度徘徊在失败的边缘。他和团队成员积极努力争取学校的支持，凭借自身实力和发展前景等优势，成功从四川大学申请到了一笔创新创业计划基金，将创业从失败边缘拯救回来，学校团委还为他们提供了免费的办公场所。为使团队快速成长，他们参加各种创业培训、创业比赛，在不断思考的过程中，目标更加明确、对产品定位更加精准，商业模式也越发清晰。Swaylink 物联网平台从此诞生，成为国内最早研发物联网开放平台的公司之一，也是当时四川唯一一家提供物联网开放平台服务的公司。② 冯军帅在创业期间，解决大学生就业近 20 人，指导大学生就业见习 30 余人，参与创业交流讲座近 10 次，服务创新创业大学生 300 余人，赞助母校活动 2 次。③ 创新创业青年典型充分发挥示范引领作用，极大鼓舞了川大青年积极参与创新创业活动的热情，在校园内营造了浓厚的创新创业氛围。

二、川大青年积极参与"挑战杯"全国大学生系列竞赛

"挑战杯"全国大学生系列竞赛由江泽民同志亲自题写杯名，由共青团中央、中国科协、教育部和全国学联联合主办。它分为"挑战杯"全国大学生课外学术科技作品竞赛和"挑战杯"中国大学生创业计划竞赛两类，这两个项目的全国竞赛交叉轮流开展，每个项目每两年举办一届，已被公认为中国大学生学术科技的"奥林匹克盛会"。1999 年，由共青团中央、中国科协、全国学联主办，清华大学承办的首届"挑战杯"中国大学生创业计划竞赛成功举办。④ 川大青年自第一届"挑战杯"中国大学生创业计划竞赛举办以来，积极参加每届大赛，并屡获佳绩。

1995 年，第四届"挑战杯"全国大学生课外学术科技作品竞赛的决赛于 11 月 29 日到 12 月 4 日在武汉大学举行，来自全国 247 所高校的 700 余名学生的

① 高先民、张凯华：《青年创业中国强　我创业我做主》，北京：中央编译出版社，2010 年，第 194－195 页。

② 石鹏建：《大学生创业典型人物事迹》，北京：知识产权出版社，2018 年，第 194－195 页。

③ 石鹏建：《大学生创业典型人物事迹》，北京：知识产权出版社，2018 年，第 196 页。

④ 周晓蓉、蒋侃：《大学生创新创业实训教程》，武汉：华中科技大学出版社，2018 年，第 18 页。

1000 多件学术论文和科技成果参加了角逐。川大经管系本科生张立国等撰写的调查报告《川猪价格波动分析》荣获本次比赛的二等奖，这是川内高校学生在本次比赛中获得的最高个人奖项。光电系硕士生李玉蓉与吴春才的科技制作荣获鼓励奖。川大获优秀组织奖。① 在第十届"挑战杯"全国大学生课外学术科技作品竞赛中，川大共有 4 件作品入围全国终审决赛并取得了可喜的成绩。电子信息学院陶宇虹等七位同学的作品《裸眼三维自由立体显示器》和工商管理学院周伶等四位同学的作品《我国大学毕业生创业失败的原因调查与对策——基于四川大学最近十年的实例分析》获得一等奖，另外两件作品获得三等奖。② 在第十二届"挑战杯"全国大学生课外学术科技作品竞赛中，川大青年荣获 1 个特等奖、1 个二等奖、4 个三等奖，以及 2 个专项竞赛三等奖。川大还在团体总分方面创造了自 1991 年参加"挑战杯"科技作品竞赛以来的最好成绩。③ 在川大党委、团委高度重视学生学术科技创新工作的环境下，校内各项科技创新创业活动蓬勃开展，川大青年积极参与其中，有效地提升了他们的综合素质，增强了校园科技文化氛围。

2008 年，第六届"挑战杯"中国大学生创业计划竞赛在四川大学成功举办，把川大青年的创业浪潮推向了新的高峰。④ "挑战杯"竞赛从第一届开始，已先后在清华大学、上海交通大学、浙江大学、厦门大学、山东大学举办了五届，都取得了圆满成功，在大学生中引起强烈共鸣与反响，取得了良好的社会效益。从团中央手中接过"挑战杯"的火炬近一年来，川大青年怀着强烈的责任心和使命感，积极探索创新，认真做好各项准备工作。近两千名志愿者全力做好各项赛事保障工作，确保竞赛顺利进行。川大青年精心组织、周密安排了大量重要特色活动，集中突显了"挑战青春、创业人生"的主题，全面展示了美丽蓉城的巴蜀特色，充分展现了百年川大的风采。在历时三天的决赛当中，经过书面评审、秘密答辩等环节的激烈角逐和竞赛评审委员会的严格评审，最终，来自全国 118 所高校的 168 件作品中，川大的"高效酿酒微生物复合菌剂开发与应用产业化创业计划"获得全国银奖。川大的"三国熊猫文化创意产品研发与推广创业团队"荣获最佳创意团队单项奖。⑤

① 四川联合大学校长办公室：《四川联合大学（四川大学·成都科技大学）年鉴：1994—1995》，成都：四川大学出版社，1996 年，第 153 页。
② 共青团四川大学委员会：《共青团四川大学委员会 2007 年度工作总结》。
③ 共青团四川大学委员会：《共青团四川大学委员会 2011 年度工作总结》。
④ 周晓蓉、蒋侃：《大学生创新创业实训教程》，武汉：华中科技大学出版社，2018 年，第 19 页。
⑤ 侯宏虹：《挑战青春　创业人生——第六届"挑战杯"中国大学生创业计划竞赛决赛述评》，《中国高等教育》2008 年第 23 期，第 45 页。

第六届"挑战杯"中国大学生创业计划竞赛吸引了社会各界尤其是企业界和风险投资界的广泛关注。2008年11月17日，第六届"挑战杯"中国大学生创业计划竞赛举行投资意向签约仪式。现场签约6个创业项目，涉及资金上亿元。其中，川大"三国熊猫文化创意产业"项目获得3000万风险投资，"超临界二氧化碳流体制革技术"创业项目获得每年1000万元、总计8000万元的风险投资。这届竞赛中，川大参赛的创业团队共获得企业总投资达1.1亿元人民币。① 这届比赛川大在校内预赛阶段有500支团队、5000余名学生参与，最后入围决赛的有3个项目。在投入精力和时间准备参赛的过程中，川大青年的实践能力、创业能力得到锻炼，创新精神得以加强。②

在2010年第七届"挑战杯"中国大学生创业计划竞赛中，学校"瑞科"等三支创业团队获得"两金一银"的优异成绩。③ 在第七届"挑战杯"四川省大学生创业计划竞赛中川大青年荣获11个一等奖，9个二等奖。在第八届"挑战杯"中国大学生创业计划竞赛中，川大青年再次摘得金奖。川大至此累计获得金奖6次，并成为全国连续四届获得金奖的8所高校之一。④ 川大团委按照学校提出的"323+X"创新人才培养体系，注重多学科交叉融合，全方位、多途径地打造川大青年的科技创新创业综合素质和能力，并通过校级比赛培育优秀学生团队参加以"挑战杯"中国大学生创业计划竞赛为龙头的国家级赛事，提升科技创新水平，孵化优秀科研成果。创业计划竞赛为更多的同学撩开遮挡在创业面前的面纱，为川大青年创新创业的梦想插上了腾飞的翅膀。⑤

通过参加创新创业竞赛，川大青年不断梳理实践思路和想法，扩大视野和知识面，认识自己的优势和不足。经过多年的发展，"今天的'挑战杯'竞赛已成为广大青年学子放飞创业梦想、追求报国理想、实现人生抱负的重要舞台，成为青年大学生交流创新创业思想、展现智慧才华的有效载体，对激发大学生创新创业激情、提高大学生人才培养质量、提升大学生综合素质、推动大学生科技成果转化发挥着越来越显著的作用"⑥。

---

① 《川大成"挑战杯"大赢家》，《四川日报》2008年11月18日。
② 侯宏虹：《挑战青春 创业人生——第六届"挑战杯"中国大学生创业计划竞赛决赛述评》，《中国高等教育》2008年第23期，第46页。
③ 四川大学党委办公室、四川大学校长办公室：《四川大学年鉴（2010）》，成都：四川大学出版社，2011年，第454页。
④ 共青团四川大学委员会：《共青团四川大学委员会2012年度工作总结》。
⑤ 《青春创赛进行时 激情创业将来时——记"挑战杯"四川大学2011年学生科技节之创业计划竞赛》，《四川大学报》2012年4月28日，第3版。
⑥ 侯宏虹：《挑战青春 创业人生——第六届"挑战杯"中国大学生创业计划竞赛决赛述评》，《中国高等教育》2008年第23期，第45页。

第九章 服务社会，凝心聚力展风采

1993 年底，在共青团中央的倡导下，两万多名铁路青年率先打出了"青年志愿者"旗帜展开志愿服务，此后青年志愿行动迅速在全国展开。1994 年，团中央成立中国青年志愿者协会和青年志愿者行动指导中心，成为全国青年志愿者行动有力的推动者。紧跟青年志愿行动，川大青年响应号召，组成一支支有朝气、有知识的志愿服务队伍，秉承"奉献、友爱、互助、进步"的志愿服务精神，用实际行动传递正能量。这一时期，川大青年坚守助人为乐的本心，各地志愿活动交相辉映，志愿者们用爱心构筑起了一道亮丽的风景线。

第一节 成立志愿服务组织

这一时期，"四川大学青年志愿者总队（四川大学青年志愿者协会）"和"四川大学研究生支教团"等青年服务组织相继成立，川大青年响应号召，积极参加青年志愿者行动，将个人前途命运同国家、民族和时代发展进步紧紧联系在一起，在校内外开展"三下乡""保护母亲河""关爱留守儿童"等各类志愿服务活动，获得多次表彰和多项荣誉称号。

一、成立青年志愿服务组织

1994 年 3 月以来，川大青年积极响应团中央的号召，参与"青年志愿者行动"，充分发扬螺丝钉精神，为国家发展注入青春之力、发出青年光彩。1997 年 9 月，在学校的组织动员下，川大青年成立四川大学青年志愿者总队。总队以"帮助他人，完善自我，服务社会，弘扬新风"为宗旨，在校内多次开展多种公益活动和宣传活动，同时还走出校门，融入社会，开展了一系列服务活动，取得良好的社会效益。[①]

川大在这一时期重点抓好青年志愿者服务队的建设。水利工程系组织学生赴省军区辅导广大官兵学习文化及计算机知识，深受广大官兵欢迎；法律系团总支组织 60 余名学生组成"九眼桥劳务市场青年志愿者社区援助服务队"，为务工人

---

① 《我校成立青年志愿者服务总队》，《四川联合大学报》1997 年 10 月 15 日，第 4 版。

员提供义务服务；学生会还成立了"家教服务中心"，他们与 2160166 信息台签约，充分利用他们的信息优势，并通过街头宣传，为川大青年提供更多的实践机会。① 1997 年，各院系设立了"青鸟"等服务队共 48 支，建立了青年志愿者服务卡制度，要求每位志愿者一年的服务时间不少于 48 小时，并积极开展青年志愿者的教育活动，从理性上提高广大志愿者对这一活动的认识。②

青年志愿者行动是我国跨世纪青年文明工程和社会主义精神文明建设的一个重要载体。2000 年，在川大青年志愿者服务总队和各院系志愿者服务队的带领下，川大青年在校园内外组织开展了大量内容丰富、形式多样的服务活动，其中，"为下岗职工子女免费爱心家教""爱心无偿献血""保护母亲河""科技、文化、卫生三进巷"等活动还在社会上引起了热烈的反响。③ 川大青年志愿者们通过自己的实际行动倡导了一种"人人讲奉献、个个乐助人"的文明新风，极大地推动了校园精神文明建设。④

在川大团委的直接领导下，川大青年志愿者总队自 1997 年成立以来，不断总结经验、开拓创新，形成了良好的管理制度和活动机制，取得了优异的成绩。在项目建设上，除传统的"一助一"长期爱心家教服务，科技、文化、医疗卫生"三下乡"和"三进巷"服务，扶贫接力计划等，总队还不断探索新领域，开创了"时间银行"和"新芽计划"，并成功举办了两届志愿者文化论坛，进一步推动了青年志愿者工作的基础建设，树立了学校青年志愿者活动典范。⑤ 2003 年 2 月 27 日，在人民大会堂举行的纪念学习雷锋同志四十周年大会上，四川大学青年志愿者总队获得"全国学习雷锋志愿服务先进集体"荣誉称号。⑥

2004 年 6 月，川大青年志愿者总队改组为川大青年志愿者协会。协会创新了志愿者招募形式，进一步探索了志愿服务目标化建设，切实将志愿服务时间、活动数量、质量计入档案，并纳入学生评比体系。⑦ 2005 年以来，在四川大学青

---

① 四川联合大学校长办公室：《四川联合大学（四川大学·成都科技大学）年鉴：1996—1997》，成都：四川大学出版社，1996 年，第 61 页。

② 四川联合大学校长办公室：《四川联合大学（四川大学·成都科技大学）年鉴：1996—1997》，成都：四川大学出版社，1996 年，第 63 页。

③ 四川大学校长办公室：《四川大学年鉴（2000）》，成都：四川大学出版社，2001 年，第 278 页。

④ 四川大学校长办公室：《四川大学年鉴（2001）》，成都：四川大学出版社，2002 年，第 177 页。

⑤ 四川大学党委办公室、四川大学校长办公室：《跨越：1997—2002》（上卷），成都：四川大学出版社，2003 年，第 326—327 页。

⑥ 四川大学党委办公室、四川大学校长办公室：《四川大学年鉴（2003）》，成都：四川大学出版社，2004 年，第 307 页。

⑦ 四川大学党委办公室、四川大学校长办公室：《四川大学年鉴（2004）》，成都：四川大学出版社，2005 年，第 388 页。

年志愿者协会带领下，川大青年志愿者积极拓展志愿服务范围，开展了大量卓有成效的工作，青年志愿者社会实践蓬勃开展，进一步推动了学校青年志愿者工作的基础建设，更好地树立了川大青年志愿者活动典范。[①] 为配合北京奥运会京外志愿者招募启动仪式，川大青年志愿者积极参与到北京奥运会、残奥会四川赛会志愿者招募活动之中，圆满完成了招募工作。这些活动在社会中均引起了热烈的反响，获得了一致好评。[②]

川大青年志愿者协会在 2011 年通过"3·5 雷锋日"等活动的举办，倡导"人人争做志愿者，天天参与志愿服务"的良好精神风尚，在全校范围内掀起志愿服务的热潮。协会举办"四川大学青年志愿者训练营"，开展"1＋1 助学""青春辉映夕阳红""创和谐社区""关爱留守儿童"等一系列专项志愿服务活动。[③] 2012 年，协会开展各类专题培训，举办"青年志愿者走进高中"等一系列专项志愿服务活动，承担多项校外大型活动的志愿者工作，前后投入志愿者服务超过几万人次。

多年来，川大青年争做全国高校青年志愿者排头兵，四川大学志愿者协会已经成为川大青年参与面最广、参与程度最高、具有极高社会知名度的公益性学生组织。

二、创建研究生支教团

1999 年起，川大响应团中央、教育部号召，组织川大青年积极参加"中国青年志愿者扶贫接力计划研究生支教团"项目。1999 年，四川大学第一届研究生支教团成立。四川大学研究生支教团积极开展调研活动，了解贫困地区真实社会生活。参加支教活动的川大青年志愿者多来自经济较为发达的城市和地区，对于中西部人民的真实生活缺乏了解。在支教服务的过程中，川大青年怀着强烈的社会责任感走进乡村学校，调研贫困地区人民的生活状况，并通过多种途径力所能及地解决当地人民实际困难。同时，川大青年深入乡村献爱心，全面了解区乡真实的教学水平和农民生活情况。此外，他们还利用课余时间，到昭觉县所属的每一个区乡进行考察和宣传。通过为期两个月的调研与服务，川大青年深入了解了昭觉地区 130 多所村小学的基本情况，深入考察了 20 多所学校，筹集了学生

---

① 四川大学党委办公室、四川大学校长办公室：《四川大学年鉴（2005）》，成都：四川大学出版社，2006 年，第 455 页。

② 共青团四川大学委员会：《共青团四川大学委员会 2007 年度工作总结》。

③ 四川大学党委办公室、四川大学校长办公室：《四川大学年鉴（2011）》，成都：四川大学出版社，2012 年，第 480 页。

用品 1000 多套、桌椅 60 套、音响器材 1 套，总价值 1.2 万余元，赢得了各区乡领导的好评和当地老乡们的欢迎。在活动过程中，川大青年真实地看到了最基层的工作环境和基层教师高尚的人格魅力以及当地老百姓最真实的生活，更为那些一辈子投入到大山里的人民教师的事迹所感动，更加坚定了做好支教工作的信心。[①]

川大始终高度重视研究生支教团成员的招募与培训工作，遵循"公平、公正、公开"的原则，按照"公开招募、自愿报名、择优录取"和定期轮换的机制，通过资格审查、专家组综合考评、答辩等流程，在全校范围内选拔优秀应届本科毕业生和在读研究生到西部贫困地区从事为期一年的基础教育等工作。从第三届起，川大研究生支教团在首批国家级贫困县四川省凉山彝族自治州昭觉县开展扶贫支教工作，第十四届增加了凉山彝族自治州美姑县作为服务地，第十五届增加了凉山彝族自治州甘洛县作为服务地，服务地均为国家级贫困县。从 1999年以来，川大研究生支教团积极参与扶贫工作，川大青年成为扶贫支教工作重要的力量，他们在传播知识的同时也在传播青春正能量，传承奉献精神，传递爱与希望，用爱为孩子们照亮前行的路，让更多孩子有机会打开认识世界的大门，帮助山里的孩子用知识改变更多人的命运。

第二节　投身抗击"非典"、抗震救灾

2003 年春，我国遭遇一场非典型肺炎重大疫情，在党中央和全国各族人民的共同努力下，我国取得了抗击"非典"的胜利。2008 年 5 月 12 日，四川汶川发生里氏 8.0 级特大地震，全国人民上下一心，患难与共，凝聚成无穷力量，广大青年舍生忘死、全力奋战，汇聚成强大合力，创造一个又一个生命奇迹，谱写了一曲曲与大自然抗争的悲壮凯歌。面对突如其来的灾难，川大青年不惧危险，勇往直前，发挥各自专业优势冲锋在第一线，充分展现责任担当，为抗击"非典"疫情和抗震救灾贡献了青春力量。

一、参与抗击"非典"

2003 年春，我国遭遇一场过去从未出现过的非典型肺炎重大疫情。在党中央、国务院的坚强领导下，举国上下紧急动员，坚持群防群控，携手攻坚克

① 共青团中央青年志愿者工作部：《十年树木　百年树人：青年志愿者扶贫接力计划研究生支教团十年回顾与工作实务》，北京：中国青年出版社，2008 年，第 191—192 页。

难，有效控制了"非典"疫情，保持了经济较快增长。6月，我国抗击"非典"取得阶段性重大胜利。抗击"非典"的胜利，充分显示出我国社会主义制度的巨大优越性。①

2003年4月至6月，一场防治非典型肺炎的战役在全国展开。为了实现"零感染"的目标，川大各学院、各单位都积极投入这场没有硝烟的战争，尤其是身处抗击"非典"第一线的学校医务人员，以他们竭尽全力、救死扶伤的大无畏精神和舍小家顾大家的无私奉献精神得到了全校师生乃至全社会的尊重。② 面对这场突如其来的"非典"疫情，学校成立了防治"非典"督查工作和专家咨询组，坚持召开专家例会，及时通报全国疫情及学校防治情况，举办"非典"预防专题讲座，实施外地学生返校隔离预案，有效避免了"非典"疫情的传播。四川大学华西医院在抗击"非典"的斗争中，收治发烧患者118例，发热门诊接待患者1500人次，收治"非典"疑似患者10例，全部治愈出院或排除疑似病例，为四川省抗击"非典"作出突出贡献，受到四川省委、四川省政府的表彰。③

在这场抗击"非典"的斗争中，川大青年纷纷行动起来，组成了数十个青年志愿者小组，宣传防治非典知识，面向社会开展志愿服务。"五一"期间，川大临床医学院2002级11名学生志愿者义务来到成都市疾控中心开通的120非典咨询热线服务，每天在那里工作16个小时，接听数百个电话，以所学的专业知识、饱满的热情和积极的工作态度赢得了市民的肯定。华西公共卫生学院的青年志愿者在滨江社区和校园内举行了大规模的"非典"预防宣传活动，发放"非典"防治资料一万余份，设立咨询点为一千余人提供了咨询服务。华西药学院"天南星"青年志愿者分队开展了向战斗在抗击"非典"第一线医务人员捐献爱心包活动。华西临床医学院"杏林风"青年志愿者分队的志愿者们，发挥专业特长，把"非典"防治知识编印成传单广为散发，征集爱心话语、爱心征文等献给抗击"非典"一线的白衣战士。外国语学院"心语"青年志愿者分队在校园内广泛开展爱国卫生运动，在教学楼等公共场所洗手间放置肥皂，并贴上醒目标语，提醒师生注意个人卫生。华西临床医学院团委、院青年志愿者服务队推出青年志愿者爱心联系卡，发放给隔离病房、发热病房和急诊科等临床一线科室，对一线医务工作者的家庭生活困难提供及时的志愿服务，以实际行动支援抗击"非典"

① 本书编写组：《中国近现代史纲要》（2021年版），北京：高等教育出版社，2021年，第285页。

② 《全校师生齐动员　全力以赴防非典》，《四川大学报》2004年3月19日，第1版。

③ 中国医学科学院学报编辑部：《中国医学科学院　中国协和医科大学年鉴（2004）》，北京：中国协和医科大学出版社，2004年，第244页。

战斗。①

二、参与抗震救灾

2008 年 5 月 12 日，四川汶川发生里氏 8.0 级特大地震。在党中央领导下，我国迅速组织了历史上救援速度最快、动员范围最广、投入力量最多的抗震救灾活动，充分发挥一方有难、八方支援、集中力量办大事的制度优势，彰显出伟大的抗震救灾精神。②

5 月 12 日地震来袭，第一波震动暂停后，当着急的病人家属冲进川大华西医院 ICU 时，他们看到的是全体医护人员在各自的岗位上平静地忙碌着，就像没有发生地震一样。作为卫生部指定的危急重症伤员的指定医疗机构，华西医院还集结了来自北京、上海、香港、台湾等地的 30 个批次、284 名医护专家，共同面对繁重的医疗救援任务。截至 5 月 27 日，华西医院共接治受灾伤员 2244 人，其中危重伤员 994 人，完成各类手术 1073 台，死亡病例 9 人，死亡率仅为 0.46%。华西医院是汶川大地震医疗救援工作中收治伤员最多、危重伤员最多、手术量最多、医疗资源投入最多、伤者死亡率最低的医院。③

汶川大地震给灾区人民的生命财产造成了重大损失。面对严重的地震灾害，学校迅速成立抗震工作指挥部，妥善安置师生避震避雨，四个附属医院立即搭建帐篷转移住院病人，连夜组织建筑、土木结构等领域专家，对全校建筑逐一排查，紧急启动川大"地震灾区受灾学生救助计划"，及时公布地震消息，加强舆论引导，消除恐慌情绪。在这个艰难时期，川大青年众志成城，万众一心，积极做好学校抗震救灾工作。川大充分发挥自身优势，全面、全程、全力参与重灾区抗震救灾、灾后防疫和灾后重建工作；组织了 1365 支抗震救灾师生志愿者服务队，分赴灾区提供医疗救助、抢险排险、灾后防疫、心理援助、国际救援翻译、环境评价等多方面的志愿服务。四个附属医院共收治来自重灾区的危重伤病员 2817 人。

川大法学院、政治学院、化工学院、建筑与环境学院等各学院纷纷行动起来，积极投身抗震救灾行动。法学院有效开展各项抗震救灾工作，维护学生安全，安抚学生心理，关心受灾同学，并发出倡议书，开展心系灾区募捐活动，组

---

① 《四川各学校严防死守　拒非典于校门之外》，http://www.sina.com.cn，2003 年 5 月 13 日。
② 本书编写组：《中国近现代史纲要》(2021 年版)，北京：高等教育出版社，2021 年，第 290—291 页。
③ 梁小琴：《四川大学华西医院："只要病人在，我们就在"》，《人民日报》2008 年 5 月 30 日，第 7 版。

织师生募捐共计 8 万余元。5 月 16 日起，政治学院"翼翔"志愿者队开始组织志愿者们投入抗震救灾志愿服务行动中，他们分成两个小分队，分别在成都市大慈寺红十字总会以及华西医院开展志愿服务活动。化工学院积极协助清理望江、华西校园环境，宣传防止疫病传播等知识。2006 级制药一班志愿服务队赴双流航空港货运中心义务搬运救灾物资，化工与工艺 2 班的志愿者在春熙路进行 T 恤义卖。为了普及科学防震和建筑物安全知识，建筑与环境学院"开拓者"志愿者队举行的"抗震救灾——建筑物安全知识宣传"活动于 2008 年 5 月 18 日下午 3 点拉开序幕。

在这场突如其来的灾难发生后，川大青年不惧危险，舍小家、顾大家，积极投身抗震救灾行动。2004 级水利水电学院本科生陈勇旭，家住四川省彭州市红岩镇虎形村四组，在"5·12"汶川特大地震发生后，家中房屋倒塌，遭受了严重的损失。但是，作为川大青年志愿者协会的一员，他还来不及为家庭的遭遇感到悲伤，就积极投身到学校的抗震救灾的志愿服务工作中。他说，关键时刻，我们应该在祖国最需要的地方贡献自己的力量。他在校内积极地随同校青年志愿者突击队奔赴都江堰开展志愿服务工作。川大学生付彦妮，在报名参加抗震救灾后，等了两天都没有消息。后来听说民政厅需要大量的志愿者帮助搬运群众捐赠的物资，她立即就去了搬运现场。瘦弱的付彦妮在队列中迅速传递着物品，15、16 日，连续两天，每天工作 10 小时以上。2008 年 5 月 15 日下午 2 点，校团委组织了第二批 40 名志愿者奔赴地震灾区绵阳，开展为期一周的志愿服务工作。他们不顾疲劳、不怕危险，从帮助抢救病人，到后期的消毒防疫，他们从不懈怠。在一线采访的解放军报社记者刘万平说道："没想到救灾现场有这么多 80 后的孩子们，他们可真勇敢，真了不起！"[①]

在学校的组织下，川大青年共组成医疗救护队、志愿者队伍、青年学生突击队等各种专业服务队 88 支，形成了很大的影响，赢得了社会各界的肯定。特别是水利水电学院派出 3 支干部突击队为重灾区的水库、大坝、河流排险，这项工作是很危险的，也很困难，交通阻塞，全靠步行。[②] 在抗震救灾工作中，川大志愿者活动规模大、层次高，专门成立了"抗震救灾志愿服务总队"，共组织志愿服务队 1360 多支、总计 21342 人次参加了医疗救助、心理援助、灾后防疫、物资转运发放、校园环境卫生整治和校园秩序维护等各项志愿服务工作，表现出了

① 赖秦：《危难之际　大爱无边——四川大学抗震救灾纪实》，《中国研究生》2008 年第 5 期，第 36—38 页。

② 罗中枢：《历史·精神·使命：四川大学》，成都：四川大学出版社，2009 年，第 315 页。

极高的社会责任感。特别是在灾区心理援助方面，校心理健康教育师生志愿者积极深入灾区，为灾民提供各类心理援助，影响广泛，成效显著，受到灾区群众及社会各界好评。①

第三节   营造校园文化氛围

校园文化建设是高校学生工作和社会主义精神文明建设中不可忽视的重要部分。改革开放以来，川大广泛开展"川大之春"文艺汇演、"凤凰展翅"文化艺术节等品牌活动，主题鲜明的校园文化艺术活动、丰富多彩的学生社团活动以及形式多样的体育健身活动，进一步推动了校园文化建设，促进了川大青年的全面发展。这一时期，川大青年积极参与校园文化建设，在丰富自身校园文化生活的同时进一步提高了综合素质，展现了青春风采。

一、开展校园文化艺术活动

丰富多彩、健康向上的校园文化生活是高等教育的重要组成部分，对培养大学生成长为德才兼备、全面发展的一代新人，熏陶大学生的审美修养、审美情趣，增强大学生的审美意识具有重大的作用。

1982年，由川大团委、学生会联合举办的首届"川大之春"文艺汇演在学校举办，川大青年热情高，劲头大。不少川大青年牺牲了休息时间，抓紧课外活动和晚上的点滴时间排练节目。他们编排了一批歌颂党和社会主义制度，反映大学生精神风貌的声乐、器乐、舞蹈、曲艺节目。其中有一半以上是学生自己创作的。② 这次汇演，进一步丰富了川大青年的校园文化生活，提高了川大青年的文艺修养，陶冶了川大青年的情操，树立了川大青年健康的审美趣味，积极推动了社会主义精神文明建设的开展，促进了川大青年的全面发展，充分展现了川大青年的精神面貌。可以说，这是一场为川大青年的美好青春增添光彩，给生机勃勃的川大锦上添花的杰出汇演。此后每届"川大之春"都推出近百个节目，而且一届比一届隆重、精彩，规模之大、影响之深是无法估量的，可说是已成为川大校园文化生活中的一大盛事。演出时场场爆满，秩序井然，掌声雷动。历次演出的成功，凝聚了不知多少辛勤的汗水，更充分反映了川大学生积极向上的精神风

---

① 四川大学党委办公室、四川大学校长办公室：《四川大学年鉴（2008）》，成都：四川大学出版社，2009年，第357页。

② 贾黎：《首届"川大之春"文艺汇演结束》，《四川大学报》1982年5月19日，第4版。

貌。川大青年自编、自演、自评，倾注着青春的活力和对党、对社会主义的爱，又在自我教育中激奋和陶醉。这一时期，大型综合舞台剧在"川大之春"汇演中受到特别的青睐。在第十届汇演上，经管系创作演出的大型综合舞台剧《人间正道是沧桑》获得汇演特等奖，该剧截取了从太平天国运动到十一届三中全会的各个重大历史断面，雄辩地说明了只有共产党才能救中国和中国选择社会主义道路的历史必然。[①]

为丰富课余文化生活，华大积极开展各项学生活动，学生活动体现出时代性、群众性、体系化等特点。1985 年 12 月 7 至 9 日，为大力加强对学生的爱国主义、集体主义和社会主义教育，高举改革开放的伟大旗帜，弘扬革命传统，在华大党委的领导下，党委宣传部、校学生处、校团委联合举办师生纪念一二·九运动五十周年系列活动，纪念活动内容有革命老前辈及校友报告会、"毛英才烈士雕像"揭幕仪式等。各系也组织了以各团支部为单位的"爱国、理想、跟党前进"主题团日活动、主题诗歌比赛、歌咏比赛、军民联欢等活动。1995 年 2 月 26 日，华大团委举办第九届"华西青年艺术节"，以"文明华西、扬文明艺术"为主题，逐步形成以"华西文化艺术节"和"华西秋韵"文艺活动为龙头，以周末科技文化艺术教育系列活动为主线贯穿全年，以 9 个学院各具特色的文艺演出为主要内容的系列文化艺术活动。活动内容丰富多彩，活动形式不断翻新，深受广大师生员工的欢迎。1998 年，华大举办第十二届校园文化艺术节，同时参加四川省第二届大学生艺术节。这届文化艺术节集思想性、欣赏性、趣味性、知识性及艺术性于一体，突出了爱国主义教育主旋律，展示了华大学子的风采，检阅了学校开展大学生素质教育的成果。[②]

2000 年以来，川大青年更加积极开展丰富多彩的校园文化艺术活动。2001 年 4 月 27 日，学校启动了"庆祝建党八十周年，唱响'三好'主旋律"的"凤凰展翅"四川大学首届学生文化艺术节。艺术节共设十个项目，极大地丰富了校园义化生活，展示了川大青年健康向上的精神风貌，深化了素质拓展计划。此届文化艺术节历时 9 个月，内容丰富，影响面广，参与人数近 2 万名，并采用院系竞标承办的方式。这种方式有效调动了院系的积极性，也为今后开展文化艺术活动提供了宝贵的经验。[③] 这次活动充分展示了党领导的川大青年热爱祖国、热爱

①　四川大学校长办公室：《四川大学年鉴（1991）》，成都：四川大学出版社，1992 年，第 345—346 页。

②　《四川大学史稿》编审委员会：《四川大学史稿》（第五卷），成都：四川大学出版社，2006 年，第 288—290 页。

③　四川大学校长办公室：《四川大学年鉴（2001）》，成都：四川大学出版社，2002 年，第 323 页。

社会主义、热爱川大、建设川大、积极向上的精神风貌及健康的审美追求，[①]　营造了积极向上、生动活泼，具有学校特色的校园文化艺术氛围和教育环境，促进了学校素质教育的开展和学生的全面健康成长。[②]

为进一步提高学生文化艺术水平、丰富校园文化生活，川大团委于 2007 年 3 月至 12 月举行了主题为"弘扬中华传统，提升文化品位"的"凤凰展翅"四川大学 2007 年文化艺术节。这次文化艺术节设置了"凤舞川大"集体舞蹈大赛、"凤鸣川大"校园歌手大赛、"魅力川大"原创校园戏剧节等十一项活动，通过全方位的文化艺术活动充分展示了当代大学生的青春活力和激情，彰显了川大青年学子的风采。[③] "凤凰展翅"四川大学 2009 年文化艺术节，以"认真践行科学发展观，努力共建和谐校园"为主题，在原有活动项目的基础上，新增了"动感川大"健美操大赛、"印象川大"书画摄影大赛、"中华赞人文川大"原创诗歌散文朗诵大赛等赛事。此外，川大青年参与组织的 128 场"缤纷川大"文化艺术讲座，以及涵盖文理工医等领域的 28 项具有学院特色的文化艺术活动，极大丰富了文化艺术节内容。[④] 这一校园文化艺术节，为川大青年营造了良好的校园文化氛围，提升了川大青年的人文修养。

二、组织学生社团活动

1983 年初，在全国各地高校中，出现了学生成立各种社团的热潮。川大青年紧跟这一热潮，先后成立了书法、演讲、美术、诗歌等十余个兴趣小组。川大从一开始即注意进行引导，使学生社团活动能够健康有序。1984 年冬，在原来的兴趣小组基础上，川大新成立了 33 个学生社团，包括人文社会科学和自然科学的专业性学术社团以及文学艺术、体育娱乐方面的社团。在党团组织的帮助下，各社团都聘请有教师和专家进行指导。川大党委专门为学生工作部和团委配备管理和指导学生社团活动的干部，川大团委和校学生会组织社团负责人、学生会部长进行培训并做统一管理，以确保社团建设方向正确，活动内容健康，有利于学生德智体的发展。随着教学改革的深入，川大青年广泛开展第二课堂的活

① 吴丽娥、李荫华：《庆祝建党 80 周年　唱响"三好"主旋律　校首届文化艺术节举行》，《四川大学报》2001 年 9 月 29 日，第 8 版。

② 四川大学党委办公室、四川大学校长办公室：《四川大学年鉴（2002）》，成都：四川大学出版社，2003 年，第 297 页。

③ 共青团四川大学委员会：《共青团四川大学委员会 2007 年度工作总结》。

④ 四川大学党委办公室、四川大学校长办公室：《四川大学年鉴（2009）》，成都：四川大学出版社，2010 年，第 433－434 页。

动，到 1985 年底学生社团发展到 50 多个，参加社团的学生占全校学生三分之二以上。

学生社团活动适应了青年学生求知、求能、求美、求乐的特点和要求，其内容丰富多彩，形式生动活泼，也易于发展学生个人的兴趣、爱好与特长，是以在一段时间内，学生社团活动十分活跃。据 1984 至 1986 年的不完全统计，川大的学生社团在校内外开展的学术报告、演讲比赛、诗歌朗诵、知识讲座、音乐讲座、书法绘画展览、征文评选等大中型活动达 210 多次，对学生增长知识、增长才干、陶冶情操和丰富课余生活，起到了较好的效果。如"生命科学学会"的同学，利用假期到卧龙自然保护区进行大熊猫生态环境综合调查、大熊猫人工繁殖调查和园艺花卉调查等，有几位同学还编写了科普小册子《国宝——大熊猫》，还为《科教词典》撰写生物条目 34 条。以新闻系、中文系学生为主要成员的"学生通讯社"，在一年多的时间中就结合专业举办了多次采访与写作专题讲座和研讨活动，他们在课余时间经常活跃在学校各部门和同学们活动的场所。①

2001 年，川大团委进一步加强了对学生社团的指导与管理，制订《社团管理条例》及《量化评分细则》。10 月中旬至 11 月下旬，川大举办了首届社团节，并举行了一系列的活动，如书画展、摄影展、盆景展、趣味体育运动会、系列讲座、"社团之夜"文艺颁奖晚会等。在川大团委的具体指导下，2000 年 4 月，川大环保协会喜获"地球奖"。实践证明，学生社团的成长与发展对活跃校园文化，提高学生的全面素质具有积极而重要的意义。② 2002 年，川大在社团工作方面鲜明提出"'三个代表'进社团，党团支部进社团，社团管理理论研究进社团"的"三进"口号，进行了机构改革。这一年，川大举办了"图书交流会"；组织了有关就业的系列讲座，与锦江文学社共同主办了一次文学讲座；举办了"西藏药业杯"成都市第二届大学生棋类比赛；主办了"第二届成都市高校英语节"；承办了"秀特尔"杯四川大学辩论赛。2002 年 10 月至 11 月，川大举办了第二届"社团节"。③ 截至 2012 年，川大在册学生社团共计 181 个，其中校级学生社团 67 个，院级学生社团 114 个。川大青年积极参与学校举行的为期 3 周的"逐梦青春"第十二届学生社团文化节，积极开展了"绮动青春"体育文化周、"绮梦绘彩"艺术文化周、"绮丽学海"理论文化周，为七大类学生社团提供了交

① 《四川大学史稿》编审委员会：《四川大学史稿》（第二卷），成都：四川大学出版社，2006 年，第 279—280 页。

② 四川大学校长办公室：《四川大学年鉴（2001）》，成都：四川大学出版社，2002 年，第 177 页。

③ 四川大学党委办公室、四川大学校长办公室：《四川大学年鉴（2002）》，成都：四川大学出版社，2003 年，第 310—311 页。

流和展示的平台。① 川大青年通过参与学生社团活动，进一步发挥自身潜力，培养责任意识和合作意识，增强适应社会的能力。

三、参与体育健身活动

体育健身活动对于青年学生来说至关重要。这一时期，川大青年积极参与每年学校举办的田径运动会，在各项运动中展开激烈角逐，在竞技类体育锻炼中强身健体。与此同时，川大青年积极开展丰富多彩、健康有益的群众性体育锻炼活动，以增强自身免疫力，不断提高身体素质。1991年，学生篮球、排球、桥牌、羽毛球比赛在全市或全省的高校比赛中多次名列前茅。1991年，在广泛开展群众性的体育活动的基础上，川大青年在一系列全国和省级比赛中获得好成绩。川大田径队在全省大学生田径运动会上获6枚金牌，女子排球队在全省大学生比赛中获冠军，男子排球队获亚军，艺术体操队获全省团体冠军。川大青年还在四川省"应氏杯"大学生围棋比赛中斩获男子个人冠军，在全国大学生足球赛上获第三名——这是四川省大学生在历年来"三大球"全国比赛中取得的最好成绩。②

为了培养川大青年的终身体育意识，终身参与体育锻炼的兴趣、能力和习惯，使他们能以强健的体魄和良好的心理品质，终身健康地为人民服务，川大积极举办全校性的学生男女排球赛、男女足球赛、田径运动会、篮球赛和教职工运动会。在竞赛中，结合全国"盼奥运、迎七运"的活动，开展了广泛的宣传，并积极倡导"贵在参与"和"更快、更高、更强"的奥运精神。川大青年在学校成立了足球协会，这是川大第一个群众性的学生体育单项运动协会。化学系89级学生况也宁同学担任了足球协会的首届主席。协会积极协助教研部宣传组织全校性的足球比赛，并独立主办了全校毕业同学参加的首届系际"挑战杯"足球赛。③

2000年，第六届全国大学生运动会在成都举办，这是我国西南地区首次举行的全国性大型综合运动会，是大运会历史上规模最大、参赛人员最多的一届跨世纪体育盛会。会中，川大负责田径项目的组织工作；华大负责组建四川省大学生女子足球队，并负责男子足球、女子足球项目的组织工作及筹建女子排球分赛场；两校都组织大学生志愿者参加了大运会开幕式大型团体操《青春校园》的表演。由华大负责组织的四川省大学生女子足球队获得了女足比赛冠军，为学校争

---

① 四川大学党委办公室、四川大学校长办公室：《四川大学年鉴（2012）》，成都：四川大学出版社，2013年，第442页。

② 四川大学校长办公室：《四川大学年鉴（1991）》，成都：四川大学出版社，1992年，第168－169页。

③ 四川大学校长办公室：《四川大学年鉴（1993）》，成都：四川大学出版社，1994年，第268页。

得了荣誉。在该届大运会中，川大还派出了田径、排球、篮球、游泳、武术、健美操、足球裁判 43 人，副总裁判长 2 人。这些人员认真负责，公正执法，受到了广泛的好评，多人被评为优秀裁判员和工作人员。川大教师还以高质量的科研论文参会，4 位教师分获一、二、三等奖，为四川代表团获得团体第二名作出了重要的贡献，也体现了川大体育科研的水平。[①]

这一时期，川大共青团组织川大青年积极参与各项体育健身活动，广泛开展健康意识、文明校风学风教育，在各方面都取得了优异成绩，进一步促进了川大青年德智体全面发展，推动他们养成经常锻炼身体的良好习惯，以此不断增强体质，丰富文化生活，陶冶高尚情操，实现全面发展。

---

① 四川大学校长办公室：《四川大学年鉴（2000）》，成都：四川大学出版社，2001 年，第 129－130 页。

第四篇

自信自强、守正创新：
中国特色社会主义新时代的川大青年

党的十八大以来，以习近平同志为核心的党中央站在党和国家事业发展薪火相传、后继有人的战略高度，高度关心青年成长进步，为新时代党的青年工作指明前进方向。在中国特色社会主义新时代，四川大学也迈入自身发展的关键时期，无论是人才培养、科学研究、社会服务、还是文化传承与创新等各项事业都取得了长足进步。川大青年在学校党委、团委的领导下，积极学习新思想、矢志建功新时代、奋力展现新面貌；川大青年运动也在长期积淀下来的川大精神的指引下，以四川大学新的历史阶段的发展为契机，昂首阔步迈向新时代。

第十章　坚定信念，积极学习新思想

没有理想信念，理想信念不坚定，精神上就会"缺钙"，就会得"软骨病"。中国特色社会主义进入新时代以来，川大青年始终坚定不移听党话、跟党走，自觉树立对马克思主义的信仰、对中国特色社会主义的信念、对中华民族伟大复兴的信心，努力成长为能够担当民族复兴大任的时代新人，为实现党的第二个百年奋斗目标汇聚强大青春力量。

第一节　坚定跟党走的信心和决心

进入新时代以来，川大青年在川大团委的组织下，坚持以习近平新时代中国特色社会主义思想为指导，深入贯彻落实习近平总书记关于宣传思想工作和青年工作的重要论述精神，牢牢把握为党培养中国特色社会主义事业合格建设者和可靠接班人的根本任务，遵循思想政治工作规律和青年成长规律，持续推进"青年大学习"行动，创新打造"青春思政课"品牌，建好建强"青春正能量"网络空间，积极引导川大青年坚定不移听党话、跟党走。

一、推进"青年大学习"行动

2018年，为把组织引导广大青年深入学习宣传贯彻习近平新时代中国特色社会主义思想和党的十九大精神持续引向深入，团中央在全团发起了"青年大学习"行动，要求突出理论武装和思想引导，着力提升学习的制度化和实效性，引导广大青年不忘初心、牢记使命，切实增强"四个意识"，树立"四个自信"。川大团委于2018年启动"青年大学习"行动，通过让"青年大学习"成为团员青年必修课、组建"青年讲师团"打通理论武装"最后一公里"、搭建"青年大学习"网上课堂，开展了深入有效、内容新颖、贴近青年的学习活动，在川大青年中持续兴起了学习宣传贯彻习近平新时代中国特色社会主义思想的热潮，努力使党的创新理论在川大青年心中扎根筑牢。

学习好、宣传好、贯彻好习近平新时代中国特色社会主义思想，是共青团的首要政治任务和核心业务，是全体团干部和每一名团员青年的政治必修课。川大团委及各级团组织积极行动、精心组织，形成了"一盘棋"抓"青年大学习"的格局，"青年大学习"成为川大团员青年必修课。

川大青年在川大团委的组织下，积极参与"青年大学习"，并形成了团干部带头学、团组织广泛学、专家辅导学的系统学习格局。团干部带头学方面，团干部重点学习习近平新时代中国特色社会主义思想和党的十九大、二十大精神，习近平总书记关于青少年和共青团工作的重要论述精神，中央重大会议和重要文件精神等内容，通过举办理论学习中心组学习会、座谈会、报告会、研讨会等多种方式，组织团干部认真学习交流研讨。团组织广泛学方面，全校各级团组织广泛开展"我的中国梦""不忘初心·紧跟党走""青春心向党·建功新时代""学习革命先辈崇高精神·争做又红又专时代新人""传承红色基因，涵养家国情怀""学习二十大、永远跟党走、奋进新征程"等主题教育活动，推动各级团组织积极行动起来，广泛开展学习座谈、报告宣讲、征文演讲等多种形式的学习活动，组织团员青年参与到学习中来。专家辅导学方面，在川大团委的组织下，川大青年紧抓党的重要会议、新中国成立 70 周年、改革开放 40 周年、五四运动100 周年等重要时间节点，牢牢守住共青团传统阵地，依托团属阵地深入开展思想政治教育。推行"党委书记讲团课、党委委员带团活、团委书记讲团史"，每年邀请党政领导、专家学者、典型人物走上校院两级团校讲台，走进"锦水论坛"开展专题授课 100 余场，深入讲解中国共产党带领中国人民所取得的历史性成就以及成就背后的政治逻辑和理论逻辑，将主旋律唱得更加响亮。

为深入学习贯彻习近平新时代中国特色社会主义思想和党的历届全会精神，深刻领会习近平总书记关于青年工作的重要论述，持续深化"青年大学习"行动，推动党的青年理论武装工作创新发展，川大团委在 2019 年 9 月选拔了一批政治立场坚定、理论素养高、个人事迹突出、宣讲能力优秀的团干部、青年教师成立四川大学"青年讲师团"，面向全校团员青年开展宣讲工作，从而打通理论武装青年的"最后一公里"。

自 2019 年成立以来，经过不断探索，川大"青年讲师团"明确了选拔标准、宣讲内容与宣讲任务。选拔标准方面，川大"青年讲师团"由优秀青年教师和青年学生组成；重点从专职团干部、青年教师、"青马工程"学员和各类先进青年典型中推荐政治立场坚定、理论素养较高、个人事迹突出、宣讲能力优秀的人选；原则上青年教师年龄在 40 周岁以下，青年学生须以非毕业生为主体，要求全程参与两个学年的宣讲工作。宣讲内容方面，川大"青年讲师团"重点围绕学习贯彻习近平新时代中国特色社会主义思想及党的重要会议精神开展宣讲，着力讲好党的先进理论、党史国史团史、国情形势政策、抗疫精神、青年榜样故事、川大历史文化等内容。每学年每位讲师至少联系一个学院，面向团员青年开展宣讲不少于 4 次。宣讲任务方面，川大"青年讲师团"坚持青年在哪里聚集，宣讲就在哪里覆盖的开展原则，校级"青年讲师团"每学期集中开展示范性宣讲活动或小规模、互动式、有特色、接地气的线上、线下宣讲交流，推动宣讲进院系、进支部、进社团、进网络，着力打通理论武装青年的"最后一公里"，实现理论宣讲活动全覆盖。

从 2019 年成立以来，在川大各级团组织的积极参与下，川大"青年讲师团"围绕学习贯彻习近平新时代中国特色社会主义思想精神内涵，通过支部巡讲、融媒体视频、实践宣讲等方式累计开展"不忘初心　紧跟党走""请党放心　强国有我""青春告白祖国""学习二十大　永远跟党走　奋进新征程"等宣讲活动300 余场，覆盖校内外青年师生 5 万余人次。

与让"青年大学习"成为川大团员青年必修课、成立川大"青年讲师团"打通理论武装青年的"最后一公里"相同步，川大共青团还积极搭建"青年大学习"的网上课堂。

2018 年 8 月，一档名为"青年大学习"网上主题团课的专栏在团中央微信平台正式上线，迅即引发青年纷纷关注参与。这个由团中央打造的网上学习专栏，采用青年喜爱的"短视频＋互动问答"的形式，解读习近平新时代中国特色社会主义思想。川大团委第一时间组织全校团员青年开展"青年大学习"网上主题团课学习。首先，精心组织，广泛动员。川大要求各级团组织要将参加"青年大学习"网上主题团课学习作为落实"三会二制一课"的重要载体，并将其作为共青团开展思想政治引领的有效抓手，根据学院实际情况，运用各种有效途径，广泛发动团员青年积极参与。其次，严格督导，加强考核。川大要求各学院团委要加强对团支部和团员"青年大学习"的有效激励和督导考核，并将考核结果运用到学院团学评奖评优工作中。川大团委每周公布各学院参与情况，全年参与情况将运用到学院基层团建考核和学校"五四"评优工作中。最后，认真落实，及时总结。川大要求全校团干部要发挥模范带头作用，形成"比学赶超"的良好氛围，要充分利用此次学习机会，带领全校广大团员青年高举习近平新时代中国特色社会主义思想伟大旗帜，勇做担当民族复兴大任的时代青年。

自 2018 年以来，川大每年累计有 100 万余人次参与学习。"青年大学习"网上主题团课成为川大青年思想政治学习的必修课。这是共青团依托互联网开展青年理论武装工作的一次成功实践。

二、打造"青春思政课"品牌

为持续推动网络新媒体为思想政治引领工作"赋能"，深入实施共青团宣传思想产品化战略，不断创作推出有思想内涵、有精良品质、有广泛影响的共青团网络文化产品，打造"青春思政课"品牌。川大团委于 2015 年 3 月成立小川网络文化工作室。该工作室由川大团委宣传部牵头，依托川大团委"两微一网一抖"（"青春川大"官方网站、微博、微信和抖音）平台，致力于原创文章、图片、音频、微视频、微动画等学生喜爱的网络文化产品的开发和传播。作为川大团委宣传思想文化工作的重要阵地，该工作室汇聚了一批热爱祖国、青春热血的川大学子，致力于讲好川大故事，传递青年之声，帮助共青团履行好引领凝聚青年、组织动员青年、联系服务青年的基本职责。自该工作室运营以来，"青春川大"微信公众号多次登上全国高校团委微信公众号综合影响力百强榜，以优质的原创推文获得过全国第 4、第 7 名的好成绩，单篇文章阅读量位居全国第三。在四川省高校团委微信公众号排名中稳居前三。

这一时期，川大团委不断加强阵地建设，彰显校园媒体宣传工作影响力。一方面，川大团委通过整合宣传资源，不断巩固拓展传播矩阵。加强宣传联动，整合全校 350 余家团学新媒体资源，成立"明远传媒"和团学新媒体联盟，推动全校团学新媒体实现资源共享、内容互推、渠道互助，构建以"一次采集、多元生成、全媒分发"的团学"大宣传"格局，充分发挥宣传渠道整合的放大效应。另一方面，川大团委通过拓展媒介渠道，推动媒体融合向纵深发展。开设包含"青春川大"微信、微博、抖音的"两微一抖"三大新媒体平台，形成相辅相成的合力宣传，促进了产品的深度开发。延展产品类型，利用纪念五四运动一百周年、新中国成立 70 周年等重要时间节点，制作推文、音频、MV、H5 等广大青年喜闻乐见的新媒体产品，贴近青年需求，传递青年心声。

由于注重内容生产，川大校园媒体核心价值塑造力也得到了彰显。

一是坚持政治引领，抓好理想信念教育。川大团委通过青春川大"学习"栏目改变传统宣教模式，以青年关注的热点焦点问题为切入点，依托《习近平谈治国理政》开发 25 余万字、学习贯彻习近平新时代中国特色社会主义思想的系列网文 100 余篇，阅读互动累计 10 万余次，形成了"热点切入＋青语提问＋习语解读＋实践建议"的结构性网文创作模式，被青年评价为"有趣又有料的新思政课堂"，获《中国青年报》评选的 2018 年全国高校新媒体"十佳原创内容奖"。针对青年具象化、浅阅读、碎片化的阅读特点，采用图文呈现、动画解读、视频推广的方式，打造集党史国情、青年榜样等九大产品为一体的学习套餐，让党的创新理论在青年心中扎根。

二是注重产品生产，孕育核心内涵。选树典型，突出价值引领。依托"青年"栏目，用互联网思维持续动员青年发现身边榜样、"草根"典型，积极挖掘并传播榜样典型背后的故事，把思想引导内涵融入其成长历程和奋斗记忆中。"青年"栏目推出 3 年以来，共计报道人物 100 余名，其中青年典型曹礼勇在支教过程中为当地修建三座桥的事迹被《人民日报》《中国青年报》等多家媒体报道，国务院新闻办称其为"支教大学生壮举"，极大激发了川大青年参与社会实践、勇担时代责任的热情。

三是传递红色文化，勇担时代责任。川大团委以吴玉章、朱德、巴金、江姐等川大革命先烈的光荣事迹为底本开发"背影"系列网文，结合"五四百年"主题开发《征程》《我们都是追梦人》等红色文化作品，制作"我和我的祖国"主题快闪视频，受到中央电视台等媒体关注和报道；同时，挖掘青年运动史和校史资源开发"小川说团史"动画团课和"川大学人在五四——纪念五四运动 100 周年"图片展，积极传播红色文化，使传承和弘扬红色基因内化成为川大学子共同的价值追求和自觉行动。

四是线上线下联动，打造品牌活动。川大团委鼓励"青年"栏目挖掘的优秀青年教师和学生站上"川大青年说"的舞台分享经历，向社会主流媒体推介典型人物，形成了"挖掘、包装、宣传"三步走的传播模式，打造正能量的川大"网红"。举办"川大人论坛"活动，引导青年自觉弘扬主旋律，营造良好的高校舆论生态。举办"年度关键词"活动，聚焦川大校园热点事件，鼓励全校同学用自己敏锐的视觉、独到的角度、广阔的思维来深入挖掘身边值得关注的事件，增强青年学生对校园的认知度、自豪感和归属感。

五是文化创意传播，凝聚青春活力。川大团委根据自身定位属性打造专属吉祥物"猴小川"形象，依托"中华有节气""青年""五四百年"等栏目 IP，开发"猴小川"表情包、文化衫、帆布袋、笔记本、钥匙扣等周边文化产品，创新红色文化、中华优秀传统文化的青年化阐释传播形式，在学生中建立富有黏性的"猴小川"品牌文化。

在加强制度建设的基础上，在川大青年的努力下，川大校园媒体的积极性与创造力得到不断焕发。一方面，川大团委明确管理办法，促进规范运营，研究制定《四川大学团学新媒体管理办法》，明确新媒体管理责任主体，确立团学新媒体审批备案制度和年度检查制度，严格实行团学新媒体内容"先审后发"审核发布制度，规范团学新媒体日常管理，每年举办学生网络宣传员培训班，通过理论授课、实操训练、参观交流等形式切实提高新媒体运营学生工作能力。另一方面，川大团委设立激励机制，激发担当有为。每年举办"川大人"论坛暨团学新媒体先进集体和个人表彰大会，发布当年的《四川大学团学新媒体运营调研报告》，总结、表彰联盟中涌现的优秀工作经验、成果和个人。依托四川大学明远传媒，启动"明远计划"，在2019—2022年间，设立专项经费培养100位优秀团学新媒体人才，孵化1000个优秀团学新媒体网络文化作品；用"请进来，走出去"策略，与中青报、人民网、爱奇艺等专业媒体平台合作，共同培养人才，实现合作双赢；利用3年时间打造国内一流的团学新媒体矩阵，为共青团引领凝聚青年贡献"川大力量"。

三、营造"青春正能量"网络空间

为认真贯彻落实习近平总书记重要讲话精神，按照团中央、教育部《关于加强和改进新形势下高校共青团思想政治工作的意见》要求，进一步加强网络舆论引导工作，强化网络育人功能，着力发挥网络宣传阵地先进文化传播、正确舆论导向的重要作用，提高网上突发事件处置能力，营造"青春正能量"的网络空间，川大团委在校党委宣传部的统筹下成立了校院两级学生网络评论员队伍，并在持续的实践探索中摸索出了一套包括工作、管理、培训的经验。

学生网络评论员工作制度主要包括学生网络评论员值班制度、网络舆情日常报送制度、网络舆情突发事件处理机制三个方面。学生网络评论员值班制度方面，学生网络评论员队伍实行本院网络舆情监测值班制度，负责每天浏览查看各级各类媒体新闻，关注与学校有关的重要舆情，及时、主动、准确掌握网络舆情动态，做到对学校网络舆情的实时收集。网络舆情日常报送制度方面，在做好舆情信息监测登记工作的基础上，学生网络评论员还应将本日学生关注的热点话题报送至校团委。学生网络评论员不得向无关人员透露网络信息巡查和引导工作情况，应主动宣传党和国家的方针政策，积极转发学校、学院相关新闻信息。网络舆情突发事件处理机制方面，突发网络舆情事件产生时，各学院学生网络评论员应积极配合校团委工作，在校团委指导下，主动介入交互式栏目（微博、贴吧等），在网上就与学校、学院相关的热点、难点、疑点问题积极参与评论。同时，要做到主动导帖、积极跟帖、适时结帖，对模糊的思想认识及时廓清，对怨气怨言及时化解，对错误看法及时纠正，营造风清气正的网络空间。

学生网络评论员日常管理方面，学院学生网络评论员队伍在学院党委领导下、学院团委指导下，按照学校学生网络评论员管理队伍相关要求开展工作。川大团委面向全校学生网络评论员定期组织开展政治素质和业务技能培训。学院可结合实际情况对本院学生网络评论员开展日常培训。学生网络评论员队伍实行动态管理，每学年组织一次聘任工作，由校团委对经学院团委推荐、校团委审核和统一培训合格后的学生网络评论员颁发聘用证书。学生网络评论员日常考核由学院团委负责，每学期报校团委备案。校团委每学年对全校学生网络评论员队伍进行考核，考核通过者颁发合格证书，考核优秀者颁发优秀学生网络评论员证书并进行奖励。学生网络评论员一般利用业余时间上网浏览和评论。如遇重大事件或敏感时期，要集中精力开展工作，各学院要确保其时间有保证、精力能到位。建立定期通报制度，川大团委每月通报一次各学院舆情信息引导和监测处置情况，对工作成绩突出的学院队伍进行通报表扬，对工作不力、在舆情处置中出现失误的学院队伍进行通报批评。

学生网络评论员培训计划方面，在川大党委的领导下，由川大党委宣传部、川大团委设立培训班对全校学生网络评论员开展统一培训。培训课程设置包括思想引导、理论培训、实操训练、课外实践等类别。培训分为上下两学期，每学期开设两次课程，可结合培训的实际适当增设课程。思想引导课邀请校内外老师授课，旨在讲授建立学生网络评论员队伍的意义，提升学生网络评论员的思想政治觉悟，增强其主观能动性，重点强调学生网络评论员工作的重要性、特殊性和保密性。"理论＋实操"培训课由川大团委宣传部进行培训，前半部分对学员进行网络舆情工作的理论基础培训，主要内容包括网络舆情的检索、登记、上报和评论，旨在明确学生网络评论员的具体工作内容和工作方法，后半部分则在理论培训的基础上，在川大团委宣传部拟定的网络舆情环境下，对学员进行基础的实操训练，使之对学生网络评论员的工作产生更为直观的感受和更加深刻的印象。"案例分析＋实操"培训课，邀请专业教师授课，教师在对近期典型案例分析的基础上，结合川大团委宣传部虚拟的网络舆情环境，让学员分小组进行一系列完整的舆情事件引导操作，旨在培训学生网络评论员的团队合作意识和突发舆情的处理能力。社会实践课，主要形式是到相关单位参观学习，旨在了解学习更专业完善的网络舆情引导工作模式，不断提升川大学生网络评论员队伍的专业性。社会实践课为非强制性课程，由学生网络评论员自主选择参加。

党的十八大以来，川大团委依托学生网络评论员队伍做好了学校舆情日报、周报、月报的相关工作，在意识形态工作上确保任务落实不马虎、阵地管理不懈怠、责任追究不含糊。抓住重要时间节点策划"五四百年""青春告白祖国"等议题，通过点赞、转发、评论、发文等形式营造积极健康的网络环境，旗帜鲜明带动广大青年师生在网络空间传播青春正能量。持续做好舆论斗争，组织学生网络评论员通过及时跟帖来引导网络言论，与网络上部分消极、不正确的言论进行斗争，让团员青年在网络斗争中站稳立场、接受教育、升华认识，营造了风清气正的"青春正能量"网络空间。

第二节　基层班团组织焕发生机活力

川大团委深入学习贯彻习近平新时代中国特色社会主义思想，紧扣落实立德树人根本任务，坚持和加强党的全面领导，树立大抓基层的鲜明导向，坚持"一切工作到支部，一切工作靠支部"的指导思想，着力扩大组织覆盖，以规范化建设为抓手，创新运行机制，夯实基层基础，提升团支部组织力，强化团支部政治功能，充分发挥党的助手和后备军作用。

一、建强基层班团支部

进入新时代以来，川大团委通过树立"一切工作到支部，一切工作靠支部"的理念，持续加强支部规范化建设，推动团支部落实"三会两制一课"、组织生活等基本制度，构建团支部"整理整顿、评星定级、考核测评、评优评先"全链条工作机制，规范团员发展、关系转接等基础团务，提升基层团支部的组织功能，深入实施"班团一体化"运行机制、团支部"同心圆"计划，设立基层团支部建设发展基金，全面激发团支部活力。

一是搭建完善的组织制度体系。川大团委研究出台《四川大学团支部工作实施办法（试行）》《四川大学团员教育管理工作办法（试行）》《四川大学团费收缴、使用和管理办法》等涵盖组织运行、基础团务方面的制度文件20余个，力促基层团组织建设规范化、标准化发展。

二是落实"班团一体化"改革。川大团委研究出台《四川大学"班级团支部委员会与班委会一体化"运行实施办法》，制发《四川大学团支部工作手册》，指导基层团支部工作开展。全校团支部突出以班级团支部为核心的班集体建设，推行团支部书记兼任班长或班长兼任团支部副书记的制度；明确班级团支部的组织设置、工作职责和功能定位，做到团员主要的学习实践活动由支部组织、政治骨干由支部推荐、团内荣誉由支部评议、帮扶对象由支部推选；理顺班级团支部与班委会之间的关系，加强班级团支部建设，普遍设置纪律委员，结合实际设置社会实践委员、志愿服务委员、心理健康委员。

三是推进网上团支部建设。川大团委以"网上共青团智慧团建"系统为依托，加强对班级团支部、团员、团干部基本信息、基础团务、组织生活的信息化动态管理，通过扎实开展团支部整理整顿、评星定级工作，落实"三会"议事决策功能，严格落实团员教育评议和团员年度团籍注册制度，抓好团员发展、团费收缴、团组织关系转接、推优入党等基础团务工作。

四是实施班团支部"同心圆"计划。川大团委以学生成长成才为中心，以班团支委和校院两级组织学生干部为主体力量，构建"114＋N"的工作机制，充分发挥桥梁纽带作用，推动班级同学互帮互助，切实服务同学成长发展。"1"：每名学生干部对接1个学生寝室，探索班团支委担任寝室长制度，营造寝室良好学习生活氛围，协调改善寝室同学关系，团结带动困难同学，做好寝室"领头羊"。"1"：每名学生干部帮扶1名困难学生，通过与困难同学谈心交流、学习带动、互帮互助，及时向学院和学校反映相关情况，力所能及地帮助解决实际困难，做好困难同学"贴心人"。"4"：每名学生干部联系4名班级同学，及时了解思想动态、学习生活情况，通过服务贴近同学、团结同学、引导同学、赢得同学，把班级同学凝聚在一起，做好同学们的"温度计"。"N"：每个班团支部结合班团实际情况和学生需求，推动成立N个临时互助小组，引导班级同学互帮互助、共同进步。

五是设立团建基金激发支部活力。为进一步激发学校基层团组织的创新活力，充分发挥基层团组织的战斗堡垒作用，着力提升基层团组织的凝聚力和号召力，川大团委自2015年起设立基层团支部建设发展基金项目。依托基层团建基金培育孵化"讲百年党史，寻红色印记"红色讲解员创造营、"信·传承"书信党史学习、"争做新时代向上向善好青年"青年典型采访集等活动，紧扣青年所需所感，引导青年在深学细悟中坚定理想信念。

在川大团委的组织下，川大涌现了一批政治建设好、组织基础好、联系服务好、作用发挥好的团支部。生命科学学院2018级"江姐班"团支部获全国高校"活力团支部""四川省五四红旗团支部"荣誉称号，获得"四川省五四红旗团支部"称号的还有华西口腔医学院2015级口腔医学五年制3班团支部、法学院法学2017级第七团支部。

二、焕新共青团传统阵地

川大团委通过突出组织化教育优势，夯实团课、主题团日活动等共青团思想工作传统阵地，创新主题团日工作机制，打造"信仰的力量"云团课品牌，构建线上线下相结合、与思政课同向同行的团课体系，推动团课、主题团日活动等传统阵地焕发新的生机活力。

一方面，坚持将校院两级团校作为团员团干教育主阵地。紧密结合团学队伍建设、团员教育管理实际，川大深化校院两级团校改革，在建立健全工作机制、规范完善管理制度、科学设置团校课程、组件师资培训团队、完善成效评估机制方面下功夫，多措并举着力提升培养质量。通过组织团员青年参加理论学习、实践锻炼、志愿服务、对外交流、课题研究等方式，不断提高团员青年的思想政治素质、政策理论水平、创新能力、实践能力和组织协调能力。

另一方面，坚持将主题团日活动作为开展思想政治工作基本载体。围绕党史、新中国史、改革开放史、社会主义发展史教育和爱国主义、集体主义、社会主义教育，科学设计团日活动主题，如"青春心向党·建功新时代""传承红色基因，涵养家国情怀""发扬五四精神·做新时代青年"等，保障主题团日活动的政治性；团支部紧扣时政热点和团员青年需求，突出思想政治教育，把主题团日活动与学业进步、实践锻炼相结合，创新规范开展"三会两制一课"，探索组织生活新模式，保障主题团日活动的时代性；开设月度优秀主题团日活动、年度优秀主题团日活动评选活动，结合基层团委的过程指导、督察考评工作切实提高主题团日活动的针对性和实效性。全校团支部年均组织开展主题团日活动 5000余场次，孵化培育了一批精品主题团日活动。

此外，川大团委还着力打造一批精品团课。联合复旦大学、西安交通大学、深圳大学举办"穿越历史的红色传承"主题团课，引领团员青年深入学习四史，组织开展"信仰的力量"青春战疫系列云团课，动员团员青年为坚决打赢疫情防控阻击战贡献青春力量，线上线下累计覆盖 30 万余人次。依托学校丰富的红色文化资源，联合四川省委党史研究室、新华社四川分社共同举办"穿越历史的红色传承"青年党史讲坛，川大团委开发"四川大学与四川早期马克思主义的传播""永远朝着东方，永远朝着党——'中华儿女革命的典型'四川大学校友江竹筠烈士""听康焰讲华西医院的抗疫故事"系列党史学习教育节目 6 期，组织青年马克思主义者培养工程弘毅班学员排练红色经典诗词诵读和情景短剧，以新颖的形式让学生感悟信仰力量、传承红色精神。节目在成都地铁 4 万多块屏幕上滚动播放，新华网等平台点阅量过 100 万。

三、彰显育人品牌效应

党的十八大以来，川大团委通过强化典型引领示范，坚持先进性与广泛性相结合，提升"感动川大"新闻人物等榜样的说服力，扎实提升基层团建展示、主题团日展的新时代育人内涵，激发青少年的思想认同、情感共鸣和学习行动，着力彰显团学组织育人工作品牌效应。

"感动川大"系列活动作为川大讲述先进典型故事、发挥榜样引领作用、传播榜样精神力量的重要平台，秉持"发掘感人事迹，汇集感人点滴，引领校园风尚"的宗旨，发掘身边震撼人心、感人至深的人和事，评选出上百位新闻人物，近百份摄影、微电影比赛优秀作品，覆盖数十万川大学子，已成为川大标志性的校园品牌文化活动、不可或缺的精神文化盛宴，以及传播和弘扬川大正能量的重要载体。"感动川大"系列活动自创办以来，涌现出一大批信念坚定、拼搏奉献的典型人物，有永葆对人生无限希冀的脑瘫少年陈超，将校旗插上南极的"最牛本科生"黄加顺，汶川大地震中用身躯为同学挡住楼板的"抗震救灾小英雄"李安强，坚持到群众中宣讲党的创新理论的马克思主义学院博士宣讲团，扎根祖国大地、为中华民族璀璨文明增光添彩的川大考古队，医者仁心致力人民生命健康事业的华益民，借红色宣讲传递家国情怀的川大征兵宣讲团，等等。"感动川大"新闻人物评选活动的举办，在学校形成了尊重先进典型、学习榜样人物的浓厚氛围，并激励全校师生向典型学习、向榜样致敬，让青年学生在浸润榜样力量、榜样精神的环境中成长发展。

在提升"感动川大"系列活动育人内涵的同时，川大团委还积极创新基层团建展示、主题团日展活动形式。在每年五四前后，线上线下展示过去一年的基层团组织建设情况，在全校基层团组织营造"比学赶超"的良好氛围。在主题团日展中设置微团课赛课活动，让团员青年在自己学以及自己讲党史国史的过程中深化对党的理论和国家政策的理解，加强理论青年化阐释，激发青年的自信豪情、奋斗激情和爱党感情，牢固树立坚定不移跟党走的信念和决心。

第三节　团学骨干发挥示范引领作用

川大团委深入学习贯彻习近平新时代中国特色社会主义思想，紧扣落实立德树人根本任务，以"青马工程"、新任职团支书培训班、"青禾计划"团支部书记座谈交流会等为抓手，切实加强团学骨干队伍建设，有效提升学校团学骨干履职尽责能力，进一步推动团学骨干队伍持续健康发展。

一、推动"青马工程"提质增效

"青马工程"是青年马克思主义者培养工程的简称。2007年，团中央在相关部委的支持下，启动实施了"青马工程"，旨在为党培养信仰坚定、能力突出、素质优良、作风过硬的青年政治骨干。川大作为最早实施"青马工程"的高校之一，于2008年正式启动实施"青马工程"。2015年，川大被中宣部、教育部、团中央确定首批"青年马克思主义者培养工程"全国研究培训基地。

自"青马工程"启动以来，川大"青马工程"弘毅班作为学校培养青年马克思主义者的重要平台，始终遵循思想政治工作规律、教书育人规律、学生成长规律，始终坚持立足需求、强化理论、整合资源、创新模式、突出实效，依托"青年马克思主义者培养工程"全国研究培训基地，实施"青马工程"质量提升计划，健全"两校三计划"分层分类培养体系，探索构建了理论学习、红色实践、政务实习、青马宣讲、交流研讨、薪火计划等六位一体的教学模式，修订完善"青马工程"培养方案、教学计划，邀请校内外专家为学员理论授课，组织学员赴全国各地开展红色实践活动、参加政务实习等，每年培训人数达1.3万，着力推动"青马工程"进一步"提档升级"。

通过十余年的实践探索，川大"青马工程"弘毅班明确了培养目标，即通过理论学习、红色实践、政务实习、青马宣讲、交流研讨、薪火计划等六位一体的教学模式，引导学生深刻领悟"两个确立"的决定性意义，增强"四个意识"，坚定"四个自信"，做到"两个维护"，不断提高学生骨干的思想水平、政治觉悟、道德品质、文化修养，切实为党培养和输送一批具有忠诚的政治品格，浓厚的家国情怀，扎实的理论功底，突出的能力素质，忠恕任事、人品服众的青年政治骨干。

通过十余年的实践探索，川大"青马工程"弘毅班总结了培养原则：一是坚持党的领导。坚持"党管青年""党管人才"原则，将党的基本理论、基本路线、基本方略贯穿"青马工程"实施的各领域和全过程。二是突出核心目标。把理想信念教育放在首位，坚持用马克思主义科学理论武装青年头脑，引导学员树立共产主义远大理想和中国特色社会主义共同理想。三是注重实践导向。组织引导青年在中国特色社会主义实践、群众工作实践、各种重大事件和急难险重任务中，深入了解世情国情党情，站稳立场、坚定信念、锻炼能力、敢于担当，充分发挥"点亮一盏灯、照亮一大片"的示范带头作用。四是遵循育人规律。聚焦培养青年政治骨干这一目标，尊重思想政治教育规律、青年成长规律等，突出青年马克思主义者培养的特殊要求。

通过十余年的实践探索，川大"青马工程"弘毅班探索形成了"六位一体"

的培养内容。

（1）理论学习方面，通过组织开展理论授课、马克思主义经典著作研学以及调查研究等，帮助学员加深对党的科学理论的理解掌握，学深悟透习近平新时代中国特色社会主义思想，掌握马克思主义的立场、观点和方法，进一步牢记共青团坚定不移跟党走，为党和人民奋斗的初心使命，坚定跟党走中国特色社会主义道路的信心和决心。原则上学员每年集中理论学习不少于 2 周或总学时不少于 80 学时。具体方式包括：引导学员读原著、学原文、悟原理，组织学习《共产党宣言》《习近平谈治国理政》等马克思主义著作，举办"青马新声"读书会，跟进学习习近平总书记重要讲话精神；邀请党政领导、专家学者就党的创新理论、重大政策以及社会热点等进行专题宣讲；为学员安排具有马克思主义理论学科高级专业技术职称的专家学者担任理论导师，安排思想政治工作经验丰富的团干部、辅导员担任实践导师，组织学员对经济社会发展的重要问题开展调查研究。

（2）红色实践方面，通过开展红色教育，帮助学员弘扬民族精神和时代精神，加强党史、新中国史、改革开放史、社会主义发展史等学习，引导学员增强对革命传统精神的理解，实现爱国主义精神的升华。具体方式包括实地参观和红色寻访两种形式。实地参观，即组织学员赴红色文化教育基地、爱国主义教育基地、革命传统教育基地等地，参加祭奠革命先烈、重温入党誓词等仪式教育，引导学员坚定理想信念、锤炼坚强党性。红色寻访，即寻访历史见证人，观看优秀典型事迹的影像资料、专题展览，邀请先进典型作事迹报告等。

（3）政务实习方面，通过挂职锻炼和政务实习，帮助学员深入了解我国国家制度和国家治理体系，加强社会观察，在基层一线和困难艰苦的地方磨砺意志、锤炼品格、增长才干，不断增进与人民群众的感情，树立群众观点，坚持群众路线。具体方式包括集中实践和日常实践。集中实践是组织学员到政府事业单位或到有代表性的基层地区和行业开展实地锻炼。日常实践则是在培养期内设置跟岗见习、志愿服务等内容，组织学员就近就便开展常态化实践训练。

（4）青马宣讲方面，通过开展线下面对面、互动性的交流与线上多样化、高流量的宣讲，帮助学员常态化深入基层、走进青年，从而激励和引领广大青年真正在内心深处深刻领悟"两个确立"的决定性意义，增强"四个意识"，坚定"四个自信"，做到"两个维护"，坚定不移听党话、跟党走，争做担当民族复兴大任的时代新人。具体方式包括以下四种。①集中备课：为学员安排具有马克思主义理论学科高级专业技术职称的专家学者进行理论辅导，组织开展集中备课，着力讲对、讲准、讲好党的先进理论、党史国史团史、国情形势政策、中国抗疫精神、青年榜样故事、川大历史文化等内容。②基层宣讲：组织学员深入高校、中小学的教育课堂，同广大师生讨论交流新时代青少年的责任与使命、习近平总书记对青少年提出的重要要求等内容，帮助他们了解世情、国情、党情、民情；组织学员深入广大城镇街道社区、文化广场，面对面讲解党的惠民政策、社会主要矛盾的变化、弘扬道德风尚、坚决惩治腐败、移风易俗等内容，进一步凝聚思想共识。③线上宣讲：积极利用线上资源，精心制作融媒体产品，组织学员开展网上宣讲，打造立体式宣讲平台，运用网言网语和青年喜闻乐见的形式，准确生动地开展宣讲。④网络亮剑：引导学员在网络上主动发声亮剑，同各种错误观点和思潮做斗争，在面对重大事件和各种急难险重任务时冲锋在前、经受考验。

（5）交流研讨方面，通过搭建平台，让学员有更多交流研讨的机会，积极创造条件组织学员参与国际交流、与港澳台地区青年交流等活动，组织学员参与校内外名师教授的专题讲座、面对面交流等，帮助学员开阔视野，增长见识，提高对外交往能力。具体方式包括以下三种。①对外交流：组织学员与兄弟高校"青马班"学员交流研讨，组织学员参与国际交流、与港澳台地区青年交流等活动，帮助学员开阔视野，增长见识。②学长计划：促进校院两级"青马工程"学员的交流，鼓励弘毅班学员进校院两级团校、主题团日活动等，与川大青年交流学习心得，为学院建设院级"青马工程"提供建议。③青马论坛：探索建立知名高校"青马工程"论坛，邀请兄弟高校"青马工程"优秀学员畅谈交流"青马工程"学习心得和建设成果，讨论"青马工程"未来发展方向，有效促进校际交流合作。

（6）薪火计划方面，通过加强人才举荐，争取各级党委组织部门和行业主管部门支持，不断强化"青马工程"为党培养青年政治骨干的品牌效应，努力为党的事业和队伍输送新鲜血液。具体方式包括以下三种。①做好优秀学员推优入党工作：贯彻落实党员发展、推优入党有关文件要求，学员为入党积极分子的，培养期间参加的理论学习、实践锻炼等内容需要记入入党积极分子相关培养材料。②推动优秀学员依程序进入选调生队伍：支持鼓励学员报考选调生，引导他们到祖国最需要的地方建功立业，优先考虑中共党员、优秀学生干部、获得校级以上奖励人员、具有参军入伍经历的大学毕业生；建立好"青马工程"学员备案制度，积极向党委组织部门推荐。③建立跟踪培养机制：设置1至5年跟踪培养期，通过定期组织交流活动、每季度递交总结材料等形式，建立长效沟通机制，密切关注学员发展动态，建立并实时更新学员信息数据库；向学员开放各类学习平台，提供继续学习和交流联系等支持帮助。

川大"青马工程"弘毅班开班以来，通过"六位一体"的培养模式，引导青年学生做马克思主义的坚定信仰者、传播者和践行者，培养出了全国"向上向善好青年"罗杰等一批对党忠诚、信仰坚定、素质优良、作风过硬的学生骨干，充分发挥学生骨干在学习、研究和传播马克思主义理论、习近平总书记重要讲话精神的引领带动作用，筑牢了川大青年对党忠诚的政治品格，不断巩固和扩大党执政的青年群众基础。

二、加强团学骨干的培养

这一时期，川大团委积极加强团学骨干的培养，构建完善专职团干部、兼职团干部、学生骨干三支队伍，选拔、培养、管理、考核四位一体的干部管理机制，深入一线师生，加强调查研究，扎实推进全面从严治团。

一方面，着力强化专职团干联系青年制度。川大团委组织实施专职团干轮训，开展团干部"加油站"系列讲座，落实"1＋100"团干部直接联系青年制度，开展"团团请你吃午餐"、校团委书记接待日等活动，实施"团干部＋"工作模式，党支部每名成员每学年至少定向联系3个基层团委、指导6个学生团支部、参与12次组织生活、讲授3堂团课、联系至少100名青年师生。按照川大《关于加强和改进领导干部深入基层联系学生工作的实施细则》对学生工作部门领导干部的要求，坚持并完善"十进"制度，做到和学生常态化联系交流，平均每周与学生"面对面"沟通交流不少于3次，用心用情关爱学生，与学生真正交朋友，全面提升专职团干部主动谋划、敢于担当的能力和素质。

另一方面，是构建完善兼职团干部管理培养机制。川大团委通过召开全委会（扩大）会议、举行分团委书记培训会等，加强兼职团干部培训培养，健全团干部综合考核评价机制，注重基层团委书记日常考核和年度考核相结合，完善基层团委书记述职答辩制度。依托校院级团校、"团干部加油站"、专题培训班、"青禾计划"等，年均开设培训近50个班次和交流研讨100余场次，覆盖团学干部1.8万人次。注重团干部日常考核和年度考核相结合，实现基层团组织书记年度述职考核全覆盖，仅2021年共有40名院系团组织书记、2057名团学干部完成述职评议，1147名团支部书记完成"双述双评"。

此外，深入实施学生骨干"头雁"计划。川大团委研究制定《四川大学团学骨干队伍管理办法》，进一步规范团学干部选拔、培养、管理、考核等工作，构建多层次、全方位的学生骨干培训体系，建设一支信念坚定、品学兼优、朝气蓬勃、心系同学的学生骨干队伍。截至 2023 年，川大涌现出了全国"向上向善好青年"罗杰、孙一民等一批优秀学生骨干。

第十一章　成长成才，矢志建功新时代

青年兴则国兴，青年强则国强。川大青年依托学校丰富的第二课堂活动载体，到人民群众中去，到新时代新天地中去，让理想信念在奋斗中升华，让青春在创新创造中闪光，切实增强自身思想政治素质和综合能力，积极勇攀高峰、努力成长成才，成为担当民族复兴大任的时代新人。

第一节　努力成长为又红又专创新人才

川大团委充分发挥党有号召、团有行动的优良传统，坚持围绕中心、服务大局的工作主线，认真履行引领凝聚青年、组织动员青年、联系服务青年的重要职责，坚持把创新创业教育作为提高学生的家国情怀、社会责任、创新创造精神和能力的重要抓手，构建"四位一体"科技创新育人体系，培养又红又专的时代新人。

一、持续举办学生课外学术科技节

"挑战杯"四川大学学生课外学术科技活动节是川大开展时间最长、影响力最大、师生参与度及认可度最高、育人成果最为显著的学术科研、创新创业第二课堂实践育人平台，自 1997 年以来已连续举办 20 余届。每届科技节于当年 5 月启动，持续到次年 4 月，月月有竞赛、周周有活动，实现创新创业第二课堂实践活动覆盖全年。

"挑战杯"四川大学学生课外学术科技活动节设置课外学术科技作品竞赛、创业大赛等竞赛项目与"走进实验室"等特色活动，开展"书香川大　悦读人生"读书节、"论文零距离"、"学术大讲堂"等各级各类的学术科研、创新创业讲座与报告会，年均开展 40 余项竞赛类项目、10 余项特色活动以及 200 余场系列学术科技讲座，吸引近 4 万人次参与。

该科技活动节在开展过程中通过创新创业第二课堂活动套餐推送，实现活动供给和学生需求的匹配，通过以赛促学、以赛促培、以赛促教、以赛促创的形式，在帮助学生培养创新创业能力、提高学术研究水平、增强文化素养、开拓视野思维以及促进校风学风建设等方面发挥了积极的作用。

通过 20 余届的实践探索，"挑战杯"四川大学学生课外学术科技活动节探索形成了竞赛项目、特色品牌活动、学术讲座等丰富多样的活动内容。竞赛类项目包括动手实践类竞赛、知识类竞赛、创新设计类竞赛、成果展示类竞赛、创意类竞赛和专业竞赛等各类竞赛，涵盖学术专业能力、课外兴趣知识以及动手实践锻炼等各个方面，每年有 15 项左右的竞赛项目为全国普通高校大学生竞赛的校内选拔赛。特色品牌活动方面，开展"1＋1 互助帮学答疑教室""学术诚信道德""走进实验室""公共数学大讲堂"四种特色系列活动，旨在提升学生科技创新、团队配合和学术研究等多方面的"软实力"。学术讲座活动方面，实施论文零距离等多期学风引领计划，在讲座类型、宣传方式等方面做出创新，吸引更多师生的参与。年均举办"书香川大 悦读人生"读书节、"论文零距离"特色活动、学术大讲堂、特色讲座等学术讲座活动 80 余场，吸引了 1 万余名师生参与。

"挑战杯"四川大学学生课外学术科技活动节举办 20 余届以来，涌现出多个优秀团队、优秀项目，在全国各类高水平科创竞赛中取得优异成绩，充分展示了川大创新创业人才培养工作的成果。

二、组织参与高水平创新创业竞赛

这一时期，川大团委充分调动广大学生参加各类高水平学科类、双创类竞赛的积极性和主动性，以赛促学、以赛促创，进一步提升学生的学术科研与创新创业意识、能力和素养，学术科技创新工作成果显著。

一是完成"挑战杯"全国大学生课外学术科技作品竞赛、"挑战杯"中国大学生创业计划竞赛参赛项目的选拔和培育。截至 2022 年，川大青年累计荣获"挑战杯"全国大学生课外学术科技作品竞赛特等奖、"挑战杯"中国大学生创业计划竞赛金奖 20 余项。第十二届"挑战杯"中国大学生创业计划竞赛，川大学生团队斩获金奖 4 项、银奖 1 项、铜奖 1 项，金奖数名列全国高校第 3。第十七届"挑战杯"全国大学生课外学术科技作品竞赛，川大学生团队于主体赛中荣获特等奖 2 项、一等奖 3 项、三等奖 1 项，于黑科技专项赛中荣获星系级作品 1 项、卫星级作品 2 项，于红色专项赛中荣获特等奖 4 项、一等奖 3 项、三等奖 1 项，于揭榜挂帅中荣获特等奖 1 项，并斩获擂主。

二是对接全国普通高校学科竞赛排行榜中相关竞赛，组织优秀团队参赛，以科技节项目为载体举办国赛校内选拔赛，组建竞赛教练团，做好竞赛的宣传、发动、比赛和培育工作，充分发挥以赛促学、以赛促教、以赛促培的效果。

一方面，组织大学生节能减排社会实践与科技竞赛，贯彻落实党的二十大精神中的生态文明建设重要部署。前期做好赛事宣传、培训工作，举办宣讲会与答疑讲座，协助各参赛团队完成项目选题、参赛组队等工作；中后期组织校赛选拔，发放首批竞赛孵化基金，对拟推荐参加国赛的作品进行培育孵化，培育出了科学性、创新性、可行性和经济性等兼具的优秀作品。2019 年以来，累计获得一等奖 1 项、二等奖 8 项、三等奖 22 项、专项赛铜奖 1 项。2015—2021 年，川大均荣获优秀组织奖。

另一方面，组织开展中国大学生服务外包创新创业大赛校内选拔赛，做好宣传、选拔等工作，培育参加中国大学生服务外包创新创业大赛的优秀团队。其一是与赛事组委会和往届优秀参赛团队沟通交流，举办赛事培训会、宣讲会，增进参赛团队对竞赛主题的理解、对客户及市场的深入分析与把握，同时及时发放参赛资料，反馈参赛团队的问题。其二是与挺进区域赛、国赛的参赛团队持续联系，培养参赛团队的管理能力、创新创业能力、团队合作等能力，为项目孵化获奖提供资源与保障。2019 年以来，累计获得中国大学生服务外包创新创业大赛一等奖 1 项、二等奖 4 项、三等奖 2 项、其他奖项 2 项。

三是组织"挑战杯"四川大学学生科技节海洋知识竞赛，在校内开展了广泛而深入的宣传动员，鼓励并选拔优秀学生参加全国总决赛。组织开展了海洋历史文化展览等相关活动，引导更多学生主动了解海洋、认识海洋、热爱海洋。积极鼓励学生结合相关专业知识，发挥多学科交叉优势，开展海洋相关产业研究，合理开发利用海洋资源，保护海洋，为祖国的海洋事业发展奉献力量。第十一届全国大学生海洋知识竞赛，川大学生团队荣获三等奖 1 项；第十二届全国大学生海洋知识竞赛，川大学生团队荣获一等奖 1 项。

四是对接扶持多支优秀机器人竞赛团队，提供了实践和创新的平台和参赛资源，鼓励支持机器人竞赛团队参加多个机器人系列赛事，做好参赛团队的宣传和保障工作，开展了以高水平机器人竞赛为依托的实践教育。2019 年以来，在国内技术挑战性最强、影响力最大的全国大学生机器人大赛中，累计获得一等奖 1 项、二等奖 2 项、三等奖 6 项。在第二十一届全国大学生机器人大赛 ROBOCON 赛事中，川大青年荣获"机器马术赛"赛项全国冠军。

三、推动项目跟踪式培育孵化落地

为了推动优秀科技创新项目成果孵化落地，川大团委积极完善激励师生创新创业的条件保障和政策支持，搭建校企协同共育的创新创业实践实训平台，提供项目跟踪孵化培育服务，设立专项孵化经费，打造服务科技创新拔尖人才的"全链条"保障体系。

一是坚持以青年为本的服务理念，打造服务科技创新拔尖人才"全链条"实践教育体系，推动优秀科技创新项目成果孵化落地。一方面，搭建科技创新实践实训平台。打造了旨在培育学生科创能力的"i创街"，组建了7大类学科交叉主题工坊，培育学生科创能力；充分整合校企资源，与企业、地方校友会共建"青年大学生双创实践基地"，为学生科创提供高水平的校内外实践实训平台。另一方面，提供科技创新一站式指导服务。建立了"四川大学大学生创新创业俱乐部"，与国内20余家知名创投机构合作共建创新创业一站式服务中心，为初创型企业和科创实践团队提供技术研发、基础设施服务与资金支持、咨询辅导、投融资服务。该俱乐部被授予首批"四川省大学生创新创业示范俱乐部"。

二是以宽松环境和良好条件作为保障，创新管理制度、提供政策扶持、出台激励机制，鼓励学生始终葆有科技创新的动力与勇气。川大团委不断完善激励学生科技创新的政策支持，制定《鼓励师生参加"挑战杯"竞赛实施办法》《激励学生创新创业的多元化学籍管理办法》等相关政策，积极营造鼓励科技创新、宽容失败的制度环境和文化氛围。同时，川大团委还积极提供激励学生科技创新的条件保障，以"挑战杯"等学术科创竞赛为牵引，每年投入专项经费分批次支持学生科技创新项目立项孵化；鼓励学生参加各类学术科创竞赛。

三是通过"三结合三提升"的"挑战杯"竞赛组织形式，紧抓学生团队参赛项目的选拔与培训，做好"挑战杯"项目孵化培育。

由于采用面上动员和点上培育相结合的方式，川大青年的赛事参与力度得以提升。在面上，充分发挥共青团的组织优势，在校内蓬勃开展科技创新活动，实施以跨学科、跨学历科技创新沙龙，师生协同创新服务、科技创新辅导为主要形式的"学风引领计划"，加强学术型、创新创业型社团建设。出台《四川大学鼓励师生参加"挑战杯"竞赛实施办法》等文件，制定院级竞赛组织工作指引，从体制机制上激发师生参与热情。在点上，培育最适合的参赛项目，深入学院、实验室、课题组开展赛事宣讲，摸排"苗子"项目，为每个重点团队建立项目档案，开展师生沙龙，对接各类社会资源以助力项目成长，邀请辅导专家"一对一"进行项目辅导，沉浸式参与团队技术迭代、演示PPT和讲稿修改，提供"保姆式"参赛保障。

通过精准规划和培训指导相结合，川大青年赛事实践深度得以拓展。一方面，精准规划，提供个性化、跟踪式的科创竞赛套餐。川大以学生成长需求为导向，根据不同成长阶段、不同学科类型和不同发展路径，将每年开展的科创竞赛和活动分为了学术研究型、创新探索型和实践应用型三大类，建立"睿川大"第二课堂平台，根据能力测评结果精准推送竞赛活动套餐，记录并反馈学生的参与和能力提升情况，为广大学生提供精准化、跟踪式成才服务，为"挑战杯"竞赛培养"苗子"参赛团队和参赛项目。另一方面，提供精细的培训指导，实现知识教育、价值引领、能力培养的有机统一。川大以赛事宣讲会、创新创业公共选修课、学术大讲堂为载体，在广大师生中扩大赛事影响力，加强学生科学家精神培育和创新创业知识教育。针对具体项目，在参赛过程中加强实践指导，引导学生深入生产一线、田间地头、城市农村、公司行业获得一手观察和调研数据。打造志愿服务项目"中央厨房"，动员组织学生参与乡村振兴实践和社区志愿服务，设立孵化基金，鼓励学生勇于创新、多出成果，提升科研创新的探索欲和主动性。

由于注重个人成长和国家需求相结合，川大青年的赛事育人效度得以提高。据统计，川大70％的"挑战杯"获奖学生攻读了更高层次的学历，川大国赛获奖团队中本科生深造率为100％。对历届"挑战杯"参赛学生的访谈调研结果显示，参与竞赛最大的三个收获分别是创新意识、团队精神和交叉学科知识。通过参与竞赛，川大青年主动服务中心大局，砥砺科研报国志向。科技类参赛团队直面"卡脖子"技术，矢志攻破技术难关。社科类参赛团队"用脚步丈量祖国大地，用眼睛发现中国精神，用耳朵倾听人民呼声"，针对各类社会现象，开展了扎实的访谈调研和全方位政策研究，并提出咨询建议，为政府提供决策咨询报告，以期不断推进社会进步。

第二节　涵养文化底蕴和文化素养

这一时期，川大团委以习近平新时代中国特色社会主义思想为指导，坚持以文化人、以美育人的导向，突出共青团文化育人工作的实践特点，搭建"1＋N"校园文化艺术活动平台、中华优秀传统文化育人实践平台、"沉浸式"体育育人实践平台，引领青年学生树立正确的审美观念、陶冶高尚的道德情操、塑造良好的身体素质，培养德智体美劳全面发展的社会主义建设者和接班人。

一、搭建"1＋N"校园文化艺术活动平台

为在校内积极营造格调高雅、富有美感、充满朝气的校园文化氛围，培养德

智体美劳全面发展的社会主义建设者和接班人，川大于 2000 年发起了"凤凰展翅"四川大学文化艺术节。该艺术节经过 20 多年的发展，形成了包括"凤舞川大"舞蹈大赛、"凤鸣川大"校园歌手大赛、"智慧川大人"辩论大赛、"激情川大"合唱大赛等大型校级文化艺术类赛事，以及"一院一特色"学院特色文化艺术项目的"1＋N"校园文化艺术活动格局，每年相关活动覆盖学生 4 万人次。在《教育部关于切实加强新时代高等学校美育工作的意见》和《四川大学加强和改进新时代美育工作的实施方案》出台后，川大团委更是以"凤凰展翅"四川大学文化艺术节为支点，着力构建"沉浸式"艺术教育实践体系，努力提升美育成效。

一是持续优化赛事机制，让"凤凰展翅"品牌焕发新活力。川大着力突出赛事全过程育人和整合多主体育人。突出赛事全过程育人方面，通过改进"凤凰展翅"文化艺术节赛事制度，加强赛前配套培训、赛中过程指导和赛后优秀作品宣传。每年依托"凤凰展翅"文化艺术节，线上线下集中开展声乐、舞蹈、辩论、合唱指挥培训 20 余场，跟进开展过程指导 100 余次。通过新媒体展播《红》《绒花》《无名的功勋》《丝路复兴》等多个艺术节孵化的优秀文艺作品，着力提升"凤凰展翅"文化艺术品牌的育人成效。突出整合多主体育人方面，充分依托川大艺术学科优势，整合各方面的专家力量参与到文化艺术活动的策划、举办、总评等工作中，为校内各项文化艺术赛事、活动全面赋能。同时，进一步推进文化艺术信息化平台建设，建立包括评委专家库、舞台合作库、主持人及礼仪库等人力资源数据库，为提升活动质量提供保障。

二是加强美育活动孵化，创新打造云上美育课堂。川大着力加强精品美育活动孵化与培育，创新宣传形式打造文化艺术美育云上课堂。加强精品美育活动孵化与培育方面，通过"一院一特色"学院特色文化艺术项目整合校园文化艺术资源，加强校院两级联动，共同打造独具川大特色的校园精品文化艺术项目，每年孵化学院文化艺术特色项目 40 余项。依托"I 创意 WE 实现"创意招募令，孵化学生主创新项目"IWE"精品项目。通过开展美育工作调研，广泛吸纳青年师生建议，举办"艺寝川大"才艺展示短视频大赛，相关短视频网络播放量达 20 余万次。创新宣传形式打造文化艺术美育云上课堂方面，重点建设"SCU 文艺情报站"微信公众号，在"青春川大"和"四川大学社团联合会"全媒体平台开辟美育专栏，通过推荐校内外文化艺术展览、活动、课程等内容，普及文化艺术知识；通过宣传报道"凤凰展翅"四大项获奖选手、文化艺术类社团特色成员等校园文艺骨干，树立文化艺术学生典型；通过文创产品打造与展示等，营造浓厚的校园文化艺术氛围，以宣传媒介扩大校园美育建设影响力，打造独具特色的线上美育平台。

三是发挥思辨活动优势，营造思辨文化氛围。川大在加强辩论队等思辨类学生组织建设的同时，积极打造高水平辩论赛竞技交流平台。加强辩论队等思辨类学生组织建设方面，至 2023 年初，川大建有校院两级辩论队共 37 支，其中校辩论队 1 支，依托学院或学生社团建立的院级辩论队 36 支，在全校形成了以辩论队和思辨类学生社团为主体的思辨能力培养和思辨文化建设力量。全校每年在队人数稳定在 1000 人左右，基本覆盖了本科各年级学生和部分研究生。川大依托校院两级辩论队开展辩论主题工作坊、暑期集训、例行队训、模拟辩论等日常培养工作，每年所开展的思辨类专题培训累计覆盖 9000 余人次。打造高水平辩论赛竞技交流平台方面，经过近些年的发展，全校逐步构建起了以"智慧川大人"辩论赛为龙头、以"学院杯"辩论赛为支撑、以院际辩论联谊赛为补充的校院两级辩论赛事体系，特别是随着辩论文化的普及，部分班级团支部还自发组织开展了大量以辩论、演讲为主要形式的主题团日活动。全校每年依托校院两级辩论赛组织开展的辩论赛事累计有 200 余场次，班级团支部开展的辩论赛有 150 余场次。经过近十余年的发展，"智慧川大人"辩论赛现已发展成为深受学生普遍欢迎的校内权威性辩论赛事和提升学生思辨能力、倡导校园思辨文化的主要校园文化品牌活动。2021 年，川大共青团还创办了川渝高校辩论邀请赛，邀请川渝地区 8 所高校围绕成渝地区双城经济圈建设通过辩论的形式建言献策、贡献青春智慧，获得共青团四川省委和共青团重庆市委的重点支持，深受参赛高校师生喜欢，共有 5000 余人以线上、线下的方式参与其中。

二、搭建中华优秀传统文化育人实践平台

川大孵化成立了 28 个传播传统文化的学生社团，既有兼具知识性、趣味性的传统文化艺术社团，如笑笑相声社、梨园雅韵戏曲社，也有与课程、专业相结合的学生社团，如巴蜀文化研究会、雅韵古典文学社等，传统文化类社团会员达 3563 人。川大还搭建了"逐梦青春"学生社团文化节、"古韵川大"优秀传统文化体验活动及文艺展演和"一院一特色"文化艺术活动等培育和展示平台，年均举办活动 500 余场次，涌现出"不白来"三校区相声巡演活动、京剧折子戏展演活动、"题扇寻诗"诗词文化活动、"学生太极拳比赛"、"筝音月影"音乐会、"墨香古韵"国学知识竞赛、春天诗会、皮影沙龙等一批优秀校园精品项目，以学生喜闻乐见的形式、丰富多彩的内容提升中华传统文化的感染力和吸引力，辐

射学生 2 万余人。

一方面，打造一批线上线下精品课程，丰富中华优秀传统文化教育课程体系。川大共青团组织开展中华优秀传统文化线下课程 24 次，多次邀请四川藏羌织绣艺术及国家级非物质文化遗产传承人杨华珍老师、国家级非遗项目道明竹编市级代表传承人丁春梅老师、成都皮影戏非物质文化遗产传承人赵洪老师等全国著名手工艺人，为学生分享羌绣、竹编、皮影等非物质文化遗产的文化精髓。手工艺术家们向学生们悉心阐释羌绣的独特审美价值与色彩规范，介绍竹编发展的深厚历史与相关编织技巧，描述皮影制作与艺术流派，从不同维度拓宽了学生对中华优秀传统文化的认知视界。除理论授课外，老师们还亲自带领学生体验手工制作，展示"挑一压一"等精湛技巧，手把手传授非遗技艺。与此同时，校团委同步打造了"传承的力量·中华优秀传统文化精品视频系列"线上课程，通过对藏羌织绣、道明竹编等优秀传统文化的历史起源、传承现状、新时代价值的讲解，进一步展现了优秀传统文化所蕴含的中国智慧与精神。该视频一经上线就深受学生欢迎。此外，学生社团定期组织开展传统文化培训活动，涉及古筝、古琴、京剧、相声等门类，每年覆盖学生 6000 余人次。

另一方面，孵化一批精品校园活动，营造中华优秀传统文化育人浓厚氛围。课堂外，川大团委通过学生社团"传统文化周"、"古韵川大"中华优秀传统文化特色体验活动、首届传统体育文化节、"一院一特色"学院特色文化艺术项目、"风舞川大"舞蹈大赛等一系列精品校园文化活动，营造浓厚的中华优秀传统文化氛围。学生社团"传统文化周"已在学校开展 3 届，通过这一平台，先后涌现出了京剧折子戏展演、皮影沙龙、国学茶话会等一系列社团品牌活动。2021 年中秋节前后，川大团委组织学院和 40 个传统文化类社团创新举办了"古韵川大"中华优秀传统文化特色体验活动，组织开展了"穿汉服""绣香囊""做月饼""投壶"等形式丰富的体验项目。同时，校团委通过"一院一特色"学院特色文化艺术项目在各学院长期打造了一批独具特色的中华优秀传统文化品牌活动，包括哲学系"安仁游艺"传统人文艺术雅集、艺术学院"翰墨飘香迎新春"送春联活动、华西公共卫生学院"体验空竹，走进非遗"活动等，有针对性地展开更具特色的中华优秀传统文化教育。而在"风舞川大"舞蹈大赛的舞台上，各学院学生将唐宫之韵、敦煌之美等传统文化融于舞蹈，用灵动飞扬的舞姿与别出心裁的编舞向全校师生演绎中华优秀传统文化的魅力，体现了中华优秀传统文化的传承与创新。

与此同时，川大重点开展一批特色社会实践项目，以增强青年学生中华优秀传统文化传承意识。川大开展了以"传承传统文化，坚定文化自信"为主题的暑期社会实践活动，组织学生赴崇州市道明竹艺村、成都市花照壁社区等地探访非物质文化遗产，亲身体验中华优秀传统文化的独特魅力，引领学生自觉接受中华优秀传统文化的熏陶。从2021年开始，川大团委与川大国际合作与交流处联合开展中外大学生传统文化社会实践，带领中外大学生体验皮影制作、陶艺、扎染、竹编、采茶制茶等优秀中华传统文化，为讲好中国故事、传播好中国声音，展现可信、可爱、可敬的中国形象，推动中华文化更好走向世界添一份力。

川大还开发了一批特色网络文化产品，赋予中华优秀传统文化教育青春活力。小川网络文化工作室在"青春川大"官网、微信、微博、抖音等新媒体平台推出"小川说节气""背影""淘沙"等中华优秀传统文化网络栏目，通过动漫、摄影、纪实等形式向青年学生展现传统文化的底蕴与魅力。该工作室年均创作中华优秀传统文化相关网络作品百余篇，如《以文化人，以物润人》《弘扬三星文化，赓续红色基因》《不食烟火枉来人间》等文章分别从文物保护、三星文化传承、传统美食制作等青年学生感兴趣的角度切入，推介中华优秀传统文化，颇受青年学生欢迎。

此外，随着青年学生的文化需求和审美品位日益提升，小川网络文化工作室通过深入挖掘校园文化资源，研发出一系列传统文化元素突出、符合青年学生审美品位、贴近实际需求的文化创意产品。从2019年开始，依托网络新媒体栏目"小川说节气"，将川大共青团吉祥物"猴小川"与二十四节气传统民俗结合打造出"小川二十四节气"台历，将月历功能、传统文化、校园特色结合起来，成功地将传统文化有机融入青年桌面文化。2021年，该工作室以川大校园风光和三校区地标建筑为创作灵感，与成都天府通金融服务股份有限公司合作推出"遇见川大"系列天府通卡文创产品，将川大四季风光植入交通卡中，使之成为"带得走的校园文化"。

党的二十大报告指出，要"以社会主义核心价值观为引领，发展社会主义先进文化，弘扬革命文化，传承中华优秀传统文化，满足人民日益增长的精神文化需求"，要"坚守中华文化立场……讲好中国故事、传播好中国声音，展现可信、可爱、可敬的中国形象"，要"推动中华文化更好走向世界"。川大团委搭建中华优秀传统文化育人实践平台，加强大学生中华优秀传统文化教育，对于新形势下落实立德树人根本任务，引导大学生增强"四个自信"，培育和践行社会主义核心价值观，实现中华民族伟大复兴的中国梦，具有长远的战略意义和重要的时代价值。

三、搭建"沉浸式"体育育人实践平台

川大团委为贯彻落实习近平总书记关于教育、体育的重要论述和全国教育大会精神，促进学生健康成长、全面发展，构建德智体美劳全面发展的人才培养体系，以立德树人为根本，以社会主义核心价值观为引领，以服务学校"双一流"建设、学生全面发展和综合素质增强为目标，加强校园学生体育活动，推动学生文化学习与体育锻炼协调发展。川大团委通过常态化开展形式多样的校园体育活动，帮助学生在体育锻炼中享受乐趣、增强体质、健全人格、锤炼意志，形成多样化、现代化、高质量的具有中国特色、川大风格的浓厚校园体育文化氛围。同时，以全覆盖的分级分类体育赛事、健康竞赛等为抓手，搭建"沉浸式"体育育人实践平台，以健康文化节、体育文化节、趣味运动会系列传统品牌体育活动为载体，每年开展不少于20场大型校级体育主题活动和数千场各级各类体育文化活动，营造积极向上的校园文化氛围。

一是通过举办"运动正青春"体育文化节，营造良好校园体育氛围。川大团委充分发挥校院两级学生会和全校26个体育类社团的优势，全年举办社团体育文化节、"新生杯""学院杯"等以三大球为主各类赛事、趣味运动会、校田径运动会等系列传统品牌体育活动。健全形成分级分类赛事体系，各类体育类赛事由学校向学院延伸，每年9月举行院级联赛、10月举行校级联赛；建立体育学院教师分片定点联系院系制度，积极指导开展"校、院系、班、宿舍联赛"等系列赛事，使全校每年开展不少于20场大型校级体育竞赛和全覆盖的院、系、班级校园体育竞赛活动，促进学生广泛参与体育文化节、田径运动会和全年各类其他体育活动。

二是实施班团组织"跃动计划"。川大团委要求全校各团支部做到"周周有锻炼，月月有活动，季度有安排"。依托班团组织优势，组织每个支部每周开展一次体育锻炼，打造"一院一特色""一班一品牌"，营造积极向上的体育锻炼氛围。

三是与体育学院合作，开展"动感时刻"体育活动，实行常态化体育锻炼。川大团委联合体育学院常态化组织开展健身操、八段锦、啦啦操、广场舞等群体性体育锻炼。每周周一至周五在三个校区分别开展一个小时的有氧操舞体育锻炼，2022年共计开展为期4个月的体育日常锻炼，覆盖人群6000余人次。

四是创新体育锻炼品牌活动，提升学生参与的积极性和主动性。川大团委通过打造"强身报国"系列品牌活动，常态化开展春季荧光夜跑、纪念一二·九爱

国运动冬季环校跑、毕业跑，激发学生参与体育锻炼的积极性和主动性，营造出"运动川大""健康川大"的校园体育文化氛围。

第三节　积极投身社会实践大课堂

川大团委围绕立德树人的根本任务，始终高度重视实践育人环节在人才培养中的重要作用，坚持理论教育与实践教育相结合，通过整合各类实践资源，强化项目管理，丰富实践内容，创新实践形式，拓展实践平台，完善支持机制，教育引导青年学生在亲身参与中增强实践能力、培育家国情怀，结合专业所学积极服务奉献社会，在志愿服务和社会实践中展现新时代青年的担当与奉献，在生动的实践大课堂中交出川大青年的奋进答卷。

一、构建社会实践"四个一"机制

川大年均组织 500 多支团队、2 万余名师生开展丰富多彩的社会实践活动，引导广大青年学生走出教室、走出校园，走向广袤河山，扎根祖国大地，在实践中受教育、长才干、作奉献，真正实现青年自身有成长、人民群众有受益、实践育人有成效。逐步构建以"聚焦一个主题、开展一次调研、撰写一份报告、组织一场分享"为主要内容的社会实践"四个一"工作机制，引导广大青年学生做红色基因的坚定传承者和实践者，前往井冈山、延安、邓小平故居等校外红色教育基地，在传承红色基因中不忘初心使命；组织广大青年学生到基层和人民中建功立业，开展"深度贫困地区青春行""美丽乡村青春行"等活动，在服务国家战略建设中勇担时代责任；帮助广大青年学生用脚步丈量祖国大地，开展"返家乡"专项活动，在基层实践锻炼中激扬青春梦想。川大共青团连续获评全国大中专学生志愿者暑期"三下乡"社会实践活动优秀单位。

一是"聚焦一个主题，突出活动导向"。川大的社会实践工作始终紧密围绕深入学习宣传贯彻习近平新时代中国特色社会主义思想，全面贯彻十八大以来党的历次重要会议精神，坚持正确政治方向，宣传党百年奋斗的辉煌成就、历史意义，学习党领导下中国青年运动的百年历程，团结引领青年学生树立让青春在全面建设社会主义现代化国家的火热实践中绽放绚丽之花的坚定理想，为实现第二个百年奋斗目标、实现中华民族伟大复兴的中国梦凝聚起强大青春力量。川大共青团聚焦当年的活动主题设立多个特色鲜明的活动专项，致力于打造川大特色社会实践品牌，多个社会实践团队聚焦于一个活动专项，开展了形式多样、内容丰富、成果丰硕、成效显著的社会实践活动。例如，2022年四川大学暑期社会实践工作紧紧围绕"喜迎二十大，永远跟党走，奋进新征程"的活动主题，设置了"理论普及宣讲""党史学习教育""助力乡村振兴""感悟发展成就""民族团结实践"五个活动专项，组织了392支社会实践队伍到全国30个省份、149个市（州）行政区、125个县开展了丰富多彩的社会实践活动，以昂扬的青春风貌迎接党的二十大胜利召开。

二是"开展一次调研，体悟国情社情"。川大的社会实践工作始终高度重视将社会实践与调研活动相结合，将"三下乡"与"返家乡"社会实践相结合，将线下实践与"云调研""云实践"相结合，更加广泛、有效地组织动员青年学生参加活动。"没有调查就没有发言权"，川大共青团不断优化完善社会实践工作部署，在形式和内容上力求深入深刻，在效果导向上力求触动思想，形成目标一致、相互促进的工作态势，帮助学生不断提升社会化能力。组织广大青年学生深入乡村、企业、社区等开展采访调研、参访学习等活动，用脚步丈量祖国大地，深入体悟国情社情民情，感受祖国发展变化，形成正确认识，站稳人民立场，投身强国伟业；引导广大青年学生实践出真知、实践长真才，结合当地实际产出调研成果，为实践点位化解现实困境、谋求更高发展提供"川大方案"，贡献"川大智慧"。不忘初心勇追梦，青春建功在基层，川大学子牢牢扎根于祖国基层，力戒走马观花、蜻蜓点水，将社会观察、知识积累、实践思考等转化为实实在在的建设性意见和举措。例如，商学院"数字洞察，赋能转型"感悟发展成就实践团对德阳市7大行业20余家数字化转型代表企业展开实地调研和深入访谈，对德阳企业开展问卷调查，为推进社会实践成果理论培育转化、解决德阳面临的"企业不会转型、不敢转型""政府一头热、企业一头冷"等现实问题贡献青春力量。

三是"撰写一份报告，深化活动成效"。川大的社会实践工作始终努力推进社会实践成果培育转化，鼓励团队和学生将社会实践调研成果总结为调研报告、转化为资政建议，进一步深化社会实践活动的成效，帮助青年学生在深刻感悟新时代党和国家事业发展取得的伟大成就的同时提高社会服务能力，构建完善常态化、长效化的实践育人工作格局。通过撰写暑期社会实践报告，引导广大青年学生以实践背景、实践结果、实践总结、实践心得为核心，回顾实践过程，明确实践意义，掌握实践经历，改进实践细节；鼓励广大青年学生围绕活动主题思考，坚持从实际出发，结合专业特色，发挥学科优势，通过社会观察、基层治理参与、特色产业调研、学习体验等多种方式，更深入地参与社会活动，为继续发展社会作出贡献。川大共青团在各实践团队提交的社会实践调研报告中充分挖掘宣传社会实践活动的鲜活经验和创新做法，调动同学们参加社会实践的积极性，让同学们在社会大课堂中发现问题、解决问题，不断增强对正确理论指导的需求，并使其内化为对思想政治理论的学习积极性。例如，2022 年四川大学暑期社会实践共收获社会实践调研报告 262 份，川大学生在调研报告中详细记录了社会实践过程中的所见所闻、所思所想，其中有不少的团队将调研报告转化为了资政建议，获得了实践地有关政府部门的高度肯定。

四是"组织一次分享，讲好实践故事"。川大的社会实践工作始终精心组织社会实践成果分享会，从实践育人的高度充分认识社会实践成果分享会的重要意义，切实提高政治站位、强化思想认识、周密安排部署，通过多种方式动员团员青年积极参与分享，切实做好工作指导和内容把关。通过多层次、多数量的社会实践成果分享会，将社会实践优秀队伍活动策划中的好地点、好环节、好创意传播给更广泛的川大学子，碰撞思维、激发灵感，形成暑期社会实践工作的良性闭环，切实提升川大社会实践工作质量。各学院广泛宣传，营造浓厚氛围，充分利用学院网站、微信公众号等各类宣传平台进行宣传推广。各团队围绕主题活动，讲述团队故事，发扬团队精神。各分享人紧密结合自身团队特点，扣紧主题，分享社会实践活动的展开过程，从准备到收获，从个人到团队，通过分享会将细致的活动内容以及真实的活动感受传递给更多同学，将收获分享给其他团队。不断提升社会实践工作的覆盖面和纵深度，引导更多的川大学子积极参加社会实践，自觉运用正确的思想和理论去指导自己的行为，去观察社会，分析问题、解决问题。

二、培育志愿服务"四个一"模式

川大青年志愿者行动始于 1994 年，现有注册志愿者逾 6 万人，并建设有以学科优势为导向的学院志愿者服务队 38 支、以社会公益为重点的特色志愿服务队 9 支及各类公益性社团 26 个。全校志愿者注册率 96.87%，年度志愿服务时长超 45 万小时，志愿服务已成为川大青年服务社会、成长进步的重要方式。在团中央、团省委和学校党委的坚强领导下，川大团委锐意进取，开拓创新，以推动志愿服务制度化、常态化、规范化为着力点，探索形成志愿服务"四个一"新模式，即"革新一个理念""构建一项机制""丰富一批内容""培育一种文化"，促进学校志愿服务工作全方位高质量发展，推动志愿服务工作融入学校"三全育人"格局和人才培养体系，使志愿服务成为学校立德树人、实践育人的重要载体，成为共青团提升引领力、组织力、服务力和大局贡献度的有效路径，不断激励和引领广大团员青年成长为有理想、敢担当、能吃苦、肯奋斗的新时代好青年。

"革新一个理念"即革新志愿服务理念，提升对青年的引领力。以"信仰入心、实践成才、基层建功"为志愿服务行动理念，突出志愿服务的政治属性和育人功能，通过组织青年学生广泛开展以扶弱济困助残、政策理论宣传、服务乡村振兴、参与社会治理为主题的志愿服务活动，引领青年学生坚定不移听党话、跟党走，增强对马克思主义的坚定信仰、对中国特色社会主义的坚定信念和对实现中华民族伟大复兴中国梦的坚定信心，引导青年学生将小我融入大我、青春献给祖国，到党和人民最需要的地方建功立业，让志愿服务成为生动活泼的思政课堂。其中，连续14年致力于儿童心灵陪伴的"五彩石"志愿服务项目，吸收青年学生19483人成为志愿者，以实现"爱心互动、相互支撑、共同成长"为目标，服务对象覆盖灾后重建中的孩子、山区留守儿童、进城务工人员随迁子女等20646人，为服务国家乡村振兴战略注入了青春力量。

"构建一项机制"是构建志愿服务机制，提升对青年的组织力。以"规范流程、孵化项目、构建体系"为志愿服务行动的发展方向，创新"1＋N"志愿服务机制，即打造1个志愿服务项目的"中央厨房"，提供若干项"菜单式"供给的志愿服务。例如，自2019年11月发起"青春志愿·爱在社区"大学生志愿服务社区行动以来，川大已实现与50个社区的"菜单式"志愿服务供给，立足社区需求广泛开展常态化服务项目：在成都市多个社区开展致力于保护儿童口腔健康的"保贝联盟"——儿童健康公益科普计划，在昭觉县实施致力于关爱易地搬迁社区儿童健康成长的"新彝乡·少年志"帮扶计划。这些项目先后被团中央评选为服务社区的示范项目。同时，充分发挥校内志愿服务项目大赛、志愿服务交流会的展示交流等平台功能，结合社区需求孵化培育特色鲜明、群众认可、社会需要的志愿服务项目，丰富志愿服务项目"菜单"，从而源源不断地动员和组织更多青年学生发挥知识技能特长、参与志愿服务活动，为加强和创新社会治理奉献青春力量。

"丰富一批内容"是丰富志愿服务内容，提升对青年的服务力。以"提升质量、做优品牌、扩大规模"为志愿服务行动的创新路径，立足学科优势、突出专业特点，围绕社会治理、巩固脱贫攻坚成果、助力乡村振兴等方面，打造一批兼具学科优势和专业特点的志愿服务品牌。例如，华西药学院的"药健康"医药科普帮扶项目于2017年发起，已组织623名本硕博志愿者开展乡村科普志愿服务，服务总时长超过 31500 小时。该项目通过举办医药学兴趣课堂、科普实践课程、合理用药入户宣讲、科普明信片联创等医药学特色志愿活动，培养乡村家庭健康意识，实现对乡村家庭健康科普的长效帮扶，已惠及超过 32550 人次，直接受益儿童达 3250 人次。又如，建筑与环境学院的"青橄榄环保课堂"自 2020 年发起，结合环保小课堂与手工制作，将环保融入生活，向小学生宣传环保知识，帮助他们培养环保习惯。本项目长期在四川大学附属实验小学开展，覆盖学生 2400 余人。再如，华西临床医学院的"'泰迪熊医生医路童行'关爱儿童健康"项目自 2020 年发起，针对幼儿园小朋友开展体验活动——"泰迪熊医院"：由小朋友担任自己玩偶的"家长"，医学生志愿者扮演各个科室的医生，通过有趣的互动形式使小朋友熟悉医疗环境和诊疗过程，克服对医院、医生的恐惧，学习如何感知和描述自己的身体变化；同时设计了卫生保健、性教育等五种趣味课程；形成了儿童认知数据库，制作了儿童青少年的健康教育读本和资料包。该项目覆盖幼儿 3500 余人。这些专业化志愿服务活动，引导青年学生将所学专业知识运用于志愿实践，进一步丰富专业知识、夯实专业素养、提升综合能力，实现服务他人和完善自我的有机统一，全面发挥青年志愿服务实践育人功能，为青年学生成长成才搭建了平台。

"培育一种文化"则是培育志愿服务文化，提升对发展大局的贡献度。以"教育引导、实践养成、榜样示范"为志愿服务行动的育人逻辑，注重以文化人、以文育人，通过选树先进代表、推广优秀项目、讲述典型事迹，引领青年学生不断加深对志愿服务文化内涵的认识，自觉践行"奉献、友爱、互助"的志愿精神，提升青年对实现中华民族伟大复兴中国梦的贡献度，让青年学生成为志愿服务文化的实践者、创新者。例如，自 1999 年以来，313 名川大学子扎根凉山彝族自治州接力支教 24 年，2 万余名志愿者积极投身汶川、雅安地震等抗震救灾和灾后重建工作，年均 2000 余名志愿者为大型赛事活动提供高质量志愿服务，新冠肺炎疫情发生以来全校 3.9 万名志愿者投身校内外疫情防控一线等。这些发生在身边的故事就像一个个"加油站"和"孵化器"，激励青年学生自觉把个人前途和祖国命运紧密联系起来，到基层人民群众中去锻炼成长，在实现中国梦的伟大实践中绽放青春光芒。如今，川大有越来越多的毕业生报名地方选调生、西部计划等中央和地方基层项目。这些都是川大志愿服务文化结出的绚烂之花，志愿服务已成为川大学子成长成才的重要舞台。

第十二章　勇担使命，奋力展现新风貌

坚定不移跟党走，为党和人民奋斗，是共青团的初心使命。川大共青团坚定走好中国特色社会主义群团发展道路，不断保持和增强政治性、先进性、群众性，克服"机关化、行政化、贵族化、娱乐化"问题，始终成为党联系青年最为牢固的桥梁纽带，把最大多数青年紧紧凝聚在党的周围，广泛组织动员广大青年在全面建设社会主义现代化国家的火热实践中绽放绚丽之花。

第一节　学生会组织展现崭新形象

在川大党委的全面领导下，川大团委深入贯彻落实习近平总书记关于青年工作和教育工作的重要论述，严格落实《关于高校学生会（研究生会）深化改革的若干意见》等相关文件要求，持续推动学生会组织深化改革，坚持刀刃向内推进从严治会，充分发挥学生会服务同学功能，不断提升大局贡献度和师生认可度，学生会展现出富有理想、关心同学、清新阳光的组织形象，焕发出与时俱进的崭新气象。

一、深化学生会（研究生会）改革

自 2017 年启动学生会组织改革以来，川大学生会不断深入学习落实《关于推动高校学生会（研究生会）深化改革的若干意见》和《中共四川大学委员会关于进一步推动学生会（研究生会）深化改革的实施意见》等重要改革文件，结合自身工作实际，通过座谈调研、问卷调查等方式，广泛听取意见建议，多次召开工作研讨会，对学生会改革拟突破的重难点问题进行讨论，对改革具体工作进行分解落实。川大学生会在制度完善、骨干遴选、作风建设等方面同时发力，塑造学生会清新阳光的组织形象，使得服务同学职能进一步聚焦，机构人员大幅精减，运行机制不断健全，监督管理更加规范，改革成果获得上级学联的充分肯定。

一是明确职能定位，全心全意服务广大同学。始终坚持以习近平新时代中国特色社会主义思想为指导，保持和增强政治性、先进性、群众性，充分发挥好学校联系同学的桥梁纽带作用，努力将广大同学最广泛最紧密地凝聚在党的周围，引领同学怀抱梦想又脚踏实地，敢想敢为又善作善成，不断培养爱国之情、砥砺强国之志、实践报国之行。不断加强对同学的政治引领，加强理论学习和交流研讨，把准时代脉搏，创新引领方式，依托重大时间节点和纪念日开展一系列主题鲜明的教育活动，通过校园宣讲、座谈报告、国情调研等更加贴近同学的方式，创新活动形式和载体，将联系服务和教育引导有机结合，让科学理论入耳入脑入心，不断增强引领实效，及时向同学传达党的声音和主张，引导广大同学自觉把个人理想融入促进学校发展、国家发展的共同奋斗中来；以全心全意服务同学为宗旨，始终坚持群众路线，从同学中来、到同学中去，通过实地走访、线上调研等多形式多渠道地听取、收集、了解同学在学业发展、身心健康、权益维护等方面的普遍需求和现实困难，并及时解决反馈，真正做到面向全体同学、服务全体同学，努力建成让同学、教师、学校都想得起、靠得住、信得过的川大学生会。

二是改革运行机制，不断探索"校—院—班"的工作联动机制。不断修订完善《四川大学"十佳学生会"评比执行细则》，依托学生会委员会会议、学院主席论坛、班长联席会，推动组织间常态化的经验交流学习，延伸了工作触角、提升了工作温度，强化校院班纵深贯通。充分整合和发挥校学生会引领同学、院学生会服务同学、班委会贴近同学的优势，将其转换为学生会组织的改革发展优势，德、智、体、美、劳各类活动组织点面结合，新媒体平台形成矩阵，重要活动、重要时段同频共振齐发声。新增院级活动升级校级活动板块，鼓励支持院学生会将特色精品活动做大做强，扩大优秀活动的影响力，将服务范围从院升级到校，让更多同学参加到优质的活动中去。

三是坚持精简原则，不断优化机构和人员规模。根据《关于推动高校学生会（研究生会）深化改革的若干意见》等相关改革文件要求，校学生会主席团成员由 9 人减少至 5 人，工作人员精减至 60 人左右；院级学生会主席团成员减少至 3 人，工作人员精减至 20～30 人；进一步精减组织机构，实现扁平化管理体制。自 2020 年召开第三十二次学生代表大会以来，川大学生会进一步明确职能定位、精简组织机构，确保部门负责人不超过 3 人、工作人员不超过 6 人，职能作用不断彰显。

四是严格遴选条件，提高工作队伍整体素质。川大学生会严格落实《关于高校学生会（研究生会）深化改革的若干意见》等相关文件要求，不断强化学生会工作人员作风建设，健全遴选、考核、培养、退出机制。严格遴选标准，把好学生会工作人员政治关、学业关、能力关、作风关、群众关。明确学生会工作人员应是共产党员或是共青团员，理想信念坚定，热爱和拥护中国共产党；明确学生会主席团成员应当是学有余力、学业优良的学生，学习成绩综合排名在本专业前30％以内且无课业不及格情况。进一步严格学生骨干遴选条件，提高学生会工作队伍整体素质。扎实推进学生会改革，全面加强从严治会。进一步完善项目化志愿者招募激励机制，广泛吸纳同学参与学生会品牌活动的组织工作，落实有关改进作风、服务同学的若干规定，发布《四川大学学生会全心全意服务同学倡议书》。

五是严格遴选程序，切实加强党组织的领导和把关作用。制定《四川大学学生会主席团成员候选人产生办法》等相关文件，明确校学生会主席团候选人由学院（系）团组织推荐，经学院（系）党组织同意，由学校党委学生工作部门和学校团委联合审查后，报学校党委确定。明确校级学生会工作部门成员由学院（系）团组织推荐，经学校党委学生工作部门和学校团委审核后确定。明确学院（系）学生会主席团候选人和学生会工作人员由班级团支部推荐，经学院（系）团组织同意，由学院（系）党组织确定。校级学生会工作人员中来自学院（系）学生会的成员不少于50％。严格落实选人用人程序，进一步推进干部选拔任用工作制度化、规范化、科学化，营造风清气正的选人用人环境。

二、坚持刀刃向内推进从严治会

自启动学生会组织改革以来，川大团委坚持刀刃向内推进从严治会，坚持问题导向，严管学生骨干，不断深化改革成效，引导学生骨干实学实干、脚踏实地、埋头苦干，努力推动建设与学校同心同向、与同学同频同行，风清气正的学生组织。

一是坚持思想引领，加强作风建设。川大学生会以保持和增强政治性、先进性、群众性为目标，持续强化思想武装，以重要活动和重大纪念日为契机，全方位、多维度地开展各项理论学习活动，强化学生骨干的思想武装：在学生会内部常态化整理、发放内容涵盖党的历史、基本理论、形势政策、时事热点、青年话题、成长发展等方面的学习文献10余次，引领学生骨干自觉加强理论学习；定期开展川大学生会全体大会及学生会内部的集体学习活动，发布《四川大学学生会全心全意服务同学倡议书》，带动全体学生骨干自觉牢记服务宗旨；在学生会委员会设立作风监督委员会，面向全校同学公布作风监督委员会举报邮箱，增强学生会内部管理透明度；针对学生会思想引领的内容和方式还不够贴近学生骨干实际的问题，探索学生会团支部依托"青年大学习"网上主题团课往深里学、往实里学，以时事辨析、研讨碰撞、分享交流为主要学习形式，增强学习的时代性、针对性和青年味。

二是完善考评制度，强化内部管理。川大学生会严格学生骨干遴选机制，建立违规违纪退出机制，规定学生会工作人员须为中共党员或共青团员，专业排名须为前30%，且无课业不及格情况；修订完善《四川大学学生会骨干考核制度》，制定《四川大学学生会述职评议制度》，建立以学校各机关部处教师和学生会委员会委员广泛参与的述职评议制度为核心的学生骨干考核体系，试行周期考核与学期述职相结合，将学生骨干考核推行至整个任期，完善述职评议制度；制定《四川大学学生会文案规范制度》《四川大学学生会会务工作流程规范》等工作规范，推动学生会工作体系科学化；试行学生事务志愿者工作制，设立由六个部门学生骨干及学生事务志愿者共同参与的学生事务志愿小组，实现学生事务志愿者不分部门的整体化培养，构建经历全面、能力过硬的志愿者储备库，完善学生会人才储备梯队；探索建立项目化志愿者招募激励机制，以项目化方式招募志愿者主办重大活动，做到因事用人，事毕人散，广泛吸纳同学参与学生会品牌活动的组织工作。

三是加强院校联动，深入服务同学。为提升校院联动的深度与广度，川大学生会建立系统化工作考核考察机制，推动各级学生会开展工作经验交流学习，修订《四川大学"十佳学生会"评比方案》，精简"十佳学生会"评比体系，推动校院两级学生会工作机制更加科学高效；按要求每年对院级学生会进行深化改革情况评估并予以公示，直面改革中的"难点""痛点"，结合实际与院级学生会进行共同研究，提供工作支持；学生会委员会下设学风建设委员会、作风监督委员会、校园文化建设委员会、提案工作委员会等四个专门委员会，依托学生会委员会全体会议、"优秀班级班长"评选等载体，加强"校—院—班"三级联动深入有序推进；以各类学风建设活动串联起专业知识和课外创新实践，所举办的竞赛类活动每年累计有1.5万名学生参与，特色类讲座活动覆盖学生达4万人次。通过上述工作，川大学生会积极落实校学生会贴近同学、服务同学的宗旨，延伸工作触角，切实服务广大同学需求。

四是落实党委领导、团委指导，规范召开学代会。在党的领导和团组织的具体指导下，川大学生会严格参照《高校学生代表大会工作规则》《四川大学学生会章程》等文件，依章依规召开学生代表大会；学代会代表产生方法科学民主，兼顾性别、政治面貌、民族比例等因素，结构科学多元；全体与会代表认真履行职责，广泛收集同学们的意见和建议，积极行使代表权利，以分团讨论聚焦的形式充分讨论工作报告和提案，参与学校治理和监督，履职制度完善深入；学代会筹备组面向各代表团和全校同学征集提案，在第三十三次学代会中累计形成103份、在第三十四次学代会中累计形成139份有效提案，内容涵盖教育教学、创新实践、校园文化、学术学风、生活服务等领域，真实反映同学诉求，如在教育教学方面提出的学校可以开展更多具有学院特色的通识课程、同一课程的任课老师在学期开始时应统一考核标准以避免同学们在选课时"投机取巧"等提案都得到了学校的高度重视。

三、充分发挥学生会服务同学功能

这一时期，川大团委积极充分发挥学生会服务同学功能，回归服务同学宗旨，坚持从同学中来、到同学中去，想同学之所想，急同学之所急，解同学之所难，聚焦同学学业发展、身心健康、社会融入、权益维护等领域开展系列工作，更好地发挥联系同学、服务同学、引导同学的作用。

一是持续推动"我为同学办实事"深入开展。

学生会聚焦广大同学的普遍诉求，健全落实了学生代表大会提案制度、日常调研制度。在"四川大学学生会"微信公众号上开设提案办理和意见反馈平台。与学校教务处、后勤保障部等相关单位建立联系渠道，及时反映和协助解决广大同学的"急难愁盼"问题，共处理提案129份。在学生会委员会层面设立提案工作委员会，配合校院班联络机制，常态化地调研同学需要，搜集同学问题，反映同学需求。

学生会积极维护广大同学权益。例如，开展3·15消费者权益日活动，向全校学生宣传消费维权知识，提高同学们的自我维权能力；设立全时段食堂"学生监督岗"，收集师生对食堂的意见建议，对食堂食品卫生安全运行等工作进行监督，将反映人数较多、共性较强的建议整理至学生代表大会提案中，并就针对性较强的个性问题当场联系食堂负责人解决；选派学生代表参与川大眉山校区食堂建设规划意见征求会，向学校部处传递同学的声音和主张。

学生会努力促进"校—院—班"三级联动。依托学生会委员会全体会议、班长联络群等，加强"校—院—班"三级联动体系，现已将全校1000余名班长纳入体系，打通了"校—院—班"宣传传达通道，充分整合和发挥校学生会引领同学的优势。

学生会努力贴近同学生活学习，开展"寝同一家"寝室文化节，组织校园树洞手绘活动，为美丽的川大校园增添青春气息。寝室文化节共吸引183个寝室参与展示寝室独特风采和文化，营造温馨和谐的寝室"家"文化。校园树洞手绘活动针对望江校区的树洞展开了美化活动，为校园树木按下了"美颜键"，提升了校园"颜值"，为校园环境和人文底蕴增色。

二是持续推动"学风引领计划"全面覆盖。

一直以来，川大学生会始终坚持"全心全意为同学服务"的宗旨，对标学校人才培养目标和同学成长成才需求，聚焦主责主业，力求精准对标同学需求，引领优良学习风尚。成功举办多期"优秀大学生经验分享论坛"，邀请来自文、理、工、医不同学科，具备不同背景的高年级学长学姐为低年级同学提供成长指导，平均线上线下参与达1000人次以上；开展"学业深造经验交流会"，就学业深造问题进行经验分享；连续举办五届课堂笔记大赛，征集到全校同学优秀笔记作品2000余份，并借此分享课堂笔记记录和时间规划技巧，在学校营造"比学赶帮超"的浓厚学习氛围；连续开展九届"青年·责任·梦想"大学生防灾减灾实践训练营，帮助川大学子增强防灾意识，提升社会责任感；线上多次开展学习习惯养成打卡计划、"我的书桌一角"线上征集活动、云自习室活动，在广大同学之中营造优良的学习风气和学术氛围；发布《四川大学学生线上学习自律公约》《四川大学学生网课学习指南》，号召广大同学作为学习主体，积极响应"停课不停学"号召；开展"暖冬之礼"期末助考活动，在新年第一天清晨送出千余个"福袋"；开展英语四六级考试21天打卡活动、四六级考试志愿服务活动，助力考生取得佳绩；在微信公众平台围绕国际交流、留学、推免、阅读等主题发布推送，对标同学需求，切实解决同学在大学学习生活中遇到的问题；发布《诚信考试倡议书》，在全校范围内营造良好学习风尚。

川大校院两级学生会积极联动，深入开展"锦水论坛"系列讲座，邀请知名专家开展专题讲座，为川大学生提供"与大师对话"机会，累计覆盖人数逾5000人。法学院学生会举办模拟法庭，文学与新闻学院学生会开展记者节系列活动，公共管理学院学生会开展"模拟人大"，商学院学生会举办"中汇杯"大学生财经素养大赛，华西口腔医学院学生会举办"超级牙医"口腔技能菁英大赛，建筑与环境学院学生会开展"基于低碳能源与健康环境技术的高性能绿色实现方法"知识讲座……各类活动契合学院学科特色，促进了学校学风建设。

三是持续推动"校园文化建设"丰富多彩。

学生会通过开展各种形式的活动，丰富校园文化生活，聚集体育、美育、劳动教育相关工作的落实推进，促进学生全面发展。开展"强身报国"系列体育活动，其中：2021 年纪念"一二·九"爱国运动冬季环校跑，吸引一千余名师生及校友参与，进一步繁荣校园体育文化，活动推送得到全国学联的转发认可；"在青春的赛道上跑出最好成绩"2022 年四川大学荧光夜跑活动、"毕业跑·奔赴新征程"毕业季系列活动，将荧光 DIY、草坪音乐节、毕业博物馆等元素与体育锻炼结合，带动广大同学走下网络、走出寝室、走向操场，坚持运动、强身报国，均得到同学们广泛参与和一致认可；开展川大"云端剧场"等活动，在疫情居家的特殊时期，为广大的学生群体推荐优质的音乐、影视作品，同时策划为同学们展示自身才艺的线上歌舞展，丰富居家生活，调节学习压力；定期开展"线上电影院"，为广大同学提供"齐观影、齐评影"的平台。策划开展"师生厨艺大赛"，进一步丰富"最爱家乡菜"厨艺大赛的活动内涵，打造色香味俱全的劳动教育新品牌。

第二节　学生社团持续健康有序发展

川大团委为贯彻落实中央"不忘初心、牢记使命"主题教育开展专项整改的部署要求，根据学校"不忘初心、牢记使命"主题教育方案，对学生社团存在问题进行整改。同时，进一步加强学生社团管理，坚持以文化人，以文育人，开展各类艺术文化活动，营造良好的校园文化氛围，引导学生社团真正服务于学生成长成才，加快推进学校"两个伟大"①。

一、扎实推进学生社团专项整治

自 2019 年启动学生社团改革以来，川大不断深入贯彻落实中央"不忘初心、牢记使命"主题教育开展专项整改的部署要求，结合自身工作实际，通过座谈调研、问卷调查等方式，广泛听取意见建议，多次召开工作研讨会，出台《四川大学关于加强学生社团管理的实施细则》。川人团委对学生社团存在的问题进行整改，在加强组织领导、精简机构设置、落实意识形态工作责任制、规范活动管理等方面下功夫，改革成果获得教育部、团中央、学校党委的充分肯定。

川大团委不断提高政治站位，加强组织领导，坚持以习近平新时代中国特色社会主义思想为指导，深入学习贯彻全国教育大会、第 26 次全国高校党的建设工作会议精神，习近平总书记关于教育工作、青年工作的重要论述，习近平总书记关于群团改革的重要论述，坚持问题导向，以引导学生社团真正服务于学生成

① 即党的建设新的伟大工程和建设世界一流大学新的伟大事业。

长成才为着力点，针对当前学生社团面临的突出问题，严肃认真开展专项整治工作。川大团委先后召开3次专题会进行研究，召开3次工作会进行部署，明确责任分工，统筹谋划安排，抓好组织实施。

针对专项整改中的具体任务，在前期即知即改的基础上，川大团委立足实绩实效，逐条逐项落实，和参与单位密切协同配合，对于学生社团指导工作不到位、社团活动管理不规范、宣传阵地把关不严的问题进行认真整改，并重点从精简机构设置、严格落实意识形态工作责任制、配强指导教师、规范活动管理、严格骨干遴选等几个方面进行推进。

精简机构设置方面，对于活动开展与社团宗旨章程不符、组织设置不健全、指导关系隶属不清晰、运行机制不顺畅的学生社团，各社团指导单位须责令其限期整改，整改无效的及时注销。对于长期不开展活动、会员人数少、社团活跃度低的"僵尸"社团和"空心"社团，各社团指导单位须及时注销；对于未经批准成立的"地下"社团，须及时取缔；已经注销的学生社团不得开展任何活动。对于社团宗旨相似度高、开展活动雷同的学生社团，在遵循社团会员普遍意愿的基础上，各社团指导单位可在本单位内部，或者单位与单位之间进行优化重组。对于部分规模小、活动频次低、发展方向单一的学术型社团，各社团指导单位可视情况将其转型为学习兴趣小组，不再纳入学生社团范畴管理。

严格落实意识形态工作责任制方面，对于未经指导单位审批同意而以社团名义申请注册的新媒体账号，以及连续停止运营三个月以上的社团新媒体账号，各社团指导单位须及时清理注销，并报校团委备案。对于未严格履行"先审后发"制度的社团新媒体，各社团指导单位须责令其限期整改，按照"谁发布、谁监管"的原则进行管理；对于社团新媒体账号绑定人非学校在职在岗人员的，各社团指导单位须及时更换符合条件的人员，并报校团委备案。对于社团印制的刊物，各社团指导单位须加强指导管理，建立内容把关机制，确保刊物内容积极健康。对于邀请本校教职工及学校学生以外人员或外籍人士参加的社团活动，各社团指导单位须对主讲人、参加人员身份以及主讲内容进行严格把关。

配强指导教师方面，对于部分社团指导教师工作不到位、长期不参加社团活动、未落实管理责任的问题，各社团指导单位须责令其限期整改，整改无效的重新选配指导教师。对于部分社团指导教师为非在职在岗教职工、一人担任多个社团指导教师的问题，各社团指导单位须及时进行调整，配齐配强行政指导教师和业务指导教师。对于个别志愿公益类社团指导教师政治面貌不是中共党员的问题，各社团指导单位须重新选配指导教师，并经其所在党组织批准后，报校团委备案。

规范活动管理方面，对于社团日常开展活动，坚持"谁组织、谁负责"的原则，社团指导单位须严格履行工作制度，对社团活动方案、安全预案、经费管理进行把关。社团活动审批完成后，各社团指导单位要严格落实工作责任，加强社团活动的全过程管理，明确一名社团指导教师带队指导，确保活动安全、有序地进行。学生社团不得与校外任何单位或组织自行签订任何形式的合同或协议，不得开展纯商业性活动。

严格骨干遴选方面，对社团学生骨干宗旨意识和服务意识树立不牢固、部分干部候选人学习成绩综合排名不在前 50% 以内、部分思想政治类社团和志愿公益类社团主要负责人不是中共党员等问题，各社团指导单位须严格把关，经过提名推荐、考察公示、公开选举、审核批准等环节，遴选理想信念坚定、学习成绩优秀、道德品行端正、奉献意识突出的学生作为社团骨干，牢固树立宗旨意识、服务意识，建立以服务和贡献为导向的激励机制。

川大团委将此次专项整改贯穿主题教育全过程，继续以求真务实的作风和锲而不舍的精神，持续深化整治，巩固整改成效。对已完成的整改事项，要将"回头看"工作常态化，防止各种问题回潮反弹；对正在推进的整改事项，加快进度、紧盯不放，做到问题不解决不松劲，解决不彻底不松手，确保专项整改落地见效。进一步地，川大团委以此次专项整改为抓手，建立健全长效机制，督促学生社团规范化、科学化运行，努力建设一批学生社团的精品项目，进一步提升学生社团育人工作的针对性和实效性。

二、从严从实加强学生社团管理

川大团委为切实加强川大学生社团建设管理，支持学生社团健康有序发展，按照教育部、团中央有关规定，结合学校实际，从学生社团年审注册登记、指导教师职责、活动管理等方面为抓手，有效提升学生社团管理规范化，进一步推动学生社团健康发展。

学生社团是落实立德树人根本任务、推进素质教育的重要载体，是学生根据成长成才需要，结合自身兴趣特长，在学校党委的领导和团委的指导下开展活动的群众性学生团体。学生社团一般分为思想政治类、学术科技类、创新创业类、文化体育类、志愿公益类、自律互助类及其他类等。学生社团的基本任务是：以习近平新时代中国特色社会主义思想为指导，团结凝聚广大青年学生，坚持思想性、知识性、艺术性、多样性相统一的原则，积极开展方向正确、健康向上、格调高雅、形式多样的社团活动，丰富课余生活，繁荣校园文化，涵养以校训"海纳百川，有容乃大"、校风"严谨、勤奋、求是、创新"为核心的川大精神，促进青年学生德智体美劳全面发展。

规范开展年审注册工作方面，每年9月开展年审工作，内容包括社团成员构成，社团负责人思想、工作、学习及日常表现情况，年度活动清单，指导教师工作情况，业务指导单位意见，财务状况，有无违纪违规情况等。校团委将年审情况向学生社团建设管理评议委员会报告，评议结果提交学校党委核准后，对年审合格的学生社团进行注册登记，只有进行注册登记的学生社团方可继续开展活动。对运行情况良好的社团，在评奖评优、活动经费等方面给予适当的表彰激励。对年审不合格的学生社团提出整改意见，整改期限一般不超过3个月，整改期间社团不得开展除整改以外的其他活动。

指导教师选聘及职责方面，学生社团指导教师的主要职责是：指导学生社团发展建设，把握社团发展正确方向，加强社团成员思想政治教育，规范学生社团日常管理，参加学生社团相关活动，开展学生社团骨干培训，定期对所指导社团工作进行总结，及时发现社团建设、社团运行中存在的突出问题，并向学生社团所属的业务指导单位党委报告等。专业指导教师侧重指导学生社团的专业化建设，行政指导教师侧重指导学生社团的日常管理工作；专业指导教师与行政指导教师相互配合，紧密协作，全方位提高社团发展质量。学生社团指导教师应为本校在职在岗教职工，具备较强的思想政治素质、组织管理能力和与社团发展相关的专业知识，工作经验丰富，热心公益事务，具有奉献精神，关爱学生成长。由指导单位配强学生社团指导教师，形成齐抓共管的协调联动长效机制。按照个人申请、组织推荐、双向选择的原则建立指导教师库，并在教师库内选聘指导教师。思想政治类社团和志愿公益类社团指导教师须为中共党员。鼓励选聘高水平的思政课教师担任思想政治类社团的指导教师。指导教师实行聘任制，每个聘期为1年。原则上每名指导教师最多指导2个学生社团。加强对学生社团指导教师评价考核与激励。将指导教师纳入高校思想政治工作队伍培训计划，加大培训力度。每年12月开展指导教师考核工作，指导教师工作量的核算认定参照学校教师年度考核的有关文件执行，并将指导学生社团情况纳入教师思想政治工作和师德师风表现，对考核优秀的指导教师在绩效工资、职称评聘、评奖评优中给予政策支持，对考核不合格的指导教师要依规解除聘任。

对于学生社团骨干遴选及职责，学校从成员身份、权利义务、制度建设、团学引领、骨干遴选与评价激励等几个方面加以规范。一是所有学生社团成员应具有川大正式学籍。每年9月学生社团统一招募新成员，并进行成员注册。社团成员应按要求参加社团相关活动，每名学生最多加入2个学生社团。为了充分保障学生社团成员权利。社团成员有权了解所在社团的章程、组织机构和财务制度，有权对社团的管理和活动提出建议和质询，有权按照章程申请加入或退出该社团，有权向上级管理部门反映社团及其成员出现的违反法律法规或校规校纪等问题。二是完善学生社团全体成员大会制度。拟批准成立的学生社团要召开全体成员大会或成员代表大会，通过社团章程，选举产生社团执行机构和负责人候选人。已注册的学生社团要定期召开全体成员大会或成员代表大会，依照社团章程行使职权，包括选举和更换社团负责人候选人，审议社团工作报告，对社团变更、解散等事项作出决定，修改社团章程，监督社团财务及活动开展情况等。三是加强学生社团政治引领。鼓励具备条件的学生社团，特别是思想政治类社团和志愿公益类社团建立临时党支部或团支部，承担政治理论学习、研究社团重要事项等职责。四是健全学生社团骨干遴选机制。学生社团负责人候选人须政治立场鲜明、学习成绩优秀、组织能力突出，学习成绩综合排名须在专业前50%以内。学生社团负责人由业务指导单位在校团委的指导下，通过提名推荐、公开选举、考察公示、审核批准等环节遴选产生。思想政治类社团和志愿公益类社团的主要负责人应为中共党员。各学生社团工作部门负责人由学生社团在指导教师的指导下遴选产生，名单报校团委备。五是强化学生社团骨干评价激励。制定全面客观、科学有效的学生社团骨干评价考核办法，建立以服务和贡献为导向的荣誉激励机制，引导学生社团骨干全心全意为社团发展服务，为社团成员成长助力，在社团工作的实践中受教育、长才干、作贡献。

活动开展规范化管理方面，鼓励学生社团依据法律法规、校规校纪、社团章程广泛开展社团活动。学生社团举办活动，应经过以下流程：填写"四川大学学生社团活动申请表"，同时提交完整活动方案，包括活动目的、活动时间、活动地点、活动参加人员、活动内容、活动海报、经费预算、安全预案等信息；依次由指导教师、业务指导单位批准后，提交校团委审批，经同意后方可开展。学生社团举办活动有以下情形的，应额外履行特殊审批程序：活动需使用江安校区青春广场，或在青春广场摆放展板展架等宣传品的，应单独报校团委审批；活动涉及校外团体（个人）、涉外交流、跨校或校外活动的，应填写"四川大学校园文化活动审批表"，经业务指导单位、校团委等单位审核后，经国际合作与交流处、党委宣传部审核通过。学生社团及其成员不得开展与其宗旨不符的活动，不得开展纯商业性活动，不得参与违法违纪活动，不得散布违背宪法、法律、法规和党的路线方针政策的错误观点和言论。学生社团不得私刻印章。未经批准，学生社团不得自行与校外任何单位、组织或个人签订任何形式的合约或协议，不得接受经费资助。加强学生社团业务日常管理指导，在清明节、劳动节、端午节等重要时间节点前加强工作提醒；每月末，对学生社团指导单位的"学生社团新媒体账号发布审批台账"进行审查。

从严从实加强学生社团管理是学校贯彻党的教育方针，落实立德树人根本任务的重要抓手。川大团委通过科学化、规范化的管理，引导学生社团健康发展，为学生社团发展提供了更好的平台、更系统的培训、更精准的指导、更有力的支持，切实推进了川大学生社团健康有序发展。

三、充分发挥学生社团育人功能

川大团委紧紧围绕学生社团改革任务，不断改进和加强学生社团建设管理工作，强化思想引领，健全制度体系，加强队伍建设，培育示范项目，充分发挥学生社团育人功能，引领青年学生成长成才。

一是强化思想引领，把牢社团航行"方向盘"。加强党建带团建，把党建、团建与社团建设有机结合起来。思想政治类、志愿公益类社团指导教师由党员教师担任，主要负责人由学生党员担任。成立学生社团团支部，突出政治引领，开展以习近平总书记系列重要讲话、党的十九大精神、党的二十大精神、劳动教育等内容为主题的研讨、沙龙、活动。夯实社团基层团组织建设，社团团支部覆盖率94.74%。注重思想政治教育融入，将社团活动与主题教育有机结合，开展"竹筠"论坛、"牢记嘱托，感恩奋进"领学读书会等活动，使社团活动成为团组织面向青年学生开展思想政治引领的有效载体。

二是健全制度体系，打好社团发展"奠基石"。建立健全学生社团管理长效机制，2020年制定出台了《四川大学关于加强学生社团管理的实施细则》，分级、分类指导学生社团建设，组建思想政治类、学术科技类、创新创业类、文化体育类、志愿公益类、自律互助及其他类共7大类学生社团；实行指导单位负责制，形成校团委主管、指导单位主建、校院齐抓共管的协调联动机制；建立以服务学生、志愿奉献为导向的激励表彰、纪律约束等机制。制定《四川大学学生社团新媒体管理手册》等工作细则，精细化管理社团注册、年审、经费使用、项目管理等工作，建立分类量化考核指标体系，定期排查有无违纪违规情况，推动实现学生社团全生命周期制度化管理。

三是加强队伍建设，培养社团骨干"领头羊"。完善学生社团负责人选拔、培养、考核全过程。严把入口关，参照团学组织学生干部管理，社团负责人实行公推直选集中换届；严把培养关，依托团校定期开展社团骨干培训，开设思政专题学习、社团基础能力培养、社团建设规划、社团活动开展详解、社团财务工作、社团新媒体宣传等课程，年均累计培训 2000 余人次；严把考核关，强化评价、激励作用，每学年开展十佳社团、优秀社团、优秀社团骨干评比，以及会长交流座谈、会长沙龙研讨、社团情况调研等工作，保证考核透明性、民主性、群众性。

四是培育示范项目，打造社团品牌"新名片"。坚持思想性、知识性、艺术性、多样性相统一原则，建立"精品项目"社团活动立项资助制，打造"逐梦青春"社团文化节、"运动正青春"体育文化节等品牌项目。持续加大对社团的扶持力度，推进社团活动项目化管理。设立学生社团参赛、调研专项计划，支持学生社团参与各类省部级、国家级及国际赛事；设立学生社团训练专项计划，聘请专业人士、专任教师开展专业指导。iGEM 社团连续 3 年获得国际遗传工程比赛金奖。同时，搭建中华优秀传统文化育人实践平台。传统文化类社团育人成效显著，四川大学京剧研习社荣获第十四届全国高校京剧演唱会一等奖、二等奖、最佳组织奖，四川大学古筝协会荣获 2019 "演绎青春交响，韵动川大校园"器乐大赛一等奖等。

学生社团是第二课堂的重要组成部分，川大团委通过强化思想引领，把牢社团航行"方向盘"，健全制度体系，打好社团发展"奠基石"，加强队伍建设，培养社团骨干"领头羊"，培育示范项目，打造社团品牌"新名片"四步工作法，以多学科资源为依托，通过开展主题鲜明、健康有益、丰富多彩的线上和线下活动，将德育与智育、体育、美育、劳动教育有机结合，繁荣校园文化，拓展育人空间，培养同学的社会责任感、创新精神和实践能力，提升同学综合素质，服务于同学成长，服务于学校事业发展。

第三节　"第二课堂成绩单"工作体系打开新局面

川大团委贯彻落实全国高校思想政治工作会议、党的群团工作会议精神，落实全国高校共青团改革以及《关于在高校实施共青团"第二课堂成绩单"制度的意见》相关要求，围绕学校人才培养目标，坚持用社会主义核心价值观统领人才培养全过程、全课程，于 2017 年启动"第二课堂成绩单"建设工作，以"第二课堂成绩单"信息平台为依托，引导学生成为全面发展的中国特色社会主义合格建设者和可靠接班人。

一、搭建"睿川大"第二课堂成绩单信息平台

"第二课堂成绩单"制度作为共青团深化改革的重要创新举措，是第一课堂的有机补充，具有"客观记录、科学评价、促进成长、服务大局、提升工作、融入社会"等方面的功能。通过客观记录、有效认证、科学评价学生参与"第二课堂"的经历和成果形成的"第二课堂成绩单"，是对学生进行综合素质测评的主要依据，是直接联系、服务青年学生，帮助青年学生提高综合素质能力、获得社会认可的"通行证"。川大围绕人才培养目标，瞄准学生综合能力素养提升，在全国率先构建了学生综合能力素养测评模型，建设"能力测评—精准推送—学时记录—第二课堂成绩单生成—大数据分析"工作体系，搭建"睿川大"第二课堂成绩单信息平台。

"睿川大"第二课堂成绩单信息平台于2020年9月在"四川大学微服务"中正式上线。"睿川大"站在学校全局的高度统一设计、合理规划，以规范化管理为保障，以活动项目库建设为基础，以学生成长规律研究为根本遵循，以全过程跟踪、个性化服务为核心，以大数据分析为特色，形成第二课堂育人完整闭环，助力第二课堂成绩单制度改革，推动第二课堂活动课程化、规范化、体系化、深度融入学校人才培养工作，与第一课堂形成有效衔接，促进学生综合素质全面发展。

依托"睿川大"第二课堂成绩单信息平台，川大现已构建科学化、系统化的评价体系。该本系通过平台前端学生通用能力自测，中端第二课堂活动推送参与和学时记载认定，后端大数据分析和学生成长轨迹描绘，为学院提供特定群体和广大学生的成长规律性分析，为学校提供人才培养方案制订等方面的数据支撑，助力培养具有崇高理想信念、深厚人文底蕴、扎实专业知识、强烈创新意识、宽广国际视野的国家栋梁和社会精英。该评价体系将过程评价与结果评价相结合，运用第二课堂线上信息平台，对学生参与各类社区服务活动进行全过程记录，建立学生自评、集体互评、工作评价、实践评估相结合的评价记录系统，进行认证管理，客观记录学生参与第二课堂活动的过程信息和参与学时信息。这在确保第二课堂教学实效的同时，也有助于完善第二课堂教评结构，提升第二课堂的完整性和系统性。而且，通过加强对第二课堂评价体系的构建，可促进"一二课堂"有机结合和协同发展，深化高校"立德树人"的教育根本任务，推动高等教育不断深入发展。

依托"睿川大"第二课堂成绩单信息平台，川大现已构建管理科学、活动精准分类的第二课堂项目库。为保障项目库活动申报、更新等全过程顺利运营，四川大学"第二课堂成绩单"运营中心在三个校区均开设四川大学第二课堂咨询点，动态化开展第二课堂项目库更新工作，各活动项目以活动组织方为主体，以所在学院或职能部处为单位提交入库申请及相关材料。申报活动项目由川大"第二课堂成绩单"运营中心组织相关部处、校内专家、师生代表组成项目评审组进行评审，认定纳入项目库的项目和项目的星级、学时。已入"第二课堂成绩单"项目库的各项活动，须通过"睿川大"系统进行活动发起、学生报名、活动签到等管理任务，系统将自动为参与同学录入第二课堂学时。根据第二课堂项目库分类标签，可满足学生个性化发展需要，准确量化学生在德、智、体、美、劳等方面的参与情况，为学生综合素质评价提供依据。同时，通过分析项目库中活动举办、参与等相关数据，为各学院不断优化、完善该学院项目库提供科学、可靠的依据。

依托"睿川大"第二课堂成绩单信息平台，川大现已将第二课堂活动举办、青春广场活动审批、社会实践开展等事项申请整合于一体。针对第二课堂活动，上线"三级审批"功能，各学院辅导员或教师登录信息系统发起活动后，团委书记审批后，由党委副书记审批通过，活动方可于系统正式发布。"三级审批"制度理清了各层级职责关系，完善了活动项目发起机制，使第二课堂活动开展更加高效、有序。此外，还已完成"睿川大"第二课堂成绩单信息平台二期建设及验收工作，新开发完成"五育"并举的第二课堂活动过程记录模块、学生成长轨迹及能力画像模块、青马工程培养模块、青春广场活动审批模块、社会实践等 8 个功能模块。川大团委创新团学工作方式，利用互联网及大数据实现院校联动，打破信息壁垒，使管理更加高效、便捷。

至 2023 年初，第二课堂成绩单信息平台项目库中建成的活动共计 1769 个，有 57 个学院（部门）累计发起活动 1762 场次，参与活动的学生达 18.65 万人次，累计产生学时 37.75 万个。川大已将平台记录的过程数据全面用于 2021 级学生的学生综合能力素养评测体系，并率先向全体 2022 届本科毕业生发放了"第二课堂成绩单"。

二、推动"第二课堂"活动课程化

习近平总书记在 2016 年 12 月召开的全国思想政治工作会议上强调，要重视和加强第二课堂建设，"要更加注重以文化人以文育人，广泛开展文明校园创建，开展形式多样、健康向上、格调高雅的校园文化活动，广泛开展各类社会实践"。实施"第二课堂成绩单"制度，作为高校共青团改革中最引人注目的改革举措之一，其实践核心就是实现第二课堂的课程化。川大在推动"第二课堂"活动课程化的过程中，不断规范"第二课堂成绩单"制度体系，调动基层团组织的积极性，充分发挥活动开展主体的创造性。

川大通过完善第二课堂课程开发决策权的机制，实现第二课堂活动的特色化、精品化。在课程资源开发、课程建设论证决策中，积极把握时代脉搏，结合育人特色，形成长期特色课程项目。在课程体系方面，从思想引领、科技学术、创新创业、体育竞技等多方面开展活动，坚持以学生为本，切合学生需求。川大开发了一系列特色精品活动：开展"两校三计划"，满足同学们成长成才的愿望；推行"同心圆"计划，加强基层班团组织建设；开展感动川大系列活动，发现身边感人故事；以"凤凰展翅"四川大学文化艺术节精品项目为牵引，营造活力四射的校园文化氛围；扶贫支教，营造主动参与的志愿服务良好氛围；推动理论学习落地，通过社会实践认知国情社情。

川大通过增加第二课堂实践与理论方面的相关配置，提升第二课堂活动对学生的覆盖面。自主开发"睿川大"第二课堂成绩单信息平台，为学生提供能力素养自评、个性化精准推荐、高效预约参与、成绩单生成、成长轨迹描绘的个性化、贯通式成长服务，为学校人才培养工作提供重要支撑；组建四川大学第二课堂宣讲团，不断提高"第二课堂成绩单"的影响力，营造标准化的育人环境。个性化服务学生成长发展，构建大学生综合能力素养自评模型，提升了第二课堂活动对学生的覆盖面和参与度，推动第二课堂规范化、课程化建设。

川大通过构建规范化的课程体系、教学活动、考核方式，推进第二课堂活动课程化。为规范课程体系与考核方式，学校制定《四川大学"第二课堂成绩单"工作实施办法》《四川大学学生第二课堂学时认定办法》等"第二课堂成绩单"制度实施相关文件，引进学时制，对本科生在校期间的学时数作出要求。部分学院已在评奖评优的过程中对德、智、体、美、劳各类活动学时数作出要求。同时，依托"睿川大"第二课堂成绩单信息平台对学生进行系统评估。为规范教学活动，每项活动项目展开时均配置有至少一位指导老师与学生负责人，并于学期开始前制定项目计划，学期结束时认定活动结束及对应学时。以上举措有效保障了第二课堂活动以课程化的方式有序实施。

川大通过强化各级共青团干部群体培训交流，提升共青团组织的凝聚力和影响力。由川大团委定期组织各级第二课堂负责人学习共青团中央下发的有关文件精神，将学生评价改革核心理念融入育人全过程，把思想政治工作贯穿教育教学全过程。

三、探索团学工作数字化

团学工作数字化改革是顺应数字时代、引领服务青年的必然选择，是推动团学工作改革与创新的有效抓手。川大顺应时代发展趋势，搭建基于网络的官方网站、"睿川大"第二课堂成绩信息平台，充分利用微信、微博等社交网络平台。

一方面，突破传统工作局限，促进工作高效有序开展。川大团委官方网站打破了学校各部门之间的信息壁垒，设有"网站首页""团委介绍""团内档案""办事指南""第二课堂""活动管理""学习二十大"共七个板块，利于师生在平台上及时了解团内信息，自由查询团学工作所需的资料，增强了团学工作的灵活性，有利于提高团学组织成员整体素质。同时依托"睿川大"第二课堂成绩信息平台，建立团学工作项目申请系统，基于平台大数据建立团学工作考评体系，从而促使团学工作在信息网络时代背景下的高效开展。

另一方面，创新形式与内容，充分运用网络新媒体传播正能量。例如：利用官网、微信、微博及时分享团学工作动态及成效，从而加强对大多数青年学生的实时思想指导，引导学生的思想和行为向着良性方向发展；在新媒体技术的背景下，全方位、多方面地宣传团学组织的先进思想和先进行为，加强对优秀团员和学生的宣传，力求产生一定的社会效应，最终实现教育形式的综合化和社会化。

此外，川大团委还积极提升专业能力，全面实现团学工作民主化。虽然各高校都建立了完善的团组织规章制度和团学工作章程，但团学内部仍然存在声音难以传达的问题。川大通过在高校团学工作中使用新媒体技术，使每个人在平台上都有平等的使用权利和言论自由。如学生可以在"睿川大"第二课堂成绩信息平台对参与过的活动进行意见反馈，促进活动不断完善；可以在抖音、微博等平台的学校官方账号下留言，反映心声；还可以通过各级组织的微信公众号进行互动、留言。这些举措大大推进了团学工作民主化进程，利于川大团学工作的开展。

结语：百年来川大青年运动的主要贡献、 基本经验与未来展望

　　百年历程，栉风沐雨。从烈火燎原的五四运动，到如今伟大的中国特色社会主义新时代，广大青年在中国共产党和共青团的带领下前赴后继、勇当先锋，每一次搏击风浪的天空下，都激荡着青春的旋律，每一个勇毅前行的足迹中，都饱含着奋斗的艰辛，书写了中国青年运动的华章。

　　回望百年，青春向党。川大青年始终坚定不移跟党走，踔厉奋发，笃行不息，功崇惟志，业广惟勤，把青春奋斗融入党和人民事业，为民族独立、人民解放、国家富强、人民幸福作出贡献，将涓涓细流汇聚成紧跟党奋进新时代、建功中国梦的青春洪流，在党的伟大征程中留下了浓墨重彩的青春画卷。回眸过去，是为了更好地展望未来。站在"两个一百年"的历史交汇点，总结百年来川大青年运动的主要贡献、基本经验，将具有重要的历史、政治与学术价值。

一、百年来川大青年运动的主要贡献

　　青年兴则国家兴，青年强则国家强。百年来的川大青年运动，就是这一论述的生动写照。一百年来，川大青年在党的领导下，在四川党团组织的创生、为川大和上级党团组织的发展输送新鲜血液、团结引领广大青年发挥生力军和突击队作用等方面，在革命、建设和改革的各个时期，都取得了辉煌耀眼的成就。雄关漫道真如铁，而今迈步从头越。站在新的历史关头，回顾一百年来的川大青年运动历史，更值得我们深入汲取历史资源。

　　（一）推动了四川党团组织的创生

　　自从有了中国共产党，中国革命的面貌就焕然一新了。在四川革命的历史进程当中，川大青年运动为四川党团组织的成立作出了最重要的贡献，也深刻改变了四川革命的历史面貌。作为一个主要由五四知识青年建立起来的政党，中国共产党自从诞生起就和高等院校与知识分子的关系密不可分。川大作为四川地区的最高学府，是全川风气最新、接受新思想最积极活跃的地方。川大的青年师生是四川青年中最富革命气息和爱国热情，同时也是最具革命本领和革命意志的。正是在这样的条件下，四川革命的星星之火率先从川大燃烧起来。

　　思想变革是行动变革的先导。川大青年是马克思主义在四川早期传播的主要力量。早在五四新文化运动时期，川大青年就冲破封建思想的束缚，主办各类白话刊物，宣传民主和科学的进步理念，领导和推动了五四运动在四川的发展，一改西蜀内地沉闷的空气。在王右木、童庸生、张秀熟等川大青年的努力下，四川第一个传播马克思主义的组织——马克思主义读书会，四川第一份集中宣传马克思主义的报纸——《人声》报相继诞生。进步的川大青年以马克思主义为理论武器，对社会现象和军阀的黑暗统治进行了无情披露，将救国救民的真理普及到民众当中，为进步的四川青年和人民群众指明了前进的方向。

　　革命事业需要坚强的领导核心，时代呼唤着中国共产党的领导。1921年中国共产党成立，1922年中国社会主义青年团成立，团在党的领导下开展青年工作，发动青年的力量促进革命高潮的到来。而在四川，川大青年却以其独特的历史实践，发展出了"先团后党"的建党模式。在马克思主义在四川广泛传播的背景下，组织革命团体的呼声愈发强烈。王右木、童庸生等人在马克思主义读书会的基础上，吸收进步的青年学生，建立起了四川社会主义青年团，后在此基础上成立了中国社会主义青年团地方执行委员会。当此之时，泸县、内江、重庆的团组织相继成立，革命的星星之火逐渐蔓延到全川。当建团的经验积累到一定程度后，王右木又在党中央的指导下，成立了四川第一个党组织——中国共产党成都独立小组。党团组织的成立为四川地区的革命事业提供了坚强的领导核心，而川大青年是四川党团组织成立的重要力量，几乎四川各地的党团组织负责人都与川大有着深切的渊源。可以说，川大是四川党团组织的重要发源地。

　　四川党团组织一经成立，就领导四川人民开展新民主主义革命。在早期党团组织的历史中，川大青年不仅要同帝国主义和封建军阀战斗，也要同自身的种种弱点和难题搏斗。党和团如何应对反动敌人的压迫、如何组织和开展群众运动，党和团之间如何协调关系、党团组织内部的人员如何协调矛盾解决问题，都是摆在以川大青年为核心的四川党团组织面前的问题。在四川党团组织的建立和发展历史中，川大青年顺应时代潮流，迎难而上，结合四川地区的具体问题具体分析，使得这些问题能够在后来的历史探索中被一一解决，并产生了重要的实践经验。

　　历史证明，在一个幅员辽阔、广土众民的大国建立一个伟大的革命政党，绝不可能是一蹴而就的，而是由各种地方路径百川归流，汇于一宗。川大青年推动建立的四川党团组织，就为中国共产党的建立贡献了四川路径，形成了四川视角下的革命历程。这不仅是中国共产党和中国共青团百年奋斗历史中的重要组成部分，也极大地丰富了"坚持真理、坚守理想，践行初心、担当使命，不怕牺牲、英勇斗争，对党忠诚、不负人民"的伟大建党精神的内涵，为中国共产党精神谱系的铸造融入了厚重而坚定的四川实践。这一精神谱系又成为四川党团组织领导四川人民开展革命、建设和改革事业的精神动力，推动四川人民在党的领导下，在不同的历史时期接续奋斗，创造新的成绩，形成新的精神，使得光荣传统、红色血脉代代相传、永葆生机。

（二）为川大和上级党团组织的发展输送新鲜血液

曾在川大任教的革命青年恽代英对时局有过这样的评价："今日最要是能革命的人才。是革命中与革命以后能了解世界政治经济状况，以指导国民行动的人才。"[①] 这充分体现了党对人才的急切渴求。在革命、建设和改革的过程中，中国共产党高度重视人才工作，注重人才的培养，发挥人才的作用。川大长期以来是西南地区的最高学府，本身就承载着为国家培养人才的使命，汇聚了来自全国各地的"领袖群英"。他们在川大青年运动的感召下，同革命事业相结合，成为中国共产党和中国共青团坚实的后备军，为党团组织的发展提供了源源不断的新鲜血液。

川大青年是四川革命的重要领导者，是四川党团组织人员的重要来源。王右木、恽代英、童庸生、张秀熟等川大青年是四川地区党团组织的重要创立者、领导者和发展者。杨闇公、袁诗荛、龚堪慎等川大青年是国民革命时期四川党团组织中的杰出代表。抗日战争爆发后，川大青年中涌现出了韩天石等爱国进步青年，成为四川党组织开展抗日救亡运动的中坚力量。解放战争时期，更有黄寿金、吴祖型等进步川大青年加入党及其外围组织，参与爱国民主运动。值得指出的是，在整个新民主主义革命时期，中共四川省委曾多次遭到反动敌人的破坏，导致党的工作被中断，组织发展陷入困顿之中；但党在川大的力量始终薪火相传，绵延不绝，成为四川省委恢复组织力量的重要阵地，正是因为有着川大青年源源不断的新鲜血液。

有论者曾从地理学视角研究中共革命及其组织，指出四川是"输送中共高级文武干部尤其是元帅级将领的重要区域"[②]。这一现象与川大青年运动不无关联。事实上，向革命老区和其他地区输送革命青年和革命干部是川大的一个优良传统。1940 年前后，在国民党顽固派加紧对进步抗日力量进行破坏的背景下，党

---

① 恽代英：《读〈国家主义的教育〉》（1923 年 12 月 16 日），载《恽代英文集》（上卷），北京：人民出版社，1984 年，第 402 页。

② 应星、荣思恒：《中共革命及其组织的地理学视角：1921—1945》，《中共党史研究》2020 年第 3 期，第 47—66 页。

组织就转移了一批川大青年到延安工作。韩天石、康乃尔、王怀安、胡绩伟、熊复、缪海稜等人就是川大培养的进步青年，他们在革命圣地延安积极开展工作，受到了党中央和中央领导同志的高度认可。解放战争时期，大量的川大青年分散到四川的农村、工厂和城市，领导当地的革命斗争，成为各地革命运动的重要骨干力量，使得革命的星星之火在四川大地上成为燎原之势。

新中国建立后，在社会主义建设和改革的历史进程中，川大青年继续发挥优良传统，为党团组织输送人才。在党的领导下，川大十分注重培养又红又专的社会主义人才，在日常的学习生活中，因地制宜地采取新民主主义教育、社会主义教育等思想政治教育工作。川大青年不仅积极学习专业知识，而且主动组织、参加各类政治活动，提高自己的政治觉悟。在政治教育和政治运动中得到锻炼的川大青年，不仅充实了川大的党团组织，当他们走出校园后，更是成为四川乃至全国党团组织中不可或缺的人才。

习近平总书记在庆祝中国共产主义青年团成立 100 周年大会上的讲话中即指出，共青团要"坚持为党育人，始终成为引领中国青年思想进步的政治学校"[①]。百年来的川大青年运动史表明，川大共青团没有辜负党和国家的期望，在青年运动中培养了大批爱国爱党、积极向上的川大青年，使之成为川大、四川乃至全国党团组织中的重要生力军。在全面深化改革的过程中，川大青年的参与推动了干部队伍的革命化、年轻化、知识化和专业化。在发展社会主义先进文化的实践中，川大青年中涌现出的杰出代表，是一笔宝贵的精神财富，为我们国家的革命、建设和改革事业贡献了川大青年的青春力量。在建设社会主义现代化强国、实践中国式现代化的道路上，川大将会一如既往地为党和国家输送更多的新鲜血液，推动实现中华民族的伟大复兴和第二个百年奋斗目标的实现。

（三）团结引领广大青年发挥生力军和突击队作用

习近平总书记指出："时代各有不同，青春一脉相承。一百年来，中国共青团始终与党同心、跟党奋斗，团结带领广大团员青年把忠诚书写在党和人民事业中，把青春播撒在民族复兴的征程上，把光荣镌刻在历史行进的史册里。"[②] 这段话也是百年来川大青年运动的真实写照。在不同的历史时期，川大青年在党的领导下，依托共青团的组织力量，开展了广泛而深入的青年运动，成为革命、建设和改革时期的重要生力军和突击队。

---

① 习近平：《在庆祝中国共产主义青年团成立 100 周年大会上的讲话》，《人民日报》2022 年 5 月 11 日，第 2 版。

② 习近平：《在庆祝中国共产主义青年团成立 100 周年大会上的讲话》，《人民日报》2022 年 5 月 11 日，第 2 版。

在新民主主义革命时期，川大青年运动促进了党团组织在四川地区的建立，推动了反对帝国主义和封建军阀的青年运动，带动了工人运动、农民运动和妇女运动等社会运动，汇入了国民革命的洪流。川大青年运动不仅在抗战中为民族独立作出了极大的贡献，还在解放战争时期成为国统区最重要的爱国民主力量之一。无论是在前线还是后方，川大青年在各地充当革命的骨干力量，积极开展工作，播撒革命的火种，为新中国的成立作出了不可磨灭的贡献。

在社会主义建设时期，川大青年运动与共和国的发展同呼吸、共命运。川大青年对外争取国家主权、巩固民族独立，参加抗美援朝志愿军；对内参与征粮剿匪运动，弘扬艰苦奋斗的精神，既开展各类思想政治工作，提高政治素养，又积极参与各项建设活动，发展社会主义事业。

在改革开放和社会主义现代化建设新时期，尤其是中国特色社会主义进入新时代以来，川大青年运动进入了新的历史阶段。首先是组织基础不断完善，形成了党委、团委、学生会、社团的多层次组织格局，为青年运动的开展奠定了良好的组织基础。其次是活动内容进一步丰富。随着改革开放的深入发展，大学生获得了更大的平台和更多的机会展现自己的能力，川大青年抓住历史发展的机遇，勇攀科研创新的高峰，还参与各类社会服务活动，广泛开展志愿服务，参加抗震救灾、抗击疫情等活动，让青春的色彩更加亮丽。最后是理想信念更加坚定。党的十八大以来，全党确立了以习近平新时代中国特色社会主义思想为指导思想，川大青年在学习指导思想、系列讲话中不遗余力，还通过"青马工程"、青年讲师团、团学骨干系统化培养、弘扬红色文化、深入开展党史学习教育等方式，创新思政教育方式，让理想信念与理论自信深入到每一个青年师生之中。

百年来的川大青年运动，既体现了一般青年运动的共性，也在自身的实践中带有鲜明的区域特征。四川地处西南内地，现代化的起步和风气的转变都比东部沿海地区晚，封建势力尤其是军阀势力、帝国主义势力的压迫比别处要深重得多。后来这里又是国民政府的大后方，顽固势力更加强硬。加上交通不便、通信不畅，四川与外界的交流也更加困难。这一切都使得川大的青年运动面临着更多的阻碍。尽管如此，川大青年在党的领导下，独立探索青年运动的发展方式，以更加英勇无畏、不惧牺牲的精神，克服敌人带来的阻碍，结合四川的特殊情况，开展各种形式的青年运动，广泛地动员了青年力量，改变了人民的思想观念。同时发挥西部高校的独特区位优势，放眼全国，立足地方，团结和动员各少数民族的青年力量，走出了一条属于西部地区的青年运动发展道路。

"青年是整个社会力量中最积极、最有生气的力量，国家的希望在青年，民族的未来在青年。"① 习近平总书记的这段论述深刻说明了青年力量的重要性。中国共产党自成立以来就与青年有着密切的联系，中共一大代表的平均年龄只有28岁，是一支名副其实的青年力量。在百年奋斗历程中，党始终把青年运动当作工作重心之一，十分注重代表青年、教育青年和引领青年。有学者将其总结为，中国共产党"代表、赢得、依靠青年"。② 百年川大青年运动史表明，中国共产党选择了马克思主义作为指导思想，并且与中国的具体实际相结合，就是选择了正确的认识世界和改造世界的理论武器，因此点燃了青年的希望，为青年所认可和追随。中国共产党为国家独立和民族富强勾勒了蓝图，在革命、建设和改革的历程中取得了光辉的成就，赢得了广大青年投身其中。随着中国特色社会主义进入新时代，中国共产党正带领全国人民朝着第二个百年奋斗目标前进，时代的接力棒将要传到青年手中，伟大的事业更需要依靠青年来接续奋斗。

习近平总书记在党史学习教育动员大会上强调："党的历史是最生动、最有说服力的教科书。"③ 他深刻指出了开展党史学习教育的重大意义，在全党全军和全国各族人民之中形成了热烈的反响。青年运动是在党的领导下进行的，是党史中不可或缺的重要一环。回顾百年来的川大青年运动，感受其在团结和引领广大青年发挥生力军和先锋队作用方面取得的丰厚成果，总结川大青年运动的特征与实践经验，对于我们继承党的光荣传统、优良作风，启迪智慧、砥砺品格，更加坚定地为党和人民的事业而奋斗，具有重大的历史意义。

二、百年来四川大学青年运动的基本经验

中国共产党自成立之日起就高度重视中国青年运动。百年来，在中国共产党的坚强领导下，川大青年运动不断前行，谱写了一曲曲壮丽的青春之歌，在革命、建设和改革时期积累了一系列宝贵经验。习近平总书记强调，要加强对"中国青年运动的研究，深刻把握当代中国青年运动的发展规律"④。以史为鉴，开创未来，总结百年来川大青年运动的基本经验，对于新时代新征程川大青年运动的发展具有重要意义和现实启示。

---

① 习近平：《在纪念五四运动一百周年大会上的讲话》（2019年4月30日），载《论中国共产党历史》，北京：中央文献出版社，2021年，第243页。

② 孟东方：《中国共产党代表、赢得、依靠青年研究》，北京：人民出版社，2016年，第3页。

③ 习近平：《在党史学习教育动员大会上的讲话》（2021年2月20日），载《习近平重要讲话单行本（2021年合订本）》，北京：人民出版社，2022年，第11页。

④ 《加强对五四运动和五四精神的研究 激励广大青年为民族复兴不懈奋斗》，《人民日报》2019年4月21日，第1版。

（一）始终坚持党的领导

中国共产党在成立之初就强调，"青年运动是共产主义运动中一部分重要的工作，因共产党是这一般共产主义运动的总指挥，青年运动必须在共产党指导之下，是无疑的。"① 毛泽东也强调，"共产党从诞生之日起，就是同青年学生、知识分子结合在一起的；同样，青年学生、知识分子也只有跟共产党在一起，才能走上正确的道路"②。百年来，川大青年以党的旗帜为旗帜、以党的意志为意志、以党的使命为使命，书写了川大青年运动始终坚持党的领导的历史篇章。

中国共产党百年奋斗的主题就是川大青年运动的主题。习近平总书记指出："一百年来，中国共产党团结带领中国人民进行的一切奋斗、一切牺牲、一切创造，归结起来就是一个主题：实现中华民族伟大复兴。"③ 川大青年运动是在中国共产党的领导下，共青团的组织下开展的。纵观百年川大青年运动史，始终以党百年奋斗的主题为川大青年运动的主题，始终将实现中华民族伟大复兴贯穿川大青年运动全过程。新民主主义革命时期，川大青年在党的领导下向着帝国主义和封建军阀坚决进攻，同国民党反动派进行最后的坚决的斗争，为新中国的成立作出了不朽的贡献。社会主义革命和建设时期，川大青年在党的带领下毅然奔赴征粮剿匪的前线，不畏牺牲走上抗美援朝战场，发扬艰苦奋斗的精神，积极参加生产活动，投身到祖国建设之中。改革开放和社会主义现代化建设新时期，川大青年在党的领导下自觉承担起历史的重任，走在时代的前列，在各项事业中发光发热，为改革开放和社会主义现代化建设贡献了青春。中国特色社会主义进入新时代，川大青年始终坚持党的领导，自觉树立对马克思主义的信仰、对中国特色社会主义的信念、对中华民族伟大复兴的信心，坚持到人民群众中去，坚持到新时代新天地中去，努力成为担当民族复兴大任的时代新人。无论时代任务如何变化，不变的是百年来川大青年始终听党话，跟党走，始终朝着中华民族伟大复兴方向前进。

党的领导就是川大青年运动的方向。"方向问题是根本，是青年运动能否科学发展、能否符合历史潮流的关键所在。"④ 川大青年运动始终坚持党的领导，党旗所指，便是川大青年运动心之所向。首先是坚持党对川大青年运动的政

---

① 《对于青年运动之决议案》（1925 年 1 月），载中共中央文献研究室、中央档案馆：《建党以来重要文献选编》（第 2 册），北京：中央文献出版社，2011 年，第 245 页。

② 中共中央文献研究室：《毛泽东文集》（第二卷），北京：人民出版社，1993 年，第 256 页。

③ 习近平：《在庆祝中国共产党成立 100 周年大会上的讲话》，北京：人民出版社，2021 年，第 3 页。

④ 陈跃：《中国共产党青年观研究》，北京：人民出版社，2016 年，第 194 页。

治引领。政治方向问题是一个国家、一个民族的根本性问题，也是青年运动的根本性问题。政治方向决定了青年运动由谁领导、代表谁的利益以及前进的目标和方向等重要问题。一旦政治方向出了问题，青年运动便会脱离党的领导，青年和人民的利益无法保障，从而走向歧途。百年来，川大青年听党话、跟党走，坚持党的政治方向，保持政治定力，站稳人民立场，不为外来风险所干扰，始终为国家、民族和人民的利益而不懈奋斗。历史和现实都充分证明，只有坚持党的领导，川大青年运动才能沿着正确的政治方向前行。其次是坚持党对川大青年运动思想引领。中国共产党自成立之日起，就把青年工作作为党的一项极为重要的工作，十分重视中国青年运动，并以马克思主义为指导思想开展青年运动。在马克思主义中国化的历程中，中国青年运动坚持以毛泽东思想、邓小平理论、"三个代表"重要思想、科学发展观、习近平新时代中国特色社会主义思想为指导。作为中国青年运动的重要组成部分，川大青年自五四运动接受马克思主义洗礼后，思想不断觉醒，并坚持以马克思主义为世界观和方法论，积极投身青年运动，推动川大青年运动沿着正确方向不断前进。

（二）始终高扬爱国主义旗帜

习近平总书记指出："爱国主义自古以来就流淌在中华民族血脉之中，去不掉，打不破，灭不了，是中国人民和中华民族维护民族独立和民族尊严的强大精神动力，只要高举爱国主义的伟大旗帜，中国人民和中华民族就能在改造中国、改造世界的拼搏中迸发出排山倒海的历史伟力！"[①] 百年来，川大青年始终高举爱国主义旗帜，同祖国前途、人民命运紧密联系在一起。在革命战争年代，无论是积极响应中国共产党关于抗日救亡的号召，成立各种抗日救亡团体，组织类型多样的救亡运动，还是在西南腹地推动大规模爱国民主运动开展，川大青年运动都代表着四川高校和四川人民的先锋，都始终展现出爱国主义的优良传统。

爱国情怀深深烙印在每一位川大青年的心中。一代又一代川大青年，胸怀忧国忧民之心、爱国爱民之情，不断报效祖国、服务人民。在大革命中，以袁诗荛、钱芳祥、李正恩为代表的川大青年为了革命事业抛头颅、洒热血；在解放战争中，以江竹筠、马秀英、李惠明为代表的川大青年前赴后继，视死如归，为新中国的成立英勇牺牲；在征粮剿匪运动中，以杨家寿、曾廷钦、庹世裔为代表的川大青年为巩固新中国政权作出不可磨灭的贡献；在抗美援朝战争中，以林学逋、袁守诚、詹振声为代表的川大青年为保家卫国付出了自己年轻的生命。这些川大青年英烈展现出了浓厚的爱国主义情怀，感染着每一位川大后辈青年。川大

---

① 习近平：《在纪念五四运动 100 周年大会上的讲话》，北京：人民出版社，2019 年，第 3 页。

是一所英雄少年辈出的高校，更是一所崇尚英雄、学习英雄的高校。川大先辈的爱国情怀在当代得以传承，涌现出"到人民群众中去"，坚持同人民群众在一起的马克思主义学院博士宣讲团，矢志传播红色文化的党史讲解员于世博，把青春奋斗献给人民生命健康伟大事业的乔婧昕等新时代川大爱国青年。

"对新时代中国青年来说，热爱祖国是立身之本、成才之基。"① 川大青年在党团组织的领导下深入进行爱国主义教育活动：为纪念一二·九运动，川大连续开展冬季环校跑活动，打造出具有川大特色的爱国主义教育品牌活动；在川大共青团的积极鼓励下，川大青年通过探寻当地历史博物馆、革命旧址、爱国主义教育基地，让红色资源融入青年血脉、代代相传；在新冠肺炎疫情防控期间，川大"青年讲师团"深入贯彻习近平总书记关于疫情防控的重要指示精神，积极参与青春战"疫"云团课建设，讲好中国抗疫故事、川大抗疫故事，进一步激发川大青年的责任担当，引导川大青年爱国力行。在爱国主义教育活动中，川大青年厚植了爱国主义情怀，听党话、跟党走，将爱国情怀付诸行动，把自己的理想同祖国的前途、把自己的人生同民族的命运紧密联系在一起。

（三）始终发扬永久奋斗传统

青春是用来奋斗的。百年川大青年运动史，就是一部川大青年在中国共产党领导下的不懈奋斗史。毛泽东指出："中国的青年运动有很好的革命传统，这个传统就是'永久奋斗'。我们共产党是继承这个传统的，现在传下来了，以后更要继续传下去。"② 川大青年运动始终发扬永久奋斗的光荣传统，积累了一系列丰富经验。

川大青年运动始终站稳人民立场。中国共产党的性质、宗旨决定了党领导下的青年运动始终站在人民立场。川大青年运动在革命、建设和改革的过程中始终紧紧依靠、团结人民，代表人民的呼声，"同人民一道拼搏、同祖国一道前进，服务人民、奉献祖国"③。在革命年代，川大青年致力于传播马克思主义进步思想，促进人民觉醒和思想解放；在建设和改革年代，川大青年致力于在各项事业中向人民学习，同人民一道进行社会主义建设；进入新时代，川大青年致力于弘扬奉献、友爱、互助、进步的志愿精神，广泛开展各种志愿服务活动，为人民服务。无论何时，都能看见川大青年为人民事业而努力奋斗的身影。

川大青年运动始终立足时代需求。一代人有一代人的长征，一代人有一代人

① 习近平：《在纪念五四运动100周年大会上的讲话》，北京：人民出版社，2019年，第7页。
② 中共中央文献研究室：《毛泽东文集》（第二卷），北京：人民出版社，1993年，第190页。
③ 《习近平给河北保定学院西部支教毕业生群体代表回信》，《人民日报》2014年5月4日，第1版。

的担当。时代总是把历史责任赋予青年。新民主主义革命时期，川大青年为反对帝国主义、封建主义、官僚资本主义，争取民族独立、人民解放而奋斗；社会主义革命和建设时期，川大青年为实现从新民主主义到社会主义的转变，进行社会主义革命，推进社会主义建设而奋斗；改革开放和社会主义现代化建设新时期，川大青年为继续探索中国建设社会主义的正确道路，解放和发展社会生产力，使人民摆脱贫困、尽快富裕起来而奋斗；中国特色社会主义进入新时代，川大青年为实现第一个百年奋斗目标，开启实现第二个百年奋斗目标新征程，朝着实现中华民族伟大复兴的宏伟目标继续前进而奋斗。一代又一代川大青年不辱时代使命，勇担时代责任，在不同时代背景下砥砺奋斗、不断前行。

川大青年运动始终发扬优良精神。青春不息，奋斗不止。川大青年在永久奋斗中发扬吃苦耐劳的优良精神。川大青年在党的带领下，响应党的号召，发扬艰苦奋斗的精神，奔赴环境恶劣、条件艰苦的落后地区，积极参加各项生产工作，与祖国的发展同呼吸、共命运，为祖国的建设贡献青春的力量。川大青年在永久奋斗中发扬开拓创新的优良精神。川大青年自觉承担起历史的重任，走在时代前列，在改革开放和社会主义现代化建设的过程中，"勇作改革闯将，开风气之先，为改革开放和社会主义现代化建设贡献了青春、建立了重要功勋"①。

正如习近平总书记指出："一百年来，在中国共产党的旗帜下，一代代中国青年把青春奋斗融入党和人民事业，成为实现中华民族伟大复兴的先锋力量。"②百年来，川大青年不负嘱托，始终以饱满的热情投入到党和人民事业之中，展现出永久奋斗的青春风貌。

（四）始终坚持深深植根青年

青年运动是以青年为主体的社会运动。它从青年中来，以广大青年为深厚基础，离不开青年的参与，因此青年运动深深植根于广大青年。百年来，川大青年运动始终坚持以青年为本，依靠青年、教导青年、关爱青年，使青年运动在川大青年的参与支持下深入推进。

川大青年运动始终坚持依靠青年。在革命、建设和改革的历史时期，中国共产党领导下的青年运动，不仅依靠以工人阶级、农民阶级为代表的广大人民群众完成时代赋予的历史重任，更紧紧依靠广大青年这支先锋队、生力军推动历史进程。例如，五卅运动在成都取得很大的声势，依靠的是川大青年发挥的先锋作

---

① 习近平：《在庆祝中国共产主义青年团成立 100 周年大会上的讲话》，《人民日报》2022 年 5 月 11 日，第 2 版。

② 习近平：《在庆祝中国共产党成立 100 周年大会上的讲话》，北京：人民出版社，2021 年，第 21 页。

用；抗日战争爆发后，在成都开展的一系列启迪民众、鼓舞民众、争取民众的爱国运动，依靠的是川大青年发挥的表率作用；四川解放后，新政权顺利接管川大与华大，使它们回归人民的怀抱，同样依靠的是川大青年发挥的重大作用。当代川大青年，胸怀祖国和人民，奉献社会和他人，积极投身坚持和发展中国特色社会主义伟大实践，以实际行动证明，川大青年能依靠，靠得住！

川大青年运动始终坚持教导青年。中国共产党领导下的川大青年运动始终坚持以马克思主义教育青年、武装青年，牢固树立共产主义远大理想。五四运动后不久，以王右木为代表的川大青年便开创了马克思主义在四川早期传播的新局面，为川大青年指明了前进的方向。百年来，川大青年运动循着正确方向，带领川大青年深入学习马克思列宁主义、毛泽东思想、邓小平理论、"三个代表"重要思想、科学发展观、习近平新时代中国特色社会主义思想，了解党的方针政策，加强思想政治工作，开展理想信念教育，提高了川大青年的思想水平，筑牢了川大青年的政治品格，坚定了川大青年的理想信念。新时代川大青年，面临各种社会思潮的影响，更加需要深入的教育和引导。在党的领导下，川大青年运动致力于教育和帮助川大青年树立正确的世界观、人生观、价值观，引领川大青年"永远热爱我们伟大的祖国，永远热爱我们伟大的人民，永远热爱我们伟大的中华民族，坚定跟着党走中国道路"①。

川大青年运动始终坚持关爱青年。青年之于党和国家而言，最值得爱护、最值得期待。习近平总书记强调，"我们要真情关心青年、关爱青年，做青年工作的热心人。"② 川大青年运动始终坚持围绕大局、服务社会需求、凸显关爱青年的特色，不仅关心川大青年，更是走出学校，走进社会，关爱各界青年，突出川大青年运动始终代表青年利益，站稳人民立场，彰显了川大青年运动无私奉献、服务社会的精神，赢得社会良好社会声誉。

以史为鉴，赓续前行。百年来，川大在中国共产党的领导下开展了不同规模、形式多样的青年运动，始终坚持党的领导，始终高扬爱国主义旗帜，始终发扬永久奋斗传统，始终坚持深深植根青年。经过百年积淀与发展，这些传统逐渐形成川大青年运动的基本经验。前事不忘，后事之师。提炼和总结川大青年运动的历史经验，有利于推动川大青年在实现第二个百年奋斗目标的新征程中砥砺前行。

---

① 中共中央文献研究室：《十八大以来重要文献选编》（上），北京：中央文献出版社，2014年，第281页。

② 习近平：《在纪念五四运动100周年大会上的讲话》，北京：人民出版社，2019年，第14页。

三、新形势下推进青年运动发展的未来展望

进入新时代以来，新一代青年群体作为国家的未来与希望，肩负着时代赋予的历史重任，这为新时代共青团引领青年发展指明了方向，中国青年运动也面临着新的形势和要求。青年运动的蓬勃发展，对实现民族复兴、推动社会发展以及引领青年方向具有十分重要的现实意义和时代价值。当前，中国共产党领导下的青年运动正展现出前所未有的生机与活力。展望未来，新时代青年运动的推进，必须结合百年来青年运动的经验和规律，探索新时代青年运动的实践路径，凝聚广大青年的青春力量，更好地为新时代青年运动谱写新的篇章。

（一）新形势对中国青年运动提出了新要求

在中国特色社会主义进入新时代的大历史背景下，经过十年的接续奋斗，党和国家事业取得了历史性成就、发生了历史性变革。如今，我国发展站在了新的更高的历史起点上，面临"全面建成社会主义现代化强国、实现第二个百年奋斗目标，以中国式现代化全面推进中华民族伟大复兴"[①] 这一新的战略任务，新时代青年担负着重大历史使命。新时代新征程，中国青年运动进入新的历史阶段，面临着新的发展要求。

要坚持党的领导。坚持党的领导是中国青年运动更好发展的根本保障。新时代的青年运动要坚持党的正确领导，发挥自身优势，将广大青年团结在党的周围，勇担时代赋予的重任。"中国青年运动必须坚持党的正确领导，才能保证科学的发展方向和良好的社会成效。"[②] 坚持党的正确领导是确保青年运动始终与历史同向、与祖国同行、与人民同在的方向引领，为青年运动指明正确的奋斗方向和前进道路。中国共产党的伟大事业决定了青年运动的时代主题，中国共产党始终牢牢抓住对青年运动的领导职责，把握青年运动的方向。坚持党的正确领导是青年运动加强自身建设、永葆青春活力的重要支撑，是青年运动蓬勃发展的政治保证。坚持党的领导，就要坚持党管青年的原则，保持正确政治方向，始终坚持党管青年发展、党管青年工作、党领导青年运动的有机统一，这也意味着党把青年工作摆上更加重要的位置，进一步强化党对青年工作和青年事业的领导权，为新时代中国青年运动沿着正确方向前进提供更为牢固的政治保证。

要坚持走中国式现代化道路。走中国式现代化道路是青年运动的目标指引。

---

① 习近平：《高举中国特色社会主义伟大旗帜　为全面建设社会主义现代化国家而团结奋斗——在中国共产党第二十次全国代表大会上的报告》，北京：人民出版社，2022 年，第 21 页。

② 胡献忠：《中国青年运动一百年》，南京：江苏人民出版社，北京：中国青年出版社，2022 年，第667 页。

新时代的青年运动要坚持走中国式现代化道路，沿着正确的前进方向，汇聚青年的奋斗力量，推进青年事业不断向前发展。走中国式现代化道路不仅对于中华民族伟大复兴具有重大意义，而且为青年运动提供了科学指引。"青年是整个社会力量中最积极、最有生气的力量，国家的希望在青年，民族的未来在青年。中国青年始终是实现中华民族伟大复兴的先锋力量。"[①] 在探索追求中国式现代化的历程中，一代又一代中国青年不忘初心、牢记使命，谦虚谨慎、艰苦奋斗，敢于斗争、善于斗争，留下了奋斗足迹，贡献了青春力量。面对未来，中国共产党领导下的中国青年运动，要在走中国式现代化道路的发展历程中汲取精神动力，以更加强烈的历史主动精神在参与推进中国式现代化的新征程中续写更加辉煌的时代篇章。

要站稳人民立场。站稳人民立场是青年运动的行动指南。新时代的青年运动要顺应时代发展，主动融入到广大人民群众之中，奋力推进中华民族伟大复兴的历史进程。"当代中国青年要有所作为，就必须投身人民的伟大奋斗。同人民一起奋斗，青春才能亮丽；同人民一起前进，青春才能昂扬；同人民一起梦想，青春才能无悔。"[②] 站稳人民立场是青年运动的前进规律，是未来青年事业的实践指南。中国青年运动作为人民群众事业的一部分，在革命、建设、改革的进程中，发挥着改造世界、创造历史的积极作用。作为青年人的事业，青年运动必须站稳人民立场，在服务人民、造福人民中贡献青春力量。站稳人民立场是青年运动的价值取向，是青年人才教育的内在要求。中国共产党离不开人民群众，青年运动也离不开人民群众，广大青年要主动到基层和人民群众中去建功立业。只有站稳人民立场，广大青年才能清楚自己从哪里来、到哪里去，才能知道自己的奋斗是为了谁、依靠谁，从而才能更加坚定不移地在新的赶考路上奋勇拼搏。

要筑牢青年理想信念根基。筑牢青年理想信念根基是青年运动的根本要求。新时代的青年运动要筑牢青年理想信念根基，引导广大青年坚定理想信念，深刻领悟马克思主义理论的科学内涵，做到思想武装头脑、理论付诸实践。新时代党和国家事业发生历史性变革，面临巨大挑战，作为一代青年人，应"把牢理想信念的总开关，在大是大非面前旗帜鲜明，在风浪考验面前无所畏惧，在各种诱惑

---

①　中华人民共和国国务院新闻办公室：《新时代的中国青年》，北京：人民出版社，2022 年，第 1 页。

②　习近平：《习近平致全国青联十二届全委会和学联二十六大的贺信》，《人民日报》2015 年 7 月 25 日，第 1 版。

面前立场坚定，在关键时刻让党信得过、靠得住、能放心"①。让广大青年深刻领悟马克思主义理论并付诸实践是中国共产党领导青年运动的时代责任和重要使命。中国共产党在领导青年运动的伟大征程中，始终高扬爱国主义旗帜，始终将马克思主义作为指导思想，坚持用马克思主义中国化时代化最新成果武装青年，不断推进党的创新理论入脑入心。青年是捍卫马克思主义的中坚力量，要充分发挥青年群体的优势，不断提升马克思主义理论素养，在深学细悟中补足理想信念之"钙"，为青年运动筑牢精神之基。

（二）新形势下推进青年运动的时代意蕴

新形势下推进青年运动不仅是历史经验的实践探索，更是面向未来的战略选择。面对世界百年未有之大变局和中华民族伟大复兴的战略全局，新形势下积极推进青年运动，有利于更好地回应时代呼唤，更好地激发创新活力，更好地发扬永久奋斗精神，为全面建成社会主义现代化强国、实现中华民族伟大复兴中国梦提供源源不断的青年力量支撑。

新形势下推进青年运动，有助于把握时代主题，实现民族复兴。实现中华民族伟大复兴，是近代以来中国人民和中华民族最伟大的梦想，是中国共产党的历史使命，也是中国青年运动一以贯之的时代主题。实现中华民族伟大复兴，需要一代又一代青年勇担时代之责、敢挑国之重任。新时代青年生逢伟大时代、肩负强国使命，有着无比广阔的实践舞台。无论何时，青年运动的根本价值指向始终是广大青年将实现人生目标与把握时代主题紧密相连，将个人小我融入祖国大我之中，以永久奋斗的姿态，展现新风貌、新作为。中国青年运动的不断发展，有利于推动广大青年自觉肩负历史使命，积极回应时代呼唤，把握青年运动的时代主题，在社会的广阔天地中为实现中华民族伟大复兴而不断奋斗。

新形势下推进青年运动，有助于凝聚人才力量，推动社会发展。青年作为国家和民族的希望，是科技创新、经济发展、社会进步的重要力量，正在以一种不可逆转、不可抗拒的力量推动着人类社会向前发展。广大青年作为国家战略人才力量的源头活水，锐意进取、开拓创新，为经济社会发展作出了重要贡献。近年来，越来越多的青年人才成为科技创新的推动者和实践者，为国家、为民族、为世界注入源源不断的创新活力。实践证明，青年运动的蓬勃发展，大量青年人才的汇聚，对推动区域协调发展、决胜脱贫攻坚等行动具有重要意义。推进中国青

---

① 李学仁：《中共中央政治局召开专题民主生活会强调　带头把不忘初心牢记使命作为终身课题　始终保持共产党人的政治本色和前进动力》，《人民日报》2019 年 12 月 28 日，第 1 版。

年运动，有利于充分发挥青年人才的专业优势，凝聚青年人才的智慧力量，为国家发展和社会建设的各项事业贡献聪明才智，书写青春篇章。

新形势下推进青年运动，有助于赓续优良传统，发扬奋斗精神，为展现青年担当提供精神动力。奋斗是青春最亮丽的底色。坚持永久奋斗、不懈奋斗是中国青年运动的精神气质。中国青年运动自诞生以来，就始终坚持将永久奋斗融入国家建设发展的伟大事业中，一代又一代青年挥洒热血、倾情奉献，苦苦探索实现中华民族伟大复兴的中国式现代化道路。正是一代代青年人前赴后继、艰苦卓绝地接续奋斗，才有了今天的中国特色社会主义新时代。全面建成社会主义现代化强国，实现中华民族伟大复兴，是一个接续奋斗的历史过程。只有坚持永久奋斗、不懈奋斗，广大青年才能不负历史使命，中国青年运动才能展现新的作为。推进新时代的中国青年运动，有利于赓续永久奋斗光荣传统，充分发扬新时代青年的奋斗精神，不断激励新时代青年奋进新征程、建功新时代。

（三）新形势下推进高校青年运动的实践路径

习近平总书记在党的二十大报告中强调，全党要把青年工作作为战略性工作来抓。新形势下推进高校青年运动，是一项系统性工程。在以党的二十大精神作为行动指南，坚持"党管青年"，切实加强党对高校青年运动领导的基础上，共青团要发挥好党联系青年的桥梁纽带和广大青年学习党的科学理论的政治学校作用，教育引导青年听党话、跟党走；高校各部门要落实立德树人根本任务，协同发力构建"三全育人"格局；高校青年个人要勇担时代使命，充分发挥生力军与突击队作用，奋起建功新时代。在党的领导下推进高校青年运动的发展，其关键一招，即切实加强共青团对高校青年运动工作的推进。

"中国共产主义青年团是中国共产党领导的先进青年的群团组织，是广大青年在实践中学习中国特色社会主义和共产主义的学校，是中国共产党的助手和后备军。"① 在庆祝中国共产主义青年团成立一百周年大会上，习近平总书记从坚持为党育人、自觉担当尽责、心系广大青年、勇于自我革命四重维度对新时代共青团的工作提出了四点希望。习近平总书记所提出的这四点希望，不仅为共青团未来的发展方向指明了道路，更为新时代加强高校青年工作，推动高校青年运动发展，尤其是新时代共青团推动高校青年运动发展指明了实践路径。新时代的川大共青团将始终牢记习近平总书记的殷切期望，在充分发挥好广大青年学习党的

---

① 共青团中央：《中国共产主义青年团章程》，北京：中国青年出版社，2018年，第1页。

科学理论的政治学校、组织广大青年勇做生力军和突击队、党联系青年的桥梁纽带、紧跟党走在时代前列的先进组织等作用下，积极做好青年工作，推进青年运动蓬勃发展。

第一，要发挥好共青团作为广大青年学习党的科学理论的政治学校的作用，教育引导青年听党话、跟党走。共青团要坚持为党育人，始终成为引领中国青年思想进步的政治学校。"共青团作为广大青年在实践中学习中国特色社会主义和共产主义的学校，要从政治上着眼、从思想上入手、从青年特点出发，帮助他们早立志、立大志，从内心深处厚植对党的信赖、对中国特色社会主义的信心、对马克思主义的信仰。"① 新时代新征程，川大共青团应始终牢牢把握培养社会主义建设者和接班人这个根本任务，坚定以习近平新时代中国特色社会主义思想武装青年，用中国共产党的初心使命感召青年，引领川大青年深刻领悟党的二十大精神实质和核心要义，教育引导川大青年听党话、跟党走；认真履行为党育人职责，积极推进"青年马克思主义者培养工程"、大力实施"青年大学习"行动，持续推进川大共青团建设，做好党的创新理论相关阐释，为党培养一批批青年马克思主义者，引导川大青年在思想洗礼、在实践锻造中不断增强做中国人的志气、骨气、底气，让革命薪火代代相传。

第二，要发挥好共青团组织广大青年勇做生力军和突击队的作用，广泛动员青年建功新时代。共青团要自觉担当尽责，始终成为组织中国青年永久奋斗的先锋力量。"共青团要团结带领广大团员青年勇做新时代的弄潮儿，自觉听从党和人民召唤，胸怀'国之大者'，担当使命任务，到新时代新天地中去施展抱负、建功立业，争当伟大理想的追梦人，争做伟大事业的生力军，让青春在祖国和人民最需要的地方绽放绚丽之花。"② 新时代新征程，川大共青团应围绕党的二十大各项重要部署，聚焦成渝地区双城经济圈建设、乡村振兴等重大战略，充分发挥青年突击队、青年文明号、青年志愿者行动等品牌功能，团结引领川大青年在重要领域攻坚克难、施展才华；持续推进青年志愿服务制度化、常态化，通过开展暑期"三下乡"社会实践、实施"逐梦计划"社会实践等活动，动员青年奉献社会、服务人民，着力把社会实践打造成川大青年成长成才的重要平台。

---

① 习近平：《在庆祝中国共产主义青年团成立100周年大会上的讲话》，《人民日报》2022年5月11日，第2版。
② 习近平：《在庆祝中国共产主义青年团成立100周年大会上的讲话》，《人民日报》2022年5月11日，第2版。

第三，要发挥好共青团作为党联系青年的桥梁纽带的作用，切实当好青年信得过、靠得住、离不开的贴心人。共青团要心系广大青年，成为党联系青年最为牢固的桥梁纽带。共青团作为青年人自己的组织，遍布基层一线、深入青年身边，"要紧扣服务青年的工作生命线，履行巩固和扩大党执政的青年群众基础这一政治责任……要千方百计为青年办实事、解难事……充分依托党赋予的资源和渠道，为青年提供实实在在的帮助"①。新时代新征程，川大共青团应坚持党管青年原则，有效发挥群团组织桥梁纽带作用，坚持青年优先发展理念，在促进青年成长发展的相关政策支持下，推动学校形成青年人人都能成才、人人皆可出彩的生动局面；持续深化学校重点学生群体的帮扶工作，完善川大青年权益维护保障体系，努力在川大青年急难愁盼方面提供关心帮助，让川大青年真切感受关爱和关怀；持续开展学校心理健康和生命教育，努力促进川大青年身心健康、全面发展，增强川大青年适应社会生活的能力，为川大青年健康成长保驾护航。

第四，要发挥好共青团作为紧跟党走在时代前列的先进组织的作用，以改革创新精神和从严从实之风加强自我革命。共青团要勇于自我革命，始终成为紧跟党走在时代前列的先进组织。共青团"要把党的全面领导落实到工作的全过程各领域，走好中国特色社会主义群团发展道路……要敏于把握青年脉搏，依据青年工作生活方式新变化新特点，探索团的基层组织建设新思路新模式"，"要自觉对标全面从严治党经验做法，以改革创新精神和从严从实之风加强自身建设"②。新时代新征程，川大共青团应围绕增强政治性、先进性、群众性，把党的全面领导落实到共青团工作的全过程各领域，持续深化共青团改革，全面推进学校共青团组织改革，将制度建设贯穿于共青团建设的各个方面，创新组织形态，激发工作活力；坚持政治建团、思想立团、固本兴团、改革强团、从严治团，抓好重点群体，找准具体切入点，以改革创新精神和从严从实之风加强自身建设，加强团组织的基层建设，充分发挥团员青年的模范带头作用，不断推动团的基层组织自我完善，开创共青团工作的新局面。

"国家的前途，民族的命运，人民的幸福，是当代中国青年必须和必将承担

---

①　习近平：《在庆祝中国共产主义青年团成立 100 周年大会上的讲话》，《人民日报》2022 年 5 月 11 日，第 2 版。

②　习近平：《在庆祝中国共产主义青年团成立 100 周年大会上的讲话》，《人民日报》2022 年 5 月 11 日，第 2 版。

的重任。"① 新时代的中国青年是国家建设的奋进者与开拓者，是社会发展中最有活力、最有闯劲、最具创造力的群体，肩负着为人民谋幸福、为民族谋复兴、为世界作贡献的时代使命。新时代新征程，历史的接力棒转接到新一代川大青年的手中，在以中国式现代化全面推进中华民族伟大复兴的进程中，川大青年将肩负起自身的使命担当与历史责任，树立崇高的理想抱负，在实践中为实现第二个百年奋斗目标和谱写中国梦川大篇章贡献青春力量。

---

① 习近平：《习近平致全国青联十二届全委会和全国学联二十六大的贺信》，《人民日报》2015 年 7 月 25 日，第 1 版。

参考文献

一、图书

1.《成都年鉴》编辑部：《成都年鉴：1989》，成都：成都出版社，1989 年。

2.《毛泽东选集》（第 2 卷），北京：人民出版社，1991 年。

3.《毛泽东选集》（第 4 卷），北京：人民出版社，1991 年。

4.《四川大学史稿》编审委员会：《四川大学史稿》（第二卷），成都：四川大学出版社，2006 年。

5.《四川大学史稿》编审委员会：《四川大学史稿》（第三卷），成都：四川大学出版社，2006 年。

6.《四川大学史稿》编审委员会：《四川大学史稿》（第四卷），成都：四川大学出版社，2006 年。

7.《四川大学史稿》编审委员会：《四川大学史稿》（第五卷），成都：四川大学出版社，2006 年。

8.《四川大学史稿》编审委员会：《四川大学史稿》（第一卷），成都：四川大学出版社，2006 年。

9.《中国教育年鉴》编辑部：《中国教育年鉴：1949—1981》，北京：中国大百科全书出版社，1984 年。

10. 成都市地方志编纂委员会：《成都市志·大事记》，北京：方志出版社，2010 年。

11. 成都市地方志编纂委员会：《成都市志·总志》，成都：成都时代出版社，2008 年。

12. 成都市政协文化和文史资料委员会：《成都抗战记忆》，成都：四川人民出版社，2015 年。

13. 成都市政协文史学习委员会：《成都黎明前后》，成都：四川人民出版社，2009 年。

14. 成都市政协文史学习委员会：《成都文史资料选编·解放战争卷·上》，成都：四川人民出版社，2007 年。

15. 成都市政协文史学习委员会：《成都文史资料选编·抗日战争卷·上》，成都：四川人民出版社，2007年。

16. 当代口述史丛书编委会：《青史留真》（第1辑），成都：四川人民出版社，2010年。

17. 当代口述史丛书编委会：《青史留真》（第2辑），成都：四川人民出版社，2015年。

18. 当代云南编辑编委会：《当代云南简史》，北京：当代中国出版社，2004年。

19. 党跃武：《四川大学校史读本》，成都：四川大学出版社，2013年。

20. 党跃武、陈光复：《川大记忆——校史文献选辑（第四辑）》，成都：四川大学出版社，2011年。

21. 高先民、张凯华：《青年创业中国强：我创业我做主》，北京：中央编译出版社，2010年。

22. 共青团四川省委青年运动史研究室：《共青团四川省委志》，成都：成都科技大学出版社，1996年。

23. 共青团中央青年志愿者工作部：《十年树木　百年树人：青年志愿者扶贫接力计划研究生支教团十年回顾与工作实务》，北京：中国青年出版社，2008年。

24. 共青团中央青运史研究室、中央档案馆：《中共中央青年运动文件选编：1921年7月—1949年9月》，北京：中国青年出版社，1988年。

25. 共青团中央组织部：《新时期的"青年之友"——优秀团干部的故事》，上海：上海人民出版社，1983年。

26. 广安市志编纂委员会：《广安市志：1993—2005》（下册），北京：中央文献出版社，2012年。

27. 何东昌：《中华人民共和国重要教育文献：1991—1997》，海口：海南出版社，1998年。

28. 何理：《中国人民抗日战争史》，上海：上海人民出版社，2015年。

29. 何一民、王毅：《成都简史》，成都：四川人民出版社，2018年。

30. 何志明、徐鹏：《红日东升：征粮剿匪运动中的川大英烈》，成都：四川大学出版社，2021年。

31. 华西校史编委会：《华西医科大学校史：1910—1985》，成都：四川教育出版社，1990年。

32. 江英飒：《校史文化与"川农大精神"》，成都：四川大学出版社，2013年。

33. 金冲及：《第二条战线：论解放战争时期的学生运动》，北京：生活·读书·新知三联书店，2016年。

34. 井玉平：《科技创新探索之路》，银川：阳光出版社，2012年。

35. 李柏云：《追求之歌——四川青年运动》，成都：成都科技大学出版社，1986年。

36. 李劼人：《李劼人全集》（第7卷），成都：四川文艺出版社，2011年。

37. 李玉琦：《中国共青团史稿（精编）》，北京：中国青年出版社，2012年。

38. 梁吉生、张兰普：《张伯苓教育佚文全编》，北京：人民教育出版社，2019年。

39. 刘宋斌：《中国共产党文化建设史》（第3卷），哈尔滨：黑龙江人民出版社，2019年。

40. 罗中枢等：《四川大学：历史·精神·使命》，成都：四川大学出版社，2009年。

41. 庞国伟、姜利寒、龙柯：《高校第二课堂建设：以立德树人和人才培养为中心》，成都：四川大学出版社，2019年。

42. 清华大学国学研究院：《杜钢百文存》，南京：江苏人民出版社，2018年。

43. 邱远猷：《八十春秋》，北京：首都师范大学出版社，2012年。

44. 石鹏建：《大学生创业典型人物事迹》，北京：知识产权出版社，2018年。

45. 史冰川等：《濯锦录——名宿与旧事中的百年川大》（第一卷），成都：四川大学出版社，2013年。

46. 司昆仑：《巴金〈家〉中的历史：1920年代的成都社会》，何芳译，成都：四川人民出版社，2019年。

47. 四川大学党委办公室、四川大学校长办公室：《跨越：1997－2002》（上卷），成都：四川大学出版社，2003年。

48. 四川大学党委办公室、四川大学校长办公室：《四川大学年鉴

（2002）》，成都：四川大学出版社，2003 年。

49. 四川大学党委办公室、四川大学校长办公室：《四川大学年鉴（2003）》，成都：四川大学出版社，2004 年。

50. 四川大学党委办公室、四川大学校长办公室：《四川大学年鉴（2004）》，成都：四川大学出版社，2005 年。

51. 四川大学党委办公室、四川大学校长办公室：《四川大学年鉴（2005）》，成都：四川大学出版社，2006 年。

52. 四川大学党委办公室、四川大学校长办公室：《四川大学年鉴（2006）》，成都：四川大学出版社，2007 年。

53. 四川大学党委办公室、四川大学校长办公室：《四川大学年鉴（2007）》，成都：四川大学出版社，2008 年。

54. 四川大学党委办公室、四川大学校长办公室：《四川大学年鉴（2008）》，成都：四川大学出版社，2009 年。

55. 四川大学党委办公室、四川大学校长办公室：《四川大学年鉴（2009）》，成都：四川大学出版社，2010 年。

56. 四川大学党委办公室、四川大学校长办公室：《四川大学年鉴（2010）》，成都：四川大学出版社，2011 年。

57. 四川大学党委办公室、四川大学校长办公室：《四川大学年鉴（2011）》，成都：四川大学出版社，2012 年。

58. 四川大学党委办公室、四川大学校长办公室：《四川大学年鉴（2012）》，成都：四川大学出版社，2013 年。

59. 四川大学党委办公室、四川大学校长办公室：《四川大学年鉴（2013）》，成都：四川大学出版社，2014 年。

60. 四川大学党委办公室、四川大学校长办公室：《四川大学年鉴（2014）》，成都：四川大学出版社，2015 年。

61. 四川大学党委办公室、四川大学校长办公室：《四川大学年鉴（2015）》，成都：四川大学出版社，2016 年。

62. 四川大学党委办公室、四川大学校长办公室：《四川大学年鉴（2016）》，成都：四川大学出版社，2017 年。

63. 四川大学党委办公室、四川大学校长办公室：《四川大学年鉴（2017）》，成都：四川大学出版社，2018 年。

64. 四川大学党委办公室、四川大学校长办公室：《四川大学年鉴（2018）》，成都：四川大学出版社，2019 年。

65. 四川大学党委办公室、四川大学校长办公室：《四川大学年鉴（2019）》，成都：四川大学出版社，2020 年。

66. 四川大学党委办公室、四川大学校长办公室：《四川大学年鉴（2020）》，成都：四川大学出版社，2021 年。

67. 四川大学校长办公室：《四川大学年鉴（1991）》，成都：四川大学出版社，1992 年。

68. 四川大学校长办公室：《四川大学年鉴（1992）》，成都：四川大学出版社，1993 年。

69. 四川大学校长办公室：《四川大学年鉴（1993）》，成都：四川大学出版社，1994 年。

70. 四川大学校长办公室：《四川大学年鉴（1998—1999）》，成都：四川大学出版社，2001 年。

71. 四川大学校长办公室：《四川大学年鉴（2000）》，成都：四川大学出版社，2001 年。

72. 四川大学校长办公室：《四川大学年鉴（2001）》，成都：四川大学出版社，2002 年。

73. 四川联合大学校长办公室：《四川联合大学（四川大学·成都科技大学）年鉴：1994—1995》，成都：四川大学出版社，1996 年。

74. 四川联合大学校长办公室：《四川联合大学（四川大学·成都科技大学）年鉴：1996—1997》，成都：四川大学出版社，1997 年。

75. 四川省档案馆：《川魂——四川抗战档案史料选编》，成都：西南交通大学出版社，2015 年。

76. 四川省档案馆、四川省总工会：《四川工人运动史料选编》，成都：四川大学出版社，1988 年。

77. 四川省档案局（馆）：《抗战时期的四川：档案史料汇编》（上册），重庆：重庆大学出版社，2014 年。

78. 四川省地方志编纂委员会：《四川省志·党派团体志》（下册），成都：四川人民出版社，2001 年。

79. 四川省地方志编纂委员会：《四川省志·教育志》（上册），北京：方志出版社，2000年。

80. 四川省地方志编纂委员会：《四川省志·教育志》（下册），北京：方志出版社，2000年。

81. 四川省地方志编纂委员会：《四川省志·粮食志》，成都：四川科学技术出版社，1995年。

82. 四川省地方志编纂委员会：《四川省志·人物志》（下册），成都：四川人民出版社，2001年。

83. 四川省文史研究馆、四川省人民政府参事室：《四川国民党史志》，成都：四川人民出版社，1994年。

84. 四川省政协文史资料和学习委员会：《多党合作在四川：民盟卷》，成都：四川人民出版社，2012年。

85. 汤洛等：《延安诗人》，西安：陕西人民教育出版社，1992年。

86. 田广清：《中国领导思想史》，上海：上海交通大学出版社，2007年。

87. 涂文涛：《四川教育史》（上册），成都：四川教育出版社，2007年。

88. 涂文涛：《四川教育史》（下册），成都：四川教育出版社，2007年。

89. 王斌：《高校团组织建设创新与实践》，成都：四川大学出版社，2010年。

90. 王斌、赵露：《高校学生社团建设的理论与实践》，成都：四川大学出版社，2014年。

91. 王东杰：《国家与学术的地方互动：四川大学国立化进程（1925—1939）》，北京：生活·读书·新知三联书店，2005年。

92. 王汎森：《思想是生活的一种方式：中国近代思想史的再思考》，北京：北京大学出版社，2018年。

93. 王辅鑫、谢世明、卢鹏飞：《中国新民主主义青年团西南工委史》，成都：电子科技大学出版社，1993年。

94. 王金玉：《揆文奋武：抗美援朝战争中的川大英烈》，成都：四川大学出版社，2021年。

95. 王俊刚：《力量的源泉：新世纪共青团干部必读》（文献卷），太原：山西教育出版社，2006年。

96. 王玉生等：《解放战争时期四川青年运动史稿》，重庆：重庆大学出版社，1987年。

97. 谢和平：《世纪弦歌　百年传响：四川大学校史展（1896—2006）》，成都：四川大学出版社，2007 年。

98. 一二·一运动史编写组：《一二·一运动史料选编》（下），昆明：云南人民出版社，1980 年。

99. 张秀熟：《二声集》，成都：巴蜀书社，1992 年。

100. 张允侯等：《五四时期的社团》（一），北京：生活·读书·新知三联书店，1979 年。

101. 赵露：《青春绽放索玛花：四川大学研究生支教团工作实践与探索》，成都：四川大学出版社，2021 年。

102. 赵露、苏德强：《组织与引领：新时代高校共青团改革理论与实践》，成都：四川大学出版社，2019 年。

103. 郑尚维、石应康：《四川大学华西临床医学院·华西医院史稿》，成都：四川辞书出版社，2007 年。

104. 政协陇县第十四届委员会文卫文史工作委员会：《史话陇州》，西安：三秦出版社，2016 年。

105. 中共成都市委党史研究室：《抗战风云录：成都八年抗战史料简编》，成都：成都时代出版社，2005 年。

106. 中共江油市委党史工委：《王右木研究》，成都：四川大学出版社，1989 年。

107. 中共江油县委党史办公室：《四川马克思主义运动先驱者——纪念王右木诞生一百周年》，成都：四川大学出版社，1988 年。

108. 中共四川省委党史工作委员会：《五四运动在四川》，成都：四川大学出版社，1989 年。

109. 中共四川省委党史研究室：《第二条战线在四川》，成都：成都科技大学出版社，1997 年。

110. 中共四川省委党史研究室、四川省中共党史学会：《抗日战争时期的中共四川组织》，成都：四川人民出版社，2015 年。

111. 中共云南省委党史研究室、中共湖南省委党史研究室：《解放战争时期第二条战线·农民运动和武装斗争卷》（下册），北京：中共党史出版社，2003 年。

112. 中共中央文献研究室：《毛泽东年谱：1949－1976》（第一卷），北京：

中央文献出版社，2013 年。

113. 中共中央文献研究室、中央档案馆：《建党以来重要文献选编：1921－1949》，北京：中央文献出版社，2011 年

114. 中共重庆市委党史研究室：《中国共产党重庆历史·第 1 卷·1926－1949》，重庆：重庆出版社，2011 年。

115. 中国科学院历史研究所第三所近代史资料编辑组：《五四爱国运动资料》，北京：科学出版社，1959 年。

116. 中国青少年研究中心、中国青少年发展基金会：《新学子：当代大学生研究报告》，郑州：文心出版社，2003 年。

117. 中国人民政治协商会议四川省委员会文史资料研究委员会：《四川文史资料选辑》（第 26 辑），成都：四川人民出版社，1982 年。

118. 中国人民政治协商会议四川省委员会文史资料研究委员会：《四川文史资料选辑》（第 28 辑），成都：四川人民出版社，1983 年。

119. 中国文学艺术界联合会、四川省宜宾市人民政府：《阳翰笙百年纪念文集》（第 2 卷），北京：中国戏剧出版社，2002 年。

120. 中国中共党史人物研究会：《中共党史人物传》（第 24 卷），北京：中国人民大学出版社，2017 年。

121. 中华人民共和国科学技术部：《中国科技发展 70 年：1949－2019》，北京：科学技术文献出版社，2019 年。

122. 周晓蓉、蒋侃：《大学生创新创业实训教程》，武汉：华中科技大学出版社，2018 年。

二、期刊

1. 陈全、简奕：《四川早期团组织的创建及其特殊历史作用》，《重庆社会科学》2000 年第 6 期。

2. 程青：《身边的榜样——"在成才的道路上"优秀大学生报告团引起强烈反响》，《瞭望》1991 年第 41 期。

3. 崔一楠、冯国元：《中共早期党组织与四川早期党组织的发展对比》，《学理论》2019 年第 4 期。

4. 戴育滨、张贻发、杨利江、吴善添：《新时期高校共青团组织青年人才培养体系探索与实践》，《重庆工学院学报》2004 年第 4 期。

5. 丁三青、王希鹏、陈斌：《我国高校学术科技创新活动与创新教育的实证

研究：基于"'挑战杯'全国大学生课外学术科技作品竞赛"的分析》,《清华大学教育研究》2009 年第 1 期。

6. 冯兵：《新时代高校共青团组织职能现状与转变路径》,《人民论坛》2022 年第 9 期。

7. 冯兵、何志明：《中国共产党成立前后王右木传播马克思主义的历程与实践》,《西北民族大学学报》(哲学社会科学版) 2021 年第 6 期。

8. 冯兵、徐鹏：《恽代英与马克思主义在西南地区的早期传播》,《中华文化论坛》2021 年第 3 期。

9. 冯程：《从革命年代的青年运动谈对企业青年工作的几点思考》,《中国共青团》2022 年第 15 期。

10. 付春：《王右木：四川早期马克思主义传播和研究的先驱者》,《毛泽东思想研究》2011 年第 6 期。

11. 甘艳莉：《四川早期地方团组织创建历史研究》,《新生代》2021 年第 4 期。

12. 宫玉涛：《中国共产党引领青年运动的百年启示》,《人民论坛》2022 年第 9 期。

13. 管雷：《五四运动以来四川青年运动回顾研究》,《新生代》2020 年第 3 期。

14. 郭梓阳：《中国青年志愿者行动的发展历程与方向》,《新生代》2021 年第 2 期。

15. 何志明：《早期中共与青年团之间的组织纠纷及其调适：以四川地区为考察范围》,《党史研究与教学》2014 年第 5 期。

16. 侯宏虹：《挑战青春　创业人生：第六届"挑战杯"中国大学生创业计划竞赛决赛述评》,《中国高等教育》2008 年第 23 期。

17. 简奕：《巴蜀播火人》,《红岩春秋》2006 年第 3 期。

18. 简奕、黎余：《改写四川早期建团史的档案新证》,《北京党史》2021 年第 4 期。

19. 简奕、黎余：《青山遮不住，云开总有时——试析新发现的第一届团中央文献对破解四川早期党团史诸谜团的重要作用》,《毛泽东思想研究》2014 年第 2 期。

20. 蒋德心：《鲜为人知的四川早期团史资料——孟本斋致王右木的信的残

件考》，《四川党史》1995 年第 2 期。

21. 匡颖晨：《中共在高校接管中自我形象的塑造——以对清华大学的接管为例》，《唐山学院学报》2020 年第 5 期。

22. 赖秦：《危难之际　大爱无边——四川大学抗震救灾纪实》，《中国研究生》2008 年第 5 期。

23. 兰文巧：《创业竞赛在大学生创业教育中的作用、困境及对策——基于"挑战杯"中国大学生创业计划竞赛的回顾与思考》，《辽宁大学学报》（哲学社会科学版）2021 年第 5 期。

24. 李晶：《新中国成立初期党的教育方针确立的历史回顾——以对旧公立大学的接管和改造为例》，《思想理论教育导刊》2021 年第 6 期。

25. 李星：《浅析建国后不同历史时期共青团活动及其特点》，《江西青年职业学院学报》2013 年第 5 期。

26. 林红：《巴蜀传播马克思主义的第一人——王右木》，《四川档案》2011 年第 3 期。

27. 林丽群：《"互联网＋"背景下高校思政教育网络载体的研究》，《西部素质教育》2018 年第 19 期。

28. 刘颖：《建国初中共接管和改造高等教育若干问题研究述评》，《党史研究与教学》2007 年第 2 期。

29. 刘宗灵：《从"并行不悖"到"百川归海"——四川地区早期马克思主义者的聚合之途及群体特征分析》，《兰州学刊》2018 年第 4 期。

30. 刘宗灵、马睿：《中共早期地方组织发展过程中的困境与突破——以四川地区为例》，《电子科技大学学报》（社科版）2016 年第 3 期。

31. 刘宗灵、赵春茂：《论王右木与四川地区中国共产党早期党团组织的创建》，《绵阳师范学院学报》2018 年第 3 期。

32. 吕蓉蓉：《开展学雷锋活动困境对高校德育教育的启示》，《云南农业大学学报》（社会科学版）2013 年第 4 期。

33. 倪良端：《论刘湘与重庆"三·三一"惨案》，《四川党史》1997 年第 4 期。

34. 秦涛、范煜：《"挑战杯"竞赛历程回顾和发展思考》，《青年发展论坛》2020 年第 4 期。

35. 盛明：《无政府主义在四川的流传》，《四川党史》1995 年第 3 期。

36. 四川大学团委：《川大共青团：用"四个一"创新中华优秀传统文化教育》，《中国共青团》2021 年第 24 期。

37. 宋键：《关于四川第一个社会主义青年团组织创建问题的探讨——从团中央执委会会议记录看成、渝、泸三地团组织的创建》，《中共创建史研究》2019 年第 2 期。

38. 宋键：《忠山初心，巴蜀星火——泸县社会主义青年团的历史地位、影响和启示》，《中共四川省委党校学报》2019 年第 2 期。

39. 孙志智：《成都第一个马克思主义读书会的成立》，《先锋》2021 年第 2 期。

40. 谭建光：《新中国成立 70 年来青年群体的变迁》，《当代中国史研究》2019 年第 3 期。

41. 谭建光：《中国青年志愿服务的发展方向——新中国 70 年青年志愿服务回顾与展望》，《中国青年社会科学》2019 年第 2 期。

42. 谭建光：《中国志愿服务：从青年到社会——改革开放 40 年青年志愿服务的价值分析》，《中国青年研究》2018 年第 4 期。

43. 汪永涛：《共青团服务青年成才的现状及对策研究》，《中国青年研究》2020 年第 4 期。

44. 王晶垚：《成都"民协"的建立及其活动》，《天府新论》1982 年第 3 期。

45. 王璐：《红如烈火的先驱者——王右木》，《中国共青团》2022 年第 8 期。

46. 王真茂：《新时代学雷锋的根本遵循——试论习近平总书记关于学雷锋系列指示的逻辑体系》，《雷锋》2022 年第 3 期。

47. 韦联桂：《共青团组织的大学生创新教育研究——以"挑战杯"系列竞赛为例》，《学理论》2014 年第 8 期。

48. 吴珂：《中共对成都接管中的政治动员及其效力》，《当代中国史研究》2010 年第 5 期。

49. 肖如平：《程天放与国立四川大学易长风潮——以〈程天放日记〉为中心的考察》，《晋阳学刊》2017 年第 5 期。

50. 辛棋：《成都诞生四川首个宣传马克思主义的刊物》，《先锋》2021 年第 4 期。

51. 徐卫红：《1949：共和国教育的基础和建设方针》，《教育史研究》2019 年第 2 期。

52. 杨蕙璇：《高校院系团组织培养团学骨干队伍的三个着力点》，《高校辅导员》2021 年第 1 期。

53. 杨羽：《高校共青团实践育人探究》，《高校辅导员学刊》2012 年第 6 期。

54. 叶学丽：《"挑战杯"全国大学生系列科技学术竞赛——当代大学生素质教育的有效载体》，《中国共青团》2016 年第 2 期。

55. 余井康、李禄俊：《四川早期共产主义运动中的杨闇公》，《中共四川省委党校学报》2022 年第 1 期。

56. 岳建功：《解放战争时期成都的学生运动》，《成都大学学报》（社会科学版）1999 年第 4 期。

57. 张建梅：《新中国成立初期对燕京大学的接管与改造》，《北京党史》2016 年第 2 期。

58. 张丽萍：《中国基督教大学从外国式到"中国化"的转折及其启示——华西协合大学从异质到本土身份的递进》，《世界宗教研究》2013 年第 6 期。

59. 张丽萍：《自西徂东：复生于东方新生态——华西协合大学的创轫及其立校特色》，《四川大学学报》（哲学社会科学版）2012 年第 4 期。

60. 张炜琪：《解放战争时期中国共产党领导的青年运动及其现实启示》，《中国青年社会科学》2021 年第 3 期。

61. 赵露：《依托"四进"活动载体 扎实推进青年"有效学"》，《中国共青团》2017 年第 12 期。

62. 赵露、陈妮月：《对提升高校共青团宣传思想文化工作引领力和塑造力的研究》，《新生代》2019 年第 3 期。

63. 赵露、林茂、马涛：《对当前高校学术型社团建设的思考：以四川大学为例》，《思想教育研究》2013 年第 4 期。

三、其他资料

1.《成都文史资料》编辑部：《成都文史资料》（第 25 辑），内部编印，1989 年。

2.《华西坝风云录》编辑组：《华西坝风云录：纪念民主青年协会成立六十周年》，内部编印，2004 年。

3. 成都工学院：《成都工学院建院十周年纪念专刊（1954－1964）》，内部编印，1964 年。

4. 成都市第一档案馆：《成都青年反独裁、争民主档案史料选编》，内部编印，1983 年。

　　5. 成都市郫县政协文史资料委员会：《郫县文史资料选辑》（第 9 辑），内部编印，1997 年。

　　6. 成都市文化局：《成都新文化文史论稿》（第 1 辑），内部编印，1993 年。

　　7. 重庆市地方志编纂委员会总编室等：《重庆辛亥革命时期人物》，内部编印，1986 年。

　　8. 共青团四川大学委员会：《共青团四川大学委员会 2012 年度工作总结》。

　　9. 共青团四川大学委员会：《共青团四川大学委员会 2013 年度工作总结》。

　　10. 共青团四川大学委员会：《共青团四川大学委员会 2014 年度工作总结》。

　　11. 共青团四川大学委员会：《共青团四川大学委员会 2015 年度工作总结》。

　　12. 共青团四川大学委员会：《共青团四川大学委员会 2016 年度工作总结》。

　　13. 共青团四川大学委员会：《共青团四川大学委员会 2017 年度工作总结》。

　　14. 共青团四川大学委员会：《共青团四川大学委员会 2018 年度工作总结》。

　　15. 共青团四川大学委员会：《共青团四川大学委员会 2019 年度工作总结》。

　　16. 共青团四川大学委员会：《共青团四川大学委员会 2020 年度工作总结》。

　　17. 共青团四川大学委员会：《共青团四川大学委员会 2021 年度工作总结》。

　　18. 共青团四川大学委员会：《共青团四川大学委员会 2022 年度工作总结》。

　　19. 国立四川大学：《民国二十五年国立四川大学一览》，内部编印，1936 年。

　　20. 中国人民解放军政治学院党史教研室：《中共党史参考资料》（第 18 册），内部编印，1986 年。

　　21. 中国人民解放军政治学院党史教研室：《中共党史参考资料》（第 19 册），内部编印，1986 年。

　　22. 中国人民政治协商会议成都市武侯区委员会文史资料委员会：《武侯文史资料选辑》（第 1 辑），内部编印，1992 年。

　　23. 中国人民政治协商会议成都市武侯区委员会文史资料委员会：《武侯文史资料选辑》（第 2 辑），内部编印，1992 年。

　　24. 中国人民政治协商会议四川省成都市委员会文史资料研究委员会：《成都文史资料选辑》（第 14 辑），内部编印，1986 年。

　　25. 中国人民政治协商会议四川省成都市委员会文史资料研究委员会：《成都文史资料选辑》（第 6 辑），内部编印，1984 年。

26. 中国人民政治协商会议四川省成都市委员会文史资料研究委员会：《成都文史资料选辑》（第 9 辑），内部编印，1985 年。

27. 中国人民政治协商会议四川省崇州市委员会文史学习委员会：《崇州市文史资料选辑》（第 14 辑），内部编印，2000 年。

28. 中国人民政治协商会议四川省广汉市第十一届委员会：《广汉文史资料》（第 17 期），内部编印，1999 年。

29. 中国人民政治协商会议四川省绵阳市委员会文史资料研究委员会：《绵阳市文史资料选刊》（第 2 辑），内部编印，1986 年。

30. 中国人民政治协商会议四川省内江市委员会文史资料研究委员会：《内江文史资料》（第 5 辑），内部编印，1989 年。

31. 中国人民政治协商会议四川省射洪县委员会文史资料委员会：《射洪文史资料》（第 9 辑），内部编印，1994 年。

32. 中国人民政治协商会议四川省新都县委员会文史资料委员会：《新都文史》（第 15 辑），内部编印，1999 年。

33. 中国人民政治协商会议四川省新都县委员会文史资料委员会：《新都文史》（第 16 辑），内部编印，2000 年。

34. 中国人民政治协商会议越西县委员会文史资料征集委员会：《越西文史资料选辑》（第 6 辑），内部编印，1990 年。